Gebratene Störche

Toni Mahoni

Gebratene
Störche

Verlag
Galiani Berlin

FSC

Mix

Produktgruppe aus vorbildlich
bewirtschafteten Wäldern und
anderen kontrollierten Herkünften

Zert.-Nr. SGS-COC-1940
www.fsc.org
© 1996 Forest Stewardship Council

Verlag Kiepenheuer & Witsch, FSC-DEU-0096

1. Auflage 2010

Verlag Galiani Berlin
© 2010 Verlag Kiepenheuer & Witsch GmbH & Co. KG, Köln
Umschlaggestaltung: Jan Stöwe
Illustrationen: © Toni Mahoni
Lektorat: Esther Kormann
Gesetzt aus der Stempel Garamond
Satz: Pinkuin Satz und Datentechnik, Berlin
Druck und Bindung: GGP Media GmbH, Pößneck
ISBN: 978-3-86971-009-9
Weitere Informationen zu unserem Programm
finden Sie unter www.galiani.de

Rügen

Blendend müssen diese Tage
Sein, damit man selbst sich frage,
Hat man sich fest eingerichtet
Oder nur schön umgedichtet?

Ich latschte frierend durch den winzigen Park an der Petersburger Straße und dachte an Rügen. Wie das Meer von den Klippen her aussieht. Die Felder und Koppeln an der Steilküste. Die Luft, der scharfe Wind, die Feuersteine. Möwenschreie, Fischbrötchen. Im kleinen Park stürmte es auch, die Pappeln bogen sich in Reihe unter dem grauen Himmel. Nach drei Minuten hat man die Anlage durchschritten, ich stand wieder auf der Straße, Rügen verblasste. War aber schön gewesen. Ich nahm mir vor, auf dem Rückweg durch den Park wieder an Rügen zu denken. Als Kind war ich fast jeden Sommer dort, hatte auf den Strohballen gespielt, den von Sternen leuchtenden Nachthimmel kennengelernt und versteinerte Muscheln gesammelt, jetzt schaffte ich es nur noch selten auf die Insel. Wenn man doch bloß die Kohle hätte. Im Sommer kann man ja billig zelten, aber dann ist es dort überfüllt. Am schönsten ist es im Februar, wenn kein Mensch da ist. Aber dann muss man wiederum 'ne teure Pension nehmen.

Ich dachte an mein Geld, es waren nur noch ein paar Euro. Gleich würde es noch weniger sein, denn ich war auf dem Weg zur Videothek. Zwei DVDs, ein Computerspiel. Ein Film war gut, einer schlecht und das Spiel war richtig blöd gewesen. Dennoch hatte ich den Kram eine Woche lang zu Hause rumliegen lassen und erst die Mahnung im Briefkasten hatte mich wieder daran erinnert.

Ach Rügen! Dort braucht man keine Videos, keine Computerspiele, kein Fernsehen. Vielleicht morgens ein bisschen Radio oder abends eine CD, man kann aber auch einfach auf der Gitarre rumklimpern.

Warum lebte man nicht einfach hier wie auf Rügen?

Ich durchschritt die Automatiktüren und betrat die seltsame Ramschladen-Atmosphäre.

Die junge Frau in der Videothek war extrem freundlich und nahm mir die sechzehn Euro ganz lieb ab.

Ich habe immer ein gutes Gefühl in der Videothek, weil ich mich insgeheim zu den »sauberen« Kunden zähle. Die, die noch nie einen Porno ausgeliehen haben. Ich weiß, die führen darüber Listen. Manchmal wurde ich schon darauf aufmerksam gemacht, dass ich mir einen Film zum zweiten Mal auslieh.

»Den haste aba am sechsnzwanzischstn Novemba schonma jehabt!«

»Aha, und is dit jetz vaboten, oder wie?«

Klar wollte ich Batman, *The dark knight* noch mal ansehen.

»Nee, ich sags nur, falls de vajessen hast, dass de den schon ma jesehn hattest.«

»Achso, nee, ick will den bloß kopiern für meine Kinder später. Falls ick ma welche habe.«

Ich lächelte freundlich.

»Ach na dann!« Die Frau war gerührt.

Jedenfalls weiß ich seitdem, dass die Videothek über mein Filmverhalten im Bilde ist. Wenn man die Filme ausleiht, aber auch wenn man sie abgibt, liest die Angestellte den Titel laut vor, etwa: »So, einmal *Shaft* und *Harry Potter 3*, ja?«

Dann bestätigt man die Titel und darf sie mitnehmen oder halt abgeben. Dieser Umstand hat mich beschäftigt, ich fragte mich, ob bei Pornos auch so nett nachgefragt wird: »Aha, *Ziegenfötzchen – Wundgeleckt* und *Anale Katastrophen 2*, richtig?« Machen sie aber nicht. Ich hab mich erkundigt. Die Frau fand das auch gar nicht witzig, wahrscheinlich dachte sie, es gehört zu meiner Porno-Erstausleih-Strategie. Wie auch immer. Aber jetzt ist klar, wenn die Angestellten den Film nicht laut ansagen, dann ist es ein Porno. Pornos sind super, ich werde bloß beklommen, wenn andere sie ansehen. Mir schwebt dann gleich immer ein verpatzter Lebenslauf vor, alkgeschwängerte Luft, dreckige Klamotten, kahle Wohnung. Einsamer, geschiedener Mann wichst den ganzen Tag vor dem rosa leuchtenden Fernseher, während sich auf dem Küchentisch die Briefe vom Jobcenter stapeln. Ich verließ die Videothek und schüttelte die Gedanken ab. Rügen! Ich wollte an Rügen denken! Ach du schönes, pornofreies Rügen! Rügen, Rügen, warum fuhr ich nicht einfach hin? Warum hatte ich überhaupt so wenig Geld? Früher, als ich noch keinen Bürojob hatte, hatte ich immer Geld. Oder zumindest genug. Ich war mir jedenfalls nicht zu fein, mir welches zu leihen, wenn es alle war. Geld als Gebrauchsgegenstand. Stattdessen bekam ich jetzt regelmäßig was aufs Konto und sofort war alles weg für Quatsch. Mein riesiges Zimmer in der WG, Strom, Heizung, Telefon, Zeitungsabo, DSL, Proberaum, eine Rate hier, eine Rate da und das Schlimmste war geschehen: Ich zahlte für eine Versicherung. Hab ich früher alles nicht gebraucht. Den ganzen Blödsinn leiste ich mir erst, seit ich den Job habe. Geldverdienen als Selbstzweck. Verdammte Ansprüche, schleichend, unumkehrbar. Was war ich damals für ein Urlauber! Spontan, unbeschwert, sofort zu jeder Reise bereit. Glücklich ohne Handy und Internet, ein billiges Zimmerchen mit Ofen in einer winzigen Bruchbuden-WG, nie zu Hause, keine Zeitung, keine Raten, geprobt haben wir bei irgendwem bis die Nachbarn kamen, nicht mal Interesse an leckeren Speisen hatte ich, nur pures Leben. Was war geschehen? Ich hatte nur einen winzigen Schritt getan, und schon war mein Leben mit Verpflichtungen und Krempel beladen. Etwas musste sich ändern.

Ich überlegte, wer mit mir aufn Sprung nach Rügen fahren würde. Pierre vielleicht. Mein lieber Mitbewohner war auch Pianist in unserer kleinen Band. Allerdings waren ihm die Auftritte in Berlin immer die liebsten, er hatte eine ausgesprochene Reiseunlust. Oder Freund Driver? Der hatte immerhin ein Auto. Am besten aber eine Frau. Mit 'ner Frau nach Rügen, das wäre ja Wahnsinn. Vielleicht verliebt man sich, heiratet und zieht zusammen. Neulich hatte ich ein patentes Mädchen kennengelernt. Peggy Maschke. Peggy war Aktivistin der Extraklasse, sie sabotierte Automaten mit Bauschaum oder gab beschämende Auftritte in exklusiven Geschäften. Leider war sie verrückt. Dafür hatte sie etwas unheimlich Anziehendes. Schön war sie ganz sicher. Und freundlich. Wenn sie nicht gerade ausrastete.

Ich hatte sie vor ein paar Monaten im KaDeWe gesehen, sie sah aus wie eine Pennerin mit ihrem alten Bademantel und der riesigen Brille auf der kleinen Nase. Ich wollte nur ein bisschen von den Häppchen in der wahnsinnigen Lebensmittelabteilung naschen, das tat ich ab und zu, wenn ich knapp bei Kasse war und der Gaumen rebellierte. Da sah ich Peggy.

Sie beugte sich gerade hoch konzentriert über einen Teller mit Lachsschnittchen und beäugte sie eindringlich. Ich blieb stehen und fragte mich, wieso hier eine Frau im zerfetzten Bademantel stand, der absolut nicht ins glitzernde KaDeWe passte, und warum sie so beschwörend die Schnittchen anstarrte.

Dann kapierte ich: Die Frau sabberte! Stand dort und sabberte langsam über die komplette Herrlichkeit. Ein durchsichtiger, dünner Spuckefaden rann ihr aus dem Mund, ich musste zweimal hinsehen, um das absurde Schauspiel zu begreifen. Als ich näher trat, bemerkte ich, dass sie die anderen mit Probierhappen angerichteten Platten bereits vollgesabbert hatte. Ganz kurz war ich verärgert, denn mein Magen knurrte, aber schon im nächsten Augenblick ging in mir die Sonne auf: Ich begriff. Ich wurde gerade Zeuge einer antikapitalistischen Kunstaktion. Peggy besabberte die fiesen Häppchen, diese gemeinen, winzigen Lockmittel, die man dem Volk zuwarf. Häppchen von teuren Delikatessen, die sich kein normaler Mensch leisten konnte. Krümel von der goldenen Torte, hingeworfen für den Pöbel. Seht her, das fressen die Wohlhabenden, kostet von den Dingen, die ihr nie haben werdet! Und die mädchenhafte, junge Frau im schwarzrot getigerten Bademantel spuckte drauf.

Für einen Moment sah ich es ganz deutlich: Sie war die einzige Denkende in diesem ganzen geist- und witzlosen Getümmel aus Angebot und leerem Portemonnaie. Sie warnte, sie zeigte auf unsere Verdorbenheit und unser Mitläufertum. Sie bäumte sich auf gegen die schleichende Verblödung, alles haben zu wollen, was man uns zeigte. Auch der Bademantel ergab plötzlich Sinn. Die meisten Leute hier waren keine Einkaufenden, sie waren Museumsbesucher. Staunende, Betrachtende, schick aufgemotzte

Bürohilfen, Arbeiter und Bauern im Tempel des Unerreichbaren. Der Bademantel aber schrie: Nieder mit der Mode! Befreit euch aus allen modischen Zwängen der Hierarchie! Er schrie es allerdings ganz leise und unverständlich. Sie schritt zum nächsten Häppchenteller und hielt inne, wahrscheinlich um Spucke zu sammeln, da waren sie auch schon bei ihr, die Häscher des Konsums. Zwei dicke Sicherheitsmännlein packten sie an den Schultern und zogen sie von der Theke fort. Mich wiederum packte plötzlich der Sinn fürs Heldenhafte. Sie hatte auch für mich, für meine Erkenntnis dort gesabbert! Ich stürmte auf die beiden dicken Typen zu. »Lasst die Dame los!« Ich versuchte, die klammernde Pranke von Peggys Schulter zu lösen, sie lächelte mich an. »Wer bist du denn?«

»Äh, Mahoni, äh, Toni, hi!«

Der Sicherheitsonkel schnappte sich meine Hand und verdrehte sie schmerzhaft. »Jehörste dazu?«

Ich nickte mit verzogenem Gesicht.

»Pass mal uff, Bürschchen, wir jehn jetzt alle janz jemütlee zum Lift und denn jehn wa jaaanz jemütlee vor de Tür. Und denn könnta euch da jejenseitich vollsabbern, wiea wollt! Ham wa uns vastandn?«

»Ahrrr, ja, ja!«

Der Typ hatte wirklich einen enormen Händedruck und einen fiesen Griff drauf.

Bei solchen Leuten ist es echt gefährlich, den starken Mann raushängen zu lassen.

»Ich heiße Peggy«, sagte Peggy.

»Ja, cool, ahr, cool.«

Die Sicherheitsmännlein zogen uns zum Fahrstuhl und schleiften uns rein. Peggy sah mich an und sagte: »Ganz ruhig jetzt am besten, dann tun die nix.«

»Hm.« Ich hatte nichts anderes vor. Die Fahrstuhlfahrt war die längste meines Lebens, meine Hand im eisernen Griff, sodass ich leicht in die Knie gehen musste, die Visagen der Kaufhauswächter unbeweglich geradeaus gerichtet. Verdammte Soldaten der Feinkost! Dazwischen versuchte ich Peggy anzulächeln, die wiederum sah ebenfalls völlig teilnahmslos aus. Anscheinend schaute sie extra gleichgültig, um keinen weiteren Ärger zu bekommen, sehr professionell! Endlich kamen wir im Erdgeschoss an und schon standen wir auf der Straße, der Griff um meine Hand löste sich, ich sah nur noch die breiten Rücken der beiden wieder durch die Glastüren verschwinden.

Wir sahen uns an. Ich rieb mir das Handgelenk.

»Tja, so ist das«, sagte Peggy, schlug ihren Bademantel etwas enger um sich und lachte mich an. »Mein Held!«

»Na ja, höhö. Jetz stehn wa wenigstens beede uff der richtien Seite. Coole Aktion. Da, mit den Häppchen.«

»Danke. So lange und viel haben die mich noch nie spucken lassen. Wolln wa irgendwo 'n Tee trinken, mir is kalt!«

»Ja, klar, oder 'n Kaffee.«

Das taten wir dann, und es wurde wirklich nett. Sie war zufrieden mit ihrem Projekt und ich ließ mir das Ganze mal erklären. Besonders ihre Automatentour fand ich interessant. Sie erzählte, wie sie ausgerüstet mit »Aggrokit«, bestehend aus Bauschaum, Edding, Farbdosen und Eiern, gegen Automaten ins Feld zog. Meist kümmerte sie sich um Fahrkartenautomaten, Pfandflaschenautomaten, Kontoauszugsdrucker und interaktive Infotafeln. Sanfter Terrorismus gegen harte Ziele, nannte sie das.

Das Ganze zog sie immer allein durch. Sie nahm die Brille ab und rieb sich die Augen. Ein winziger Sonnenstrahl durchbrach die Wolken und spiegelte sich in den gegenüberliegenden Fenstern. Unser Tisch, unsere Hände waren mit tanzenden Lichtflecken übersät. Ich sah sie an und fand sie schön. Sie hatte herbstliche Haare und alles in ihrem Gesicht war zierlich, die Nase, die Ohren, die Wangenknochen. Der Mund hatte einen frechen, fast rotzigen Zug und die Augen leuchteten knallblau.

»Warum trägst du eigentlich diese riesige Brille?«

Sie blickte auf und schnaufte verächtlich.

»Genau deswegen!«, sagte sie und setzte die dicke schwarze Brille wieder auf.

Oh, das gibt Probleme, blitzte es mir durchs Kleinhirn. Vorne sagte ich:

»Na ja, und was hast du als Nächstes vor?«

»Nichts. Baden gehen. Mir is immer noch kalt.«

Ich überlegte, ob ich ihre Hände nehmen und sie wärmen sollte. Trau dich, Mahoni! Als hätte sie meine Gedanken gehört, zog sie ihre Hände vom Tisch und platzierte sie unter ihrem Hintern. Da konnte ich ja wohl nun nicht mehr ran.

Sie wollte partout bezahlen, und ich ließ es mir gefallen. Vorsorglich bekämpfte ich alle chauvinistischen Gefühle, denn sie erschien mir in dieser Hinsicht enorm abgebrüht zu sein. Sie war höchstwahrscheinlich auch eine knallharte Feministin, bei der man sich mit althergebrachten Rollenspielen nur lächerlich machte. Darauf hatte ich absolut keine Lust, ich umging alle Fallen und machte mich locker.

»Und? Treffen wa uns mal wieder, oder ist das zu kapitalistisch jedacht?«, fragte ich so beiläufig wie möglich, als wir aus dem Café schlüpften.

Sie lächelte. »Nee, kannst ja mal anrufen, hab aber nur Festnetz, musste geduldig sein!«

So trennten wir uns, und ich fuhr hungrig, aber gutgelaunt nach Hause.

Das war nicht ganz einen Monat her und seitdem hatten wir einmal ganz angenehm telefoniert. Obwohl es keinen besonderen Moment gegeben hatte, so etwas wie ein Kribbeln an der Bauchdecke oder ein schwärmerischer Augenblick der Wortlosigkeit, hatte ich doch das Gefühl, dass wir uns verstehen. Ich mochte ihren Stil, ihre Art zu protestieren, statt zu jammern. Wie sie wohl unter dem Bademantel aussah?

Vielleicht ließ sich dieses und anderes ja herausfinden! Ich beeilte mich, in die Frankfurter Allee nach Hause zu gelangen, um sie anzurufen.

Seltsamerweise erreichte ich sie augenblicklich.

»Hi, Mahoni hier, alles klar bei dir?«

»Hey! Schön, dass du anrufst, hab mir neulich deine Volksmusik angehört, und die Filmchen, die du ins Netz gestellt hast, hab ich auch angesehen. Is ja ganz lustig.«

»Ja. Du, sag ma, haste Lust mit mir nach Rügen zu fahrn, heut oder morgen? ’n bisschen rumtrudeln?«

»Rumtrudeln? Rügen?«

»Na ja, so ’n bisschen rumeiern, in ’n Wind schießen. Urlaub,

Meer, Sonne.« Meine Verkaufsgesprächleistung war erbärmlich.
Peggy sagte eine Weile nichts.

»So ganz unverbindlich, meinste? Wir beide? So ohne Pärchenscheiß und Abendromantik?«

Auweia, was tat ich nur? Sollte ich etwa jetzt schon im Vorfeld
Romantik und ein bisschen Näherkommen ausschließen? Vorsichtig sagte ich:

»Ach, na einfach kieken, wat passiert, Peggy. Uff die lockre
Tour! Wenn die Sonne scheint, denn scheintse! Ick will bloß ma
'n paar Tage abhaun, einfach weil ick mich im Kreis drehe. Ick
denk so viel an Küste und frische Luft, da muss ick jetz ooch mal
hin, vastehste?«

»Hm. Du meinst heut oder morgen?«

»Ja.«

»Gut. Dann morgen! Haste 'n Auto?«

»Nee, besorg ick mir noch.« Jawoll! Es klappte! Sie war dabei.
Sie war im Boot. Ich kuschelte mich in Gedanken an ihren Bademantel.

»Gut. Hol mich ab, aber nich vor zehn.«

Das war gut gegangen. Ich bekam ihre Adresse, dann tanzte
ich in meinem Zimmer herum. Weg mit dem ganzen Scheiß hier,
weg mit der Heizung, Strom aus, die Versicherung kann mich
mal! Ich fahr nach Rügen!

Kohle musste her, ein Auto und ein Plan. Wohin in Rügen im
Februar?

Zehn Minuten später war alles geritzt und im Kasten. Pierre
borgte Geld, Driver lieh mir einen seiner Volvos und Mädunski
kannte ganz im Norden eine schnuckelige Fischerhütte, die zwar
nicht unbedingt superbillig, aber dafür einsam und direkt an der
Steilküste stand.

Meine Laune wurde blendend bis manisch. Sie hielt die ganze
Nacht durch und bescherte mir hinreißende Träume. Sie hielt bis
zum frühen Morgen, als ich zu packen begann, und noch darüber
hinaus.

Da ich früh losfuhr, musste ich meinen Mitbewohner Pierre
minutenlang wachrütteln, bis er endlich völlig zerknittert und
nackt in seinem Zimmer nach Geld forschte und mir schließlich

fünfhundert Tacken in die Hand drückte. Schade, dass uns in diesem Moment niemand sehen konnte! »Jib nich allet uff eenmal aus«, murmelte er noch, dann entschwand er wieder im Dunst unserer Herren-WG. Driver instruierte mich väterlich. Behände sprang er mit seinem mächtigen Körper um das Auto und zeigte mir allerlei Schalter und Knöpfe und ein paar Trick-17-Kniffe. So ein alter Volvo schien nicht einfacher als ein kleiner Hubschrauber zu bedienen zu sein. Bald aber rollte ich unter seinen besorgten Blicken vom Hof. Ich jubelte. Alles war nun beieinander. In Drivers Handschuhfach fand sich eine Django-Reinhardt-CD, zu zupfenden und groovenden Klängen fuhr ich raus, Richtung Hohenschönhausen. Richtung Peggy.

Die Luft war kalt und klar, blauer Himmel, die Sonne wärmte durch die Autoscheiben. Ich kontrollierte meinen Puls, leicht erhöht. Pure Vorfreude! Rügen, du alte Ostinsel, jetzt gehörst du uns!

Maschke, Maschke, Maschke, den Namen an dem riesigen Klingelschilderblock zu finden, dauerte einige Zeit. Dass Peggy in einem 21-Stöcker wohnte, wunderte mich etwas, aber wer wusste schon, was das jetzt wieder für eine Art von Protest war. Dann entdeckte ich ihren Namen. Maschke/Hermann. Eine WG?

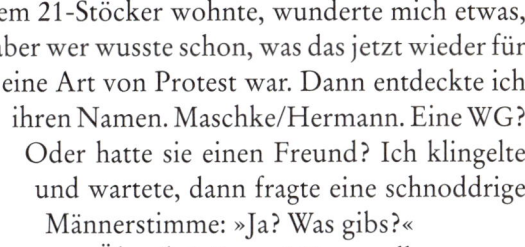

Oder hatte sie einen Freund? Ich klingelte und wartete, dann fragte eine schnoddrige Männerstimme: »Ja? Was gibs?«

»Äh, gibt's Peggy? Dann soll se runterkommen, 't jeht los!«

»Ach, du bist schon der Neue, oder wie?« Das klang niedergeschlagen. Es knisterte im Lautsprecher.

»Ick weiß nich, wer ick bin, wer bist du denn? Der Alte?«

Der Lautsprecher blieb still.

Meine Laune halbierte sich. Wie? Der Neue? Ich schlenderte

zum Auto und sah am Hochhaus nach oben. Es schwankte leicht. Niemand würde mich je in so was reinbekommen. Nicht für eine Stunde bei 'ner Tante, die ihren Fünfundsiebzigsten feiert. Was war denn das jetzt für'n Typ da bei Peggy?

Einige Augenblicke später kam sie durch die Tür gewackelt. Sprachlos stellte ich fest, dass sie ihren Bademantel trug. Sie stapfte auf mich zu, deutete mit dem Kopf auf das Hochhaus und verdrehte die Augen.

»Wat is los?«, fragte ich.

Peggy wirkte genervt. »Ach, einfach noch so'n Typ, der glaubt, dass er irgendwas besitzt auf der Welt!« Sie stellte ihre Tasche ab und lachte mich an. »Schön, dann geht's nach Rügen!« Ich bekam einen flüchtigen »Salü«-Kuss, dann luden wir ihr Zeug ein und fuhren Richtung Norden. Wir hörten Musik und redeten nicht, bis wir die Autobahn erreichten.

Schwer lag der Volvo auf dem Asphalt. Die Karre fuhr nicht übermäßig schnell, aber sicher. Dann war die CD zu Ende. Ich schielte sie von der Seite an. »Und, samma, diesen Bademantel … den … haste jetzt also immer an. Ja?«

Peggy nickte und lächelte. »Stehste nich druff?«

»Doch, doch. Super.«

Das Wetter blieb schön, Wolkenfetzen trieben vorbei, Raubvögel saßen auf den Leitplanken und grüßten uns.

Ich nahm noch einen Anlauf. »Ick meine nur. Wegen mal 'n paar Tage Urlaub und so. Mal mit Jewohnheiten brechen. Mal rauskommen. Mal eben nich mit Bademantel. Dacht ick.«

»Tja, man muss nehmen, wat man kricht. Peggy Maschke kricht man nur im Bademantel. Weltweit.«

»Wat hat der denn für 'ne Aussage, der Bademantel? Ick meine, gloobste, dass alle dit verstehen, wie dit jemeint is? Vielleicht denkt ja ooch manch eener, dass de einfach nur 'ne reiche Tussi bist. So eene, die nich arbeiten muss und immer im Bademantel rumrennt eben.«

»Und warum hast du mich gefragt, ob ich mit nach Rügen kommen will?« Peggy sah mich durchdringend von der Seite an.

»Äh, na weil.« Ich räusperte mich. Sollte ich jetzt irgend 'nen Quatsch erzählen oder bei der Wahrheit bleiben?

»Äh, ick wollte mit 'ner Frau nach Rügen fahn. So wegen der Jemütlichkeit.«

»Na siehste!« Peggy freute sich.»Dann haste dein Ziel ja schon erreicht. Du fährst nämlich grade mit 'ner Frau nach Rügen.« Sie kramte im Handschuhfach die CDs durch.»Und was den Bademantel betrifft: Er ist mein Beitrag zum Thema Modezwang, Gleichschaltung und Massenverblödung. Ich könnte mir auch 'n Müllsack überziehn, aber da wird mir noch kälter drin. Also mach dir nichts draus.«

»Und wat haste unter dem Bademantel an?« Ich versuchte mal einen vorsichtigen Scherz.

»Nix«, sagte Peggy und legte eine neue CD ein. Mir wurde warm und das blieb die ganze Fahrt über so. Peggy schlummerte ein und ich weckte sie erst, als wir den Rügendamm erreichten.

»Nu kiek mal! Links Ostsee, rechts Ostsee, wir sind umgeben von Pracht und Glanz!«

»Hm ...« Peggy blinzelte und starrte aus ihrem Fenster.

»Ich muss mal schiffen«, sagte sie.

»Ja, wir können nach Bergen reinfahren, da gibt's 'n Supermarkt, wir müssen ja noch 'n paar Sachen koofen. Da kannste bestimmt schiffen.«

Eine halbe Stunde später rollten wir auf den Parkplatz vor einem gewaltigen Pennymarkt ein. Ich stieg aus und fror sofort. Es war nicht mal 15 Uhr und wir waren fast am Ziel. Während ich das Auto abschloss und einen Einkaufswagen holte, rannte Peggy mit ihrer Tasche schon mal in den Markt, um ein Klo aufzutreiben.

Ach ja! Gibt es etwas Schöneres, als die Leckereien für ein paar Tage an der Küste einzukaufen? Lauter tolle Kleinigkeiten, die einen beim Frühstück erwarten. Naschereien für Zwischendurch, Deftiges, Rustikales zum Abendbrot. Wurst, Käse, Fisch, Speck, Fleisch und noch 'ne Wurst. Und dann noch eine.

Ich schob meinen Wagen durch die Regale, um genau diese Dinge in meinen Korb zu legen, hielt ab und zu nach Peggy Ausschau und stand gerade rätselnd vor der Wursttheke, als sich plötzlich wildes Geschrei erhob. Ich ließ den Wagen stehen und linste um die Ecke zur Getränkeabteilung. Irgendein Tumult war

15

losgebrochen, aufgeregt rannten Marktmitarbeiter im Kittel an mir vorbei, dann schrie wieder jemand. »Scheiß Kapitalisten! Nieder mit den Maschinen!«

Oje. Das war Peggy. Zwei bekittelte Frauen hatten sie bei den Handgelenken gepackt und schienen sie auseinanderreißen zu wollen, sie wehrte sich heftig und brüllte aus Leibeskräften: »Lasst mich los, ihr Sklaven!«

Ach nö! Warum? Ich eilte hinzu und versuchte mein Bestes.

»Ruhig bleiben!«, rief ich und »Wat is denn passiert?« und »Lassen Se die Frau doch mal los!«

Eine der Kittelfrauen schrie mich an. »Sehen Sie nich, was Ihre Fröundin hier für eine Sauerei verbrochen hat? Der reinste Sweinestall is dat!« Aus dem Einwurfloch des Flaschenautomaten hinter Peggy quoll frischer Bauschaum. Das Ding war komplett zu, anscheinend hatte sie eine ganze Tube da reingeschäumt. »Orr nee!«, entfuhr es mir. Die andere Kittelfrau war völlig aufgelöst. Mit kleinen Augen starrte sie Peggy, das Monster, an. Was hatte denn der schöne neue Flaschenautomat getan! Was gab es nur für Leute! Schon kamen ein Wachschutzmann und ein kräftig aussehender Schürzenträger, wahrscheinlich der Fleischer des Penny. Sie übernahmen es, Peggy festzuhalten.

»Der da gehört auch dazu!«, rief die kleinäugige Kittelfrau und zeigte auf mich.

Sie schleiften die immer noch strampelnde Peggy durch den halben Markt, vorbei an staunenden Einkäufern, Urlaubern und einer Gruppe Jugendlicher, die uns aufmunternd zupfiffen. Ich trottete hinterher. Wir wurden in ein Büro bugsiert und mussten dann auf die Polizei warten. Peggy saß mit verschränkten Armen schmollend auf einem Stuhl, der Wachschutzmann hatte sich vor der Tür postiert. Dürfen die uns überhaupt festhalten, wegen ein bisschen Bauschaum?

»Faschistenpack!«, sagte Peggy.

»Na, na, na!«, sagte der Wachmann.

»Büttel! Sklave, Menschenschinder!«

»Ja, ja, ja!«, sagte der Wachmann.

Ich versuchte Peggy anzusehen, aber sie wich mir aus. Ich hätte sie gern gefragt, wieso sie die Nummer gerade jetzt und hier aufführen musste, aber ich wollte ihr vor dem Personal nicht in den Rücken fallen.

Die Polizei nahm unsere Adressen auf und vom Supermarkt gab es eine Anzeige wegen Vandalismus und mutwilliger Zerstörung. Peggy sagte nur »ja« oder »nein«. Ein kleines Verhör gab es auch, danach wussten wir, dass die Dorfbullen Leute wie uns nicht mögen und dass wir uns auf ihrer Insel nicht mehr blicken lassen sollten. Sicher hätten sie uns gern runtergeschmissen, aber so weit reichten ihre Befugnisse dann doch nicht.

Wir bekamen Hausverbot in Deutschlands Pennyfilialen, und ich durfte auch nach freundlichstem Fragen den Inhalt meines vortrefflich gefüllten Einkaufswagens nicht bezahlen und mitnehmen.

Draußen war es mittlerweile dunkel geworden.

Ich schloss die Wagentüren auf und ließ mich in den Sitz fallen. Erst mal 'ne Kippe. Ich zog gemütlich eine durch. »Warste wenigstens pinkeln?« Ich versuchte es mit Heiterkeit. Wat soll's! »Ja, ja!« Peggy starrte gerade aus.

»Hallo, Frau Maschke! Ick bin's, Mahoni. Ick bin keener von den Bösen! Aber wir müssen immer noch wat einkoofen. Ick weeß nich, wo et hier noch wat jibt.«

Ich startete die Karre, und wir rollten davon. Nach ein paar Straßen sah ich einen Lidl-Markt.

Ich hielt an. »Peggy, haste nich Lust, im Wagen zu warten, nach der Strapaze eben? Ick will nur schnell wat einkoofen.« Peggy winkte ab und blieb sitzen.

Ich schritt zum Markt und atmete tief durch. Dit kann ja heiter werden!

Zwanzig Minuten später waren allerlei hervorragende Lebensmittelimitate im Wagen verstaut und das Ganze mit uns zusammen unterwegs zur Fischerhütte. Peggy hatte sich beruhigt, ich hatte beschlossen, dieses Erlebnis auszuklammern. Noch war der Urlaub jung, wenn die Frau neben mir eine zwanghafte Klatsche hatte, dann war ich mit meinem verdrängungsstarken Optimismus eben genau der Richtige für die Situation.

Die Landstraße mündete in einen Feldweg, nur die müden Scheinwerfer des Volvos warfen ihr gelbes Licht in die ansonsten tiefschwarze Nacht. Wir passierten noch eine Kreuzung, dann waren wir da. Ein großes Herrenhaus stand mitten auf dem windigen Feld, die unteren Fensterreihen waren erleuchtet. Ich stapfte hinüber und bekam von einer netten, älteren Dame die Schlüssel für die Fischerhütte.

»Mögen sie Brötchen-Service morgen früh?«

»Ja, gern!«

»Wie viel soll ich ordern?«

»Äh, acht. Acht Schrippen!«

»Schrippen?«

»Ja. Schrippen. Also Brötchen.«

»Ja fein, dann Gut Nacht, nich!«

»Ja. Jute Nacht!«

Um zur Hütte zu gelangen, fuhren wir noch mal fünf Minuten am Steilufer entlang, dann hatten wir es geschafft. Ich sprang aus dem Wagen, sog die herrlich kalte Meeresluft ein und sang laut irgendeinen Quatsch. Ich wollte alle schönen Dinge auf einmal machen: Rein in die Hütte, den Ofen anheizen, runter zum Strand rennen, dem Meer Guten Tag sagen, 'ne Weinpulle aufmachen, 'n Bier trinken, Peggy unter den Bademantel schauen, Peggy ins Meer schmeißen, 'ne Nachtwanderung machen, Gitarre spielen, den Grill anwerfen, Sternenhimmel ankucken, mit 'nem Buch auf die Couch legen. Vor lauter Begeisterung rannte ich einfach umher und freute mich.

Dann fing es an zu regnen. Nicht so ein Pieselregen wie in der Stadt. Ein richtiger Regen. Ein Sturmregen. Fußballgroße

Tropfen klatschten plötzlich aus dem finsteren Himmel. Ein ungeheurer Krach, wir mussten uns anschreien, um schnell die wichtigsten Dinge zu greifen und die Hütte zu erreichen. Platschnass sprangen wir ins Haus. Während wir im Dunkeln den Lichtschalter suchten, lachten wir wie irre, Peggy prustete und war wieder gut drauf. Dann Licht, dann ein Feuerchen. Ich fror wie ein feuchter Hund, wie musste es dann Peggy gehen?

»Haste nich noch wat andret bei, außer dem ollen Bademantel?«

Peggy hockte vor dem Holzofen und stocherte in der Glut. War meine Chance gekommen? Peggy konnte ja unmöglich in dem vollgesogenen Lappen bleiben.

»Mach dir mal keine Sorgen!« Sie stand auf und verschwand mit ihrer Tasche im Bad. Duschgeräusche und heißer Wasserdampf drangen in den kleinen Raum. Ich kramte meine Sachen zurecht, legte meine beiden Bücher auf den Nachttisch, inspizierte die kleine Kochnische und fand alles zu meiner Zufriedenheit. Dann trat sie aus dem Bad. In ihrem Wechselbademantel. Er war noch schlimmer als der andere. Mintgrün mit irgendwelchen Entenmotiven. Sie drehte sich. »Und? Gefall ich dir?«

»Du beweist Geschmack!«

»Danke!«

Ich begann, die Küche mit den Lebensmitteln vollzustellen. »Soll ich uns 'n paar Schnitzel braten?«, fragte ich verführerisch.

»Schnitzel? Fleisch?«

Ich fuhr herum und starrte Peggy mit großen Augen an. »O nein! Sag jetzt nich, du bist … Bist du?« Sie nickte. Das war's. Wurst Käse. Worst Case Scenario. Mahoni mit 'ner Vegetarierin im Urlaub. Meine Laune sackte in sich zusammen. Ich ließ die Fleischpakete auf die Arbeitsplatte sinken und wäre am liebsten rückwärts umgefallen. Fallen, fallen zurück nach Berlin.

»Is das jetzt so'n Drama?« Leichte Empörung in ihrer Stimme.

»Nein, nein! Is nur … ick hab eigentlich nüscht anderet jekooft. Noch 'ne Packung Käse und 'ne Gurke. Ansonsten … Fleisch. Wurst. Fleischwurst.«

Peggy zuckte mit den Schultern. »Ich ess eh kaum was.«

Auch noch! Kein Fleisch und vom Rest »eh kaum was«.

Ich setzte mich auf den Sofarand und rollte mir 'ne Kippe. »Na, denn! Daruff muss ick erstma eene rochen.«

»Wie? Hier drin?«

»Wie ›wie, hier drin‹?« Mein Herz. Es schwieg.

»Na, du willst doch jetzt nich hier drin rauchen, das ist doch auch unser Schlafzimmer!«

»Ick …« Ich stierte in die Richtung, in der ich das Wesen namens Peggy vermutete. Ungläubig ließ ich die fertig gedrehte Zigarette sinken. Sprachlos kratzte ich mich zuerst am Kopf, dann am Arm.

»Peggy, ick bin Raucher. Als Raucher raucht man im Urlaub besonders gern!«

»Aber du willst doch nich …«

»Nein! Ick will nich, ick MUSS rauchen. Et is meine verdammte Pflicht als Raucher!«

Trotzig zündete ich mir die Kippe an und kam mir auch sofort dämlich vor, so wie damals, als man zum ersten Mal bei seinen Eltern rauchen durfte und die einen zwischendurch immer interessiert angesehen haben.

»Bitte, is ja auch deine Hütte!« Peggy raffte ihren Bademantel zurecht und war mit drei Schritten an der Tür und riss sie auf. Der Regen peitschte sofort ins Zimmer. Bestimmt schritt sie auf die Veranda und knallte die Tür hinter sich zu.

Da saß ich nun mit meiner Kippe. »Ach Scheiße!«

Ich ging hinterher und lugte aus der Tür.

»Mensch, Peggy, komm wieder rin, ick rauch ooch nich! Du wirst doch wieder pitschnass! Na komm!«

Wahrscheinlich war es mehr der heftige Regenguss, der sie wieder reintrieb, als meine guten Worte. Jedenfalls stand ich dann draußen und rauchte, während Peggy sich drinnen abermals trocknete.

Aus unerklärlichen Gründen versöhnlich gestimmt, machte ich, sowie ich wieder ins Zimmer kam, ein paar Käse-Gurken-Sandwiches für Peggy und mir einige Würste warm. Wir aßen schweigend und sahen uns ab und zu an. Peggy sah ernst aus, ich machte ebenfalls keine Anstalten, sie anzulächeln. Im Geiste zogen schon die nicht gerauchten Zigaretten an mir vorbei. Ich rechnete. Drei Nächte hatte ich die Hütte gebucht. Also noch drei Nächte. Ja, die Rechnung ging auf. Wie man es auch anstellte.

Nach dem Essen schaltete Peggy den kleinen Fernseher an, der am Fußende des großen Bettes stand, setzte sich auf eine Kante und begann, im Programm herumzuzappen. Ich sagte nichts dazu. Müdigkeit legte sich uber meinen Geist, ich fühlte mich mit einem Mal erschöpft. Die Geräusche aus dem Fernseher gaben mir den Rest. Es regnete immer noch wie aus Trögen, ich quetschte mich an die Wand unter das schmale Vordach und rauchte. Ich hatte mir das anders vorgestellt. Das sollte sie nun sein, die große Freiheit? Ich hatte eher so ein romantisches Bild im Kopf gehabt: ein Mix aus Jenseits von Afrika und Easy Rider. Jetzt stand ich vor dem eigenen Haus, drinnen saß eine mir fast unbekannte vegetarische Nichtraucherin vor der verhassten Glotze und die Stimmung war völlig im Arsch. Dennoch: Ich beschloss, den Dingen weiter eine Chance zu geben, morgen würde alles anders aussehen! Obwohl es nicht mal zehn Uhr abends war, krabbelte ich in meine Hälfte des Bettes, stopfte mir Zellstoff gegen die Fernsehgeräusche in die Ohren, sagte so freundlich wie möglich, »Gute Nacht« und schlief ein. Und zwar ohne Zähneputzen.

Ich träumte, ich sei in einem alten Film. Schwarz-weiß, lauter gut angezogene Menschen, eine Lady saß mir gegenüber, sie bot mir einen Drink an und ich nickte. Ich sah mich von außen, ein Gentleman im feinsten Zwirn. Lässig holte ich eine Zigarette aus dem Etui, klopfte sie viermal fest und kramte dann nach meinen Streichhölzern.

»Ach Toni, rauchen Sie doch bitte nicht hier drinnen!«, sagte die Lady im frischen Ton der Vierzigerjahre-Synchronisation, als sie mit den Drinks auf mich zukam. »Wie Sie wünschen, meine Dame.« Galant ließ ich die Zigarette wieder im Etui verschwinden und nahm ein Glas entgegen. Total gentlemanmäßig.

Ich wachte auf, das Zimmer war jetzt dunkel, und ich schämte mich. Was hatte mich bloß geritten, so pöbelhaft auf meiner Kippe zu bestehen. In dem kleinen Raum! Nach einigem Hin-

und Herwälzen beruhigte ich mich wieder. Morgen wird alles geklärt, dachte ich. Peggy schnaufte neben mir im Schlaf. Süß. Ich versuchte durch die Dunkelheit zwischen uns irgendetwas zu erkennen, doch ich sah nur schemenhafte Umrisse ihrer Decke. Ob sie mit Bademantel schlief? Egal. Morgen, Morgen!

Ich erwachte von leisem Geklapper. Prüfend öffnete ich ein Auge, Sonnenstrahlen hatten große Teile des Zimmers erobert. Ich sah Peggy von hinten am Herd hantieren, es brutzelte in einer Pfanne. War das der köstliche Duft von Speck mit Zwiebeln? Sie drehte sich um, ich schloss schnell mein Auge. Sicher irrte ich. Vorsichtig linste ich wieder rüber. Doch. Sicher. Speck. Peggy füllte den Pfanneninhalt auf einen Teller, griff sich eine Tasse vom Tisch und wandte sich zu mir. »Morgen! Frühstück! Haben der Herr wohl geruht?«

»Hey rhm hrmr«, ich räusperte mich. »Guten Morgen, das is ja toll!«

Sie reichte mir einen frischen Kaffee und einen Teller mit Rührei, Speck und Zwiebeln.

»Mann, du hast Speck für mich gebraten, das is ja großartig!«

»Ja, ich dachte, als kleines Versöhnungsangebot. Außerdem hat jemand frische Brötchen an die Tür gehängt.«

»Na, das is ja fein! Hm, hm, lecker!« Ich mampfte genüsslich mein Ei und schlürfte den Kaffee, den sie mit großer Sicherheit genau so gewürzt hatte, wie ich ihn liebte. Vielleicht war das alles ja doch nicht so verkehrt.

Als ich fertig gegessen und mich angezogen hatte, gingen wir zu den Klippen und kletterten die Böschung herunter zum Meer. Wir setzten uns auf zwei große, von der Sonne leicht gewärmte und vom Meer rund gewaschene Felsen und sahen uns die Ostsee an. Ich rauchte. An einigen Stellen lagen kleine Schneeinseln, das Meer sah kalt aus, aber es lag ruhig vor uns und schwappte nur seicht an den kieseligen Strand.

Peggy war fröhlich und in aufgeräumter Laune. Ich sah sie mir an. Mit geschmeidigen Bewegungen warf sie kleine Steine ins Meer und sah zu, wie das Wasser aufspritzte. So betrachteten wir die unfassbare Weite, der Wind spielte sanft um unsere Nasen und für einen Augenblick tat sich die Welt auf. Das hoffnungsvolle Licht, der ferne Horizont, die Stille und Einsamkeit. Dann kehrte blöderweise der kurzsichtige menschliche Geist in mich zurück und ich fragte:»Samma, dieser Typ jestern, da in deiner Wohnung, war dit dein Freund?«

Peggy warf einen Stein.

»Wieso?«

»Na war's dein Freund oder nich?«

»Ja. Er war mein Freund. So kannste das sagen.«

Ich schürzte die Lippen.

»Also heißt dit, dasser jetzt, in diesem Moment grad, nich mehr dein Freund is?«

»Jenau. Jetzt, in diesem Moment, bist du mein Freund.«

»Ach!«

Peggy lächelte mich an.»Und, Liebster, willst du mal sehen, was unter meinem Bademantel alles so steckt?«

Ich bewegte mich nicht. Was war das jetzt wieder für ein absurdes Spiel.

»Also wenn du mit ins Wasser kommst. Ansonsten geh ich auch nicht.«

Ich schaute das kalte Meer an. Das war 'ne Art Psychotest. Ich konnte eigentlich gar nichts anderes wollen, als ins Meer zu springen. Wenn ich's nicht tat, würde ich mich wie ein ängstlicher Junge fühlen, der sich nicht traut, ins kalte Wasser zu gehen. Und das, obwohl eine schöne Frau sich dafür entkleidet hätte.

»O. k.!«, rief ich.»Aber dann gleich!« Schnell riss ich mir die Klamotten vom Leib, zog die Schuhe aus und wackelte schon auf den Steinen in Richtung Eiswasser.

»Gleich wird mein Schwanz ganz winzig«, dachte ich unwillig. Eigentlich keine gute Erstvorstellung. Hinter mir kam Peggy angewankt, ich wagte nicht, mich umzusehen. Was ist auch schon groß dabei, wenn zwei Menschen nackt ins Wasser gehen, sagte ich mir. Sie stellte sich neben mich, strauchelte kurz auf dem rutschigen Untergrund und hielt sich an meinem Arm fest. Ich warf einen vorsichtigen Seitenblick. Das genügte, um mich für sie einzunehmen. Jetzt befürchtete ich eher, dass mein Schwanz plötzlich ungewöhnlich groß auszusehen begann, und schritt entschlossen ins unbarmherzig kalte Nass. Sofort schienen die Zehen abzusterben. Peggy tat es mir gleich. Wir ließen uns kreischend und jauchzend ins flache Wasser nieder und strampelten dort ein paar Sekunden herum, stürmten gleichzeitig wie auf Befehl zurück ans Ufer und stürzten uns nass zurück in die Klamotten. Ich hüpfte ewig auf den Steinen herum, um in meine Socken zu kommen, ständig ums Gleichgewicht kämpfend. Wir mussten lachen. Ich fühlte mich herrlich erfrischt und irgendwie war das unser bester Moment bisher.

»Praktisch, so'n Bademantel!«, rief ich Peggy zu, die schon wieder gemütlich auf ihrem Stein hockte.

»Sag ich doch! Sollteste vielleicht auch mal erwägen, is auch nicht sehr teuer!«

Wir kletterten wieder nach oben und wanderten auf der Insel herum. Peggy erzählte von ihrem neuen Projekt, das sie mit ein paar Mädels aus ihrer Hochschule betrieb. Natürlich war die gesamte Weiberschar ebenso durchgeknallt wie sie selbst. Sie wollten auf die Unterdrückung von islamischen Frauen in Deutschland aufmerksam machen, drum hatten sie ein paar Räume ihrer Schule als typische Migrantenwohnzimmer hergerichtet und trieben darin ihr Unwesen. Die Mädchen hatten sich Burkas übergezogen, allerdings so gekürzt, dass der Hintern schön zu sehen war, und Löcher für die Brüste reingeschnitten. So standen oder lagen sie in eindeutigen Posen in den Zimmern und stöhnten obszön für die wenigen, die sich in ihre Ausstellung verirrten. Die Frau, degradiert zum Sexobjekt, gefangen in der eigenen Wohnung. Peggy hatte sich in Rage geredet, es machte keinen Sinn, unser Gespräch mit einem Scherz aufzulockern.

Außerdem fühlte ich mich seltsam beklommen, schließlich hatte ich soeben auch auf ihren nackten Körper gestarrt. War ich vielleicht ein islamischer Sexist? Ich verspürte den Drang, mich zu rechtfertigen und hatte doch keine Lust darauf. Ich merkte deutlich, dass ich die Klappe halten musste bei ihren Frauenthemen. Also schwieg ich und warf nur ab und zu etwas ein wie: »Kiek ma dahinten, zwee Kaninchen. Wat die wohl so treiben den janzen lieben, langen Tag?« Oder: »Schau, dahinten: Sind dit Raben oder Krähen, wie die sich wohl küssen?« Später erzählte sie noch von ihrem offensichtlich frisch zum Ex gekürten

Freund. Ihre Stimme wurde augenblicklich tiefer, wenn sie von ihm redete. Er hatte den Fehler begangen, die Minirock-Burka-Sexismus-Protest-Ausstellung mit einer Horde Kumpels zu besuchen, die, anstatt betrübt über die sexuelle Ausbeutung der islamischen Frau zu sein, ganz andere Empfindungen angesichts der freien Hinterteile und Möpse zum Ausdruck brachten. Es wurde eine peinliche Katastrophe; die Mädels fühlten sich gezwungen, das Projekt abzubrechen.

Ich nickte verständnisvoll. »Unmöglich!«, sagte ich und suchte die Gegend nach weiteren Tieren ab. Tatsächlich sah ich eine Gruppe Rehe. Sie hoben die Köpfe, zögerten kurz und hüpften vor uns in die Büsche. Der Leuchtturm von Kap Arkona rückte näher und näher. Man läuft, wenn man nur so schlendert, unweigerlich auf den alten Turm zu.

»Wolln wa noch zum Leuchtturm und dann zurück, wat happern?«

Peggy nickte. »Is schön mit dir, Mahoni. Hier so …«

»Ja?« Ich stutzte.

»Ja, du bist o. k.«

»Fein.«

Ein bisschen kam die Sonne raus in mir.

»Du auch«, hörte ich mich sagen. War ja auch so. Wozu alle Einzelheiten erläutern.

Wir kamen am Leuchtturm an. Einige hartgesottene Touristen in leuchtenden Windjacken wanderten dort umher und musterten Peggy in ihrem Bademantel mit ungläubigen Blicken. Etwas komisch fühlte sich das schon an. Man bekam direkt Lust, alles zu erklären. Andererseits weckte es auch eine Art trotzige Wut auf die Glotzer, schließlich bewegte sich Peggy absolut normal und sah nicht aus wie irre, sie hatte eben einfach diesen Bademantel an.

»Geht dir das nich aufn Sack? Ich meine aufn Wecker, mit dem ganzen Geglotze?«

Peggy schüttelte den Kopf. »Je absurder die Situation, desto mehr genieße ich sie.«

Dennoch. Ich stellte eine minimale Veränderung fest. Ihre Stimme schien etwas härter zu werden, alles wirkte irgendwie bewusster.

Ich lächelte die Leute einfach an, dann sahen sie schon von allein weg. Wir umrundeten den Leuchtturm zweimal. Wie immer war nichts Besonderes zu entdecken, einfach ein Leuchtturm. Dafür eben am Arsch der Welt. Wir schlenderten rüber zum Schinkelhaus, wo früher der alte Leuchtturm des Nachts die Schiffe leitete, da rastete Peggy schon wieder aus. Gegenüber dem alten Backsteingebäude gab es eine Würstchenbude und ein Souvenirgeschäft. Peggy blieb stehen und zeigte auf den Andenkenladen. »So ein Scheiß!«, rief sie empört.

»Wat denn, wat denn nu?«

»Orr Mahoni, du kapierst dit einfach nich! Bist du genauso blind wie die andern?«

Entschlossen stapfte sie zu dem Laden, zog den Gürtel des Bademantels enger und stieß kraftvoll die Tür auf. Auf der Stelle fing sie an, in den Laden reinzubrüllen: »Verdammtes Kapitalistenpack! Niemand braucht euern scheiß Ramsch hier! Ihr seid am Ende der Welt und müsst noch 'nen beschissenen Scheißladen hier hinstellen!« Bereit zum Angriff, mit gesenktem Kopf stieß sie ins Innere des Ladens vor. Ich stand wie ein erschrockenes Meerschwein steif auf dem sandigen Weg, um mich herum starrten die Leute Richtung Peggy, manche verblüfft, manche mitleidig. Ich lächelte und zuckte mit den Schultern. »Wo se recht hat, hattse recht!«, rief ich und eilte dann hinter Peggy in das Geschäft. Ein großer, dicker Mann mit rundem Kinnbart und einer blauen Stoffschürze, auf der ein weiß gesticktes Segelboot prangte, stand verängstigt in seinem Laden hinter der Theke und machte beschwichtigende Armbewegungen. Peggy schrie ihn an und schmiss im Takt Postkarten, Miniaturleuchttürme, T-Shirts im Laden herum. »Scheiße, Scheiße, unnötig, brauch man nich, sinnlos, Quatsch …«

Ich fand's zum Kotzen. Was konnte denn der arme Mann dafür?

»Peggy, bitte!«, rief ich hinter ihr. »Lass uns gehen! Das hat doch keinen Sinn hier!«

Sie drehte sich um. »Ja! Absolut sinnfreie Zone dieser Laden!« Sie wandte sich an den Verkäufer. »Wozu bitteschön steht hier mitten in der überwältigenden Natur, an einem Ort der Ruhe und Einsamkeit, ein solcher Saftladen wie Ihrer? Wozu?«

Der Mann war sichtlich geschockt von dem plötzlichen Überfall auf seinen Laden.

»Was wollen Sie? Was wollen Sie von mir?«

»Komm Peggy!«, schnurrte ich eindringlich, »er weiß es nicht. Er kann es dir nicht sagen.«

Peggy zögerte, dann machte sie auf dem Absatz kehrt und rauschte an mir vorbei aus dem Laden.

»Nich persönlich nehmen!«, grüßte ich den Mann und machte ebenfalls, dass ich rauskam. Einige Urlauber waren stehen geblieben und standen abwartend auf dem Platz herum. Peggy schrie sie an: »Was glotzt ihr denn so dämlich! Macht weiter euern Scheiß-Souvenir-Urlaub!« Dann marschierte sie zurück zum Weg, auf dem wir gekommen waren. Ich wurde nicht mehr beachtet und konnte mir selbst überlegen, was ich nun tun wollte.

»Also dann: Weitermachen!«, rief ich und eilte Peggy hinterher.

Sie hatte einen ziemlich forschen Schritt drauf, ich beeilte mich mitzukommen.

»Peggy, wat is nur los mit dir? Wieso regste dich denn so auf bei so 'nem kleenen Scheißladen?«

Sie marschierte weiter.

»Peggy, bei 'ner großen Kette, da vasteh ick ja, watte meinst, aber hier ...? Peggy!«

Ich blieb stehen. »Machste denn überhaupt keen Unterschied, samma, merkst du noch wat?«

Peggy blieb auch stehen und drehte sich langsam um. Sie lächelte. O nein, sie is tatsächlich verrückt, schoss es mir durchs Hirn.

»Klar merk ich noch wat, Mahoni. Vor allem merk ich, dass es mir jetzt deutlich besser geht. Besser, als wenn ich nur gedacht hätte, was das fürn Mist is, da 'nen verdammten Ramschladen hinzustellen!« Sie machte eine einladende Kopfbewegung Richtung Fischerhütte. »Na, komm, zerbrich dir nich den Schädel. Manche Dinge müssen passieren! Is 'ne reine Frage der Wahrscheinlichkeit.«

Ich musste lachen. Sie machte das Ganze eben einfach auch aus purer Freude dran! Peggy war eine Frau der Tat. Ein Wutgewitter ihrer eigenen Gerechtigkeit. Und manchmal traf der Blitz eben den Falschen.

Ich holte auf und lief neben ihr weiter.

»Weißt du, wie oft irgendwelche besoffenen Typen irgendwo ausrasten, rumbrüllen und alles kurz und klein schlagen?«, sagte sie beim Laufen. »Weißt du, wie sinnlos die Gründe dafür sind? Und am nächsten Tag sagt man ›Ach, der war doch bloß besoffen!‹« Peggy spuckte in hohem Bogen. »Aber ich sage dir, wenn Peggy Maschke ausrastet, dann gibt es zumindest ein Fünkchen Sinn in der ganzen Aktion. Sieh's doch mal so!«

Ich nickte. »Wie du willst, Peggy, wie du willst. Ich glaub, ich versteh dich. Trotzdem ...« Ich überlegte. »Oder pass auf, ich will dir das erklären: Eigentlich, ja? Also eigentlich steh ich total drauf, was du machst und dass du ausflippst und dass du quasi immer so bist und auch im Urlaub und so weiter ...« Ich hielt sie am Ärmel fest und wir standen uns gegenüber. »Aber andraseits kann ick mir nicht vorstellen, wie et mit dir in Berlin sein soll! Wenn de in jeden beschissenen Lottoladen rinrennst und da Kapitalismusvorträge hältst, dann schaffstet nichmal die Warschauer runter!« Ich sah ihr in die Augen. »Oder wie jehst du überhaupt je mal wat einkoofn?«

Sie nahm mich nun ihrerseits mit der anderen Hand beim Ärmel und imitierte meinen Tonfall: »Mahoni, wenn ick dich so reden höre, muss ich denken, du hast einfach noch gar nichts kapiert! So. Komm, ich hab auch Hunger!«

Sie zupfte an mir und dann liefen wir zusammen weiter. Der Tag war noch jung, die Sonne stand hoch am Himmel, in der Ferne zogen sich graue Wolken zusammen. Ich dachte über ihre letzten Worte nach. Wollte sie mir sagen, dass sie nicht immer jeden Tag ausflippt? Sondern nur, wenn sie schwer verliebt ist? Oder wenn sie gerade mit einem Typen Schluss gemacht hatte? Ein Emotionsbarometer? Oder konnte es sein, dass ich mir Peggy nur einbildete, so wie der Typ aus *Fightclub*? Dass sie quasi meine geheimen Wünsche exerzierte, dass sie immer dann die Sau rausließ, wenn mir etwas übel aufstieß, ich jedoch nie etwas unternehmen würde? Ich blickte sie an. Sie war real und wunderschön. Die Sonne hatte ihre Nase schon leicht gerötet, die herbstlichen Haare wirbelten im Küstenwind. Wir gelangten zu unserer Hütte, ich briet mir Schnitzel, für Peggy backte ich ein paar überbackene Schlemmertoasts. Müde dann, vom Essen und der frischen Luft, hielten wir ein gemütliches Mittagsschläfchen, sie auf dem Bett, ich auf der Couch. Sie weckte mich, indem sie sich plötzlich an mich kuschelte.

»Na?«, sagte ich, erfreut über ihre Nähe.

»Es is schon dunkel geworden, Mahoni. Glaubst du, ich bin verrückt?«

»Ja«, sagte ich. »Aber 'ne gute Verrücktheit. Wolln wir 'n Feuer machen?«

»O. k.«

Ich stapelte Holzscheite im Ofen und zündelte mit meinem Feuerzeug herum, als es klopfte.

Ich erhob mich und öffnete die Tür, Peggy sah mich fragend an. Draußen stand unsere nette, ältliche Vermieterin und hielt den Kopf schief. Neben ihr stand der dicke Rundbärtige aus dem Souvenirladen. Ich kratzte mich am Kopf.

»Sagen Sie, haben Sie bei mein Mann im Laden heute solchen Ärger gemacht? Waren Sie das?«

»Das isser«, sagte der Dicke.

»Ja, dann möchten wir Sie doch bitten, unser Haus zu verlassen. Nich? Solche Manieren sin wir hier nich gewöhnt. Packen Sie bitte Ihr Zeuch zusammen und zahlen tun Sie bitte auch gleich.«

»Äh.« Ich bekam rote Ohren.

»Hörn Se, dit tut mir leid, heut bei Ihrn Mann da. Im Laden, mein ick, wir hatten uns jestritten und da sind wa irgendwie janz blöd rüberjekommen … äh … könnse nich noch bis morjen warten? Wir finden doch jetzt nüscht Neuet mehr hier …«

Die Frau hielt den Kopf weiter schief und lugte ins Innere. Ohne mich anzusehen, plapperte sie weiter.

»Ja, Sie brauchen auch gor nich groß nach 'ne neue Unterkunft zu suchen, hier bei uns möchte Sie sowieso keiner mehr nehmen, solche Manieren sin wir hier nich gewohnt. Also packen Se bitte …«

»Ja, ja«, unterbrach ich sie. »Wat kriegen Se denn?«

»Also das wärn dann annerthalb Übernachtung à 50 Euro macht 75 plus Kurtaxe zwei Tage macht 81, acht Brötchen kommen noch mal vier Euro drauf, sind wa bei 85, der Parkplatz kostet fünf pro Tag und die Endreinigung 30 Euro, da bekomm ich 125 Euro von Ihnen.«

»Dit seh ick jetzt aber nich ein, Sie schmeißen uns hier inna Nacht raus und wolln denn noch den halben Tag berechnen?«

»Ja. Und da haben Sie Glück, dass wir Ihnen nich noch 'ne Anzeige draus machen, nich! Wat Sie heut bei mein Mann in Laden randaliert haben, nich!«

Ich nickte. Meine Ohren waren nicht mehr röter zu bekommen.

»Jut, Moment!«

Ich ging rein und suchte mein Geld. Peggy flüsterte »Wat is los?«

»Gleich …«, raunte ich ihr zu.

»Können Se wechseln?«, fragte ich die Frau.

Ihr Mann schüttelte den Kopf und sah mich böse an.

»Ja, dann nehm ick mal an, ick kann froh sein …« Ich gab ihr drei von meinen Fünfzig-Euroscheinen.

»Gut. Mein Mann kommt dann in 'ner halben Stunde noch mal nachsehen, dann könnse ihm den Schlüssel geben. Gut Nacht, nich?«

»Ja.«

Ich schloss die Tür und ließ mich zu Peggy auf die Couch fallen. Dann drehte ich mir 'ne Kippe und steckte sie an.

»Geht das schon wieder los?« Peggy sah mich entgeistert an.

»Wir werden hier nicht schlafen heut Nacht«, sagte ich und zog den Rauch ein. Irgendwie war ich traurig darüber. Allerdings machte die Kippe auch 'ne Menge wieder gut.

»Also das mit deinem Protest funktioniert hier auf so 'ner Insel nich so gut, Peggy.« Ich blies den Rauch aus und sah ihm hinterher. »Der Typ heut aus dem Laden is der Mann von der Ollen von hier. Also die ham uns jetzt rausjeschmissen.«

»Ach.« Peggy kuckte auf den Tisch. »Und bist du jetzt sauer?«

Ich überlegte. »Nö«, sagte ich und das stimmte auch.

»Puh.« Peggy lachte mich an.

»Und wie viel Zeit bleibt uns?«

»'ne halbe Stunde.«

Peggy sah mir ins Gesicht.

»Na das ist zu wenig. Dann müssen wa jetzt packen.«

»Wie zu wenig? Wofür?«

Peggy hüpfte durch den Raum und sammelte ihre paar Sachen ein. Ich räumte meinen Küchenkram zusammen. Pünktlich auf die Minute erschien der Dicke, trat in die Hütte, sah sich prüfend um und nahm wortlos den Schlüssel entgegen. Peggy ignorierte er völlig. Wir sahen zu, dass wir zum Auto kamen, schon rollten wir den Feldweg entlang.

»Ach, ja«, entfuhr es mir.

Eine Weile chauffierte ich den Wagen wortlos durch die nächtliche Pampa. War das erst gestern gewesen, dass wir hier angekommen waren?

»Und wohin fahren wir jetzt?« Peggy stupste mich mit dem Finger an.

»Nach Berlin?«

»Ja! Nach Berlin!«

Dann schmiegte sie sich an mich.

»Und machen wir dann dort weiter Urlaub zusammen?«

»Wir beede, du und ick? So ganz ohne Pärchenscheiß und Abendromantik?«, fragte ich.

»Hm.« Peggy schnurrte, ich lachte.

»Ja, aber ick will nich nach Hohenschönhausen in deinen Wolkenkratzer.«

Peggy schwieg.

»Na ja, das war ja auch nicht meine Wohnung. Die is von meinem Ex. Deswegen …«

»Ja?«

»Kann ick erst mal für 'ne Weile bei dir Urlaub machen?«

Ich freute mich. Das ging ja schnell! Eine Nacht Rügen und schon zusammenziehen! Aber warum nich? Es gab nur ein einziges Problem.

»Peggy, dit läuft schon. Machen wa. Aber du musst mir wat versprechen: Meen Bäcker, meen Fleischer und meen kleener Vietnamese jegenüber sind absolute Tabu-Zone. Keine Anfälle, keine Szenen, nur jute Nachbarschaft und nette Worte, jeht dit?«

Peggy schnurrte bejahend.

Jedenfalls ist aus dem Urlaub dann was Längeres geworden. So mit Pärchenscheiß und Abendromantik. Zu Hause, im wunderschön winterlichen Berlin machten wir weiter Ferien. Es sah tatsächlich so aus, als seien wir verliebt.

Peggy
zu Hause

Es findet wahren Hochgenuss
Der Kenner im Verzichten
In Abwechslung zum Überfluss
Und nicht nur bei Gerichten

An einem Dienstagmorgen stand in der Küche ein Zentnersack Reis. Ich stand daneben, in der Hand eine Tasse mit warmem Kaffeegrund und starrte Memo-Mike an. Der saß da und druckste, seine ganze Haltung druckste. Da er druckste, war eine Pause in unserem Gespräch entstanden. Es ging um Peggy. Eindringlich beäugte ich Memo-Mike. Mein Herz schlug kräftig, durch meine Adern strömte gerechtes Blut. Kein Argument der Welt könnte mich jetzt zum Einlenken bewegen, schon gar nicht viel sagen wollendes Schweigen.

»Sie bleibt hier, so lange sie will. Basta!«

Ein schöner Schlusssatz, eigentlich einer zum Aus-der-Küche-Rauschen, Türzuschlagen. Aber ich stand weiter da und beobachtete den gekrümmt sitzenden Mike.

»Na ja, Toni«, sagte er gedehnt und tippte an den Bügel seiner runden Brille.

»Memo, Alter, du gloobst doch nich, dass ick verliebt über beede Ohrn meene Süße rausschmeiße!«

»Deine Süße.« Mike versuchte eine Art unmerkliches, ironisches Schmunzeln.

»Ja, meine Süße. Meine zuckersüße Maus, meine honigsüße, kleene Freundin Peggy.« Ich schwenkte den Grund in meiner Tasse. Ich war unbezwingbar.

Mike hob sachte die Augen, ohne den Kopf zu bewegen, und sah mich über den Rand seiner Brille hinweg an. Dann senkte er den Blick wieder auf die Zuckerkrümel vor ihm auf dem Tisch, pickte mit der Fingerspitze einige davon auf und hielt sie sich scheinbar grübelnd an die Zunge.

»Sei doch mal 'nen Moment lang objektiv, ja? Versuchit bitte mal, ja?«

»Mike, ick bin sozusagen 'nen Objektiv. Ick sehe allet janz deutlich.«

»Na fein, Toni, denn sage mir jetzt bitte noch mal, wie lange ihr euch kennt? Du und deine Süße.«

»Orr, wat solln dit werden, Mike?« Das war nicht das erste Mal heute, dass er mir damit kam.

»Na saget mir doch bitte einfach mal, Toni! Saget!«

»Zwee Wochen.«

»Na ja, Toni, fast. Und jetz sage mir, wie lange kennen wir uns jetzt?«

»Orr, Mike, Alter, Junge! Ick mach mir mal lieber noch 'n frischen Kaffee, wenn de so anfängst.« Für zwei Minuten schepperte ich extralaut herum, hantierte mit Kaffeebohnen, Tasse, Wasser, Zucker und Milch, bis das dampfende Glück bereit war.

»Ick schätze mal, so zehn Jahre werdens schon sein, Mike.«

»Fünfzehn, Mahoni, fünfzehn. Und zwar Jahre, nicht Tage! Merkst du den Unterschied?«

Mike hatte bedeutsam die Augen gehoben und sah mir irgendwo ins Gesicht.

»O Tragik!«, rief ich. »Ja, ick merk den Unterschied. Nach fünfzehn Jahren is irgendwie die Luft raus, du bist nich mehr so locker wie früher, nich mehr so spontan und außerdem chronisch soziopathisch. Wo hingegen nach fünfzehn Tagen die Welt noch absolut in Ordnung is und sich quasi so 'ne Sache wie Glück breitmacht.«

Ich schnappte mir meinen Kaffee und trank einen großen, heißen Schluck.

»Toni, als wir hier zusammen einjezogen sind, da …«

»Ja, ja, blabla, ick werd dann mal, wir können nachher weiterplaudern.«

An der Tür drehte ich mich noch mal um.

»Bitte mach dich 'n bisschen locker bis dahin. Und sei nett zu Peggy, ick muss los.«

»Ja.« Mike starrte auf den Küchentisch.

Auf der Straße war was los, Autos, Sonne, Kinderwagen,

Fahrradfahrer, Anzugträger. Jedes Mal ein nicht geringer Schock. Ach ja! Die anderen! Wir leben ja alle hier. Ich hatte noch eine gute halbe Stunde und entschloss mich, zur Arbeit zu laufen. In Kreuzberg hatte ich seit ein paar Monaten meinen unregelmäßigen Bürojob, der mich eigentlich überhaupt nicht ankotzte. Ich schlenderte die Simon-Dach-Straße runter und hieß die Touristengruppen willkommen. Hallo, ihr Finnen, ihr Letten und Esten! Hallo, Franzosen und Australier! Schön grau und kalt in Berlin, oder? Memo-Mike war nicht so freundlich wie ich. Klar, Peggy war nicht die Pflegeleichteste, und es hatte zu Hause in der WG 'ne Menge Diskussionen gegeben. Aber diese Dinge erschienen mir durchaus fruchtbar zu sein. Neuer, frischer Wind wehte durch unsere ungelüfteten Zimmer. Peggy hatte teilweise haarsträubende Ansichten, herrliche Gespräche konnten sich ergeben. Aber Memo-Mike wollte anscheinend seine Ruhe zurück.

Vor etwa zwei Wochen war ich mit Peggy von der Ostsee heimgekehrt und sie war direkt in mein Zimmer gezogen. Eigentlich hatte sie nur eine Tasche mitgebracht, keinen Krempel, keine Möbel. Dann waren wir für ein paar Tage untergetaucht, kamen höchstens zum Kaffeekochen aus meinem Zimmer und ernteten von Mike und Pierre nur wissendes Grinsen.

Bald aber musste ich wieder zur Arbeit und Peggy blieb allein in der Wohnung, tat dies und das, was man eben so treibt, und lernte meine beiden, lieben Mitbewohner kennen. Als ich vom ersten Arbeitstag nach Hause kehrte, saßen die drei in trauter Runde in Pierres Zimmer und sahen sich irgendeine amerikanische Krankenhausserie an. »Schön«, dachte ich und machte mir ein Bier auf, setzte mich in die Küche und suchte nach einer Zeitung. Aha, da lag die »Junge Welt«, sicher hatte Peggy die Postille angeschleppt. Ich blätterte ein wenig darin herum und wurde furchtbar müde, irgendwie fühlte ich mich in meine Zeit als Jungpionier zurückversetzt. Komische Sprache. Die Fernsehgruppe nebenan löste sich eben auf. Peggy setzte sich auf meinen Schoß, die Jungs kamen in die Küche und nahmen auf ihren Stühlen Platz. Wir quatschten, ich erzählte von meinem lustigen Tag im Büro. Aus Langeweile hatte ich unter die Computermäuse einiger Kollegen durchsichtiges Klebeband geheftet und ihnen dann beim Verpeilen zugesehen. Es war so wunderschön gewesen. Sie hatten wie wild die Mäuse über die Tischplatte gerubbelt und dabei so hilflos ausgesehen! Toll. Und was war das für ein großes Hallo, als festgestellt wurde, dass mehrere Leute dasselbe Problem hatten! Ein Virus! Ein Mäusevirus! Der Administrator der Firma wurde angerufen, ich platzte bald auf meinem Stuhl, als er die gleichen verzweifelten Rubbelversuche mit den Mäusen vornahm. Als er eben anfing die erste Maus auszutauschen, musste ich losprusten, ein schlimmer Lachanfall hatte mich in seiner Gewalt. Ich fand, ich war der witzigste Typ auf der Erde. Leider freute sich kaum jemand mit mir. Gnädig befreite ich die erkrankten Mäuse meiner Kollegen von ihren Knebeln und feierte alleine noch ein bisschen ab.

Amüsiert schaute ich in die Runde meiner Zuhörer am Küchentisch. Memo-Mike sah mich ernst an, Pierre und Peggy lachten.

»Wat 'n? Findste nich witzig, Mike?«

»Hm«, machte der, »weeß nich, ob du dich so amüsieren würdest, wenn dit eener mit dir machen würde.«

»Ach, Meiki! Ist doch völlee ejal! Erstens macht keener außer mir sowat dort und zweetens würd ick denn ooch richtee abfeiern.«

Memo-Mike und seine Moralanfälle. Wahnsinn. Er hätte nur noch sagen müssen: »Was du nicht willst, das man dir tu, das füg auch keinem andern zu!«

Mike widersprach: »Wat is, wenn de grade wat furchtbar Wichtiges enorm schnell erledigen musst? Und denn klebt dir so 'n Witzbold deine Maus zu. Wat is denn? Hm?«

Irritiert sah ich mich um. War ihm etwa schon Ähnliches selbst widerfahren? Hatte er schon leiden müssen unter einer solchen Büroattacke?

Peggy kuckte Mike an, wie man vielleicht ein wunderliches Insekt beobachtet.

»Betrachten wir das doch einfach als eine erfolgreiche, zeitweilige Lahmlegung der kapitalistischen Produktion. Und das auch noch mit Scherzpotenzial«, sagte sie zu Mike.

»Ja. Jenau«, sagte ich. »Willste vielleicht ooch erstma 'n Bier, alter Beschützer der Mäuse? Bisschen entspannen? Bisschen die Seele baumeln lassen? Einfach mal unverkrampft in einen herrlichen Abend starten?« Bei diesen Worten fischte ich ein lecker Bierchen aus dem Kühlschrank, ploppte es mit dem Feuerzeug auf und stellte es vor Memo-Mike. Der schmollte zwar, aber dann prosteten wir uns zu. Mike hatte augenscheinlich einen beschissenen Tag hinter sich. Er arbeitete in einem Institut für Irgendwas und machte dort was mit Zahlen und Kurven. Wenn dir da mal die Maus verklebt, geht's sicher drunter und drüber. Peggy schnappte sich mein Bier und stieß demonstrativ mit Mike an. »Kopf hoch! Nächstet Thema!«

»Ja, da wär was«, meldete sich Pierre. »Ihr habt in den letzten Tagen meinen kompletten Weinvorrat aufgebraucht und nun habt ihr begonnen, ihn mit Bier wieder aufzufüllen. Also, ich habe heute selber neuen Wein gekauft, und zwar den Guten. Wäre schön, wenn de dafür mal was springen lässt, Mahoni.«

»Klar, Pierre.«

»Mal völlig abgesehen davon, dass ich euren Urlaub finanziert habe.«

Oh, nein, wie ätzend konnte man nur sein? Pierre fing tatsächlich jetzt mit Kohle an.

»Ja, Pierre, kriegst doch allet wieder – dann.«

»Nee, jetzt.«

»Pierre …!«

»Mahoni?«

»Pierre, komm schon!«

»Bin schon da, Mahoni.«

Blöder Typ. So eine Nummer abzuziehen vor meiner nagelneuen Freundin. Pierre war schließlich nicht nur mein Mitbewohner, sondern auch mein Pianist. Ich war quasi sein Vorgesetzter. Hatte er denn gar keine Angst vor der nächsten Probe?

»Dann müsst ick jetzt aber noch mal los, zur Bank.« Ich sah Pierre tief in die Augen, aber da waren leider nur Dollarzeichen drin.

»O. k.«, sagte Pierre nur.

»Ich komm mit«, sagte Peggy. Sie hüpfte von meinem Schoß

und schlüpfte in ihre Stiefel. Ich griff meine Jacke und schon waren wir zur Tür raus.

»Du hast deinen Bademantel noch an, Peggy!«, rief Memo-Mike uns hinterher.

»Oh, danke!«, rief Peggy und schloss die Tür. Albern rutschten und stolperten wir die Stockwerke zur Straße runter. Ein kaltes Windchen hatte sich in die Frankfurter Allee verirrt, ich legte meinen Arm um Peggys Schulter und so stapften wir in Richtung Sparkasse.

Ich hob hundert Euro ab und wurde von einem unangenehmen Kontostand verabschiedet. »648,– Soll«, blinkte kurz am Automaten auf, dann verschwand die grauenhafte Zahl und mit ihr auch die Sorgen.

»Also meinetwegen können wa jetzt noch wat essen jehn, ick hab die Taschen voll Kohle und oben sindse eh grad komisch.«

Peggy sah mich an. »Ick weiß nich, Toni. Hier gibt's einfach nix Vernünftiges.«

»Ach komm, Peggy, wir waren noch nie zusammen essen. Irgend 'n Vegetarierfutter haben die hier bestimmt irgendwo!«

Peggy kam, nicht ganz überzeugt, mit auf die Suche. Vegetarier zu sein, muss sich katastrophal anfühlen. Wir ließen die einladenden Steakhäuser, die Hausmannskostbuden und die »Futtern-wie-bei-Muttern-Kneipen« links liegen. Wir trabten vorbei am Griechen, der mit einer riesigen Fleischplatte warb, ja selbst zum Italiener konnte man nicht, alles voller Speck, überall Parmaschinken drumgerollt. Letztlich landeten wir in einem Nobelschuppen für Neulandfleisch und Bioanbau, das ganze Ding sah aus wie eine Tupperdose oder ein MacBook von innen. Für knappe 17 Euro bekam man ein tolles vegetarisches Risotto, und das Neulandschnitzel war auch unter 30 Euro zu haben.

Obwohl es tatsächlich hervorragend schmeckte, verließ mich einfach das unangenehme Gefühl nicht, gerade beim Kauen betrogen zu werden.

Peggy ließ sich nichts dergleichen anmerken, sondern schaufelte fröhlich die Reispampe in sich rein. Anschließend leckte sie laut schlabbernd über ihren riesigen Teller und ließ es sich auch nicht nehmen, ein kräftiges Bäuerchen zu machen. Verwirrte Mitesser sahen scheelen Blickes zu uns rüber, ich amüsierte mich, den Kopf in die Hände gelegt, zwei Scheuklappen auf jeder Seite.

»Die sitzen hier voll etepetete rum, Mahoni. Die fressen teuren Scheiß und denken, die sind sonst wie fein und dazu tun sie noch was Gutes für die Umwelt! Idioten.«

Peggy strahlte.

»Zahlen?«, fragte sie.

»Jo«, sagte ich.

»Wirtschaft!«, schrie Peggy aus Leibeskräften, ich zuckte zusammen, die Menschen im Restaurant erstarrten, eine Gabel fiel zu Boden. Ich behielt die Hände um meinen Kopf und wartete einfach ab. Ich fand's großartig, ich wusste nur nicht, ob ich es lieber in einem Film gesehen hätte, statt selbst dabei zu sein.

Eine verständlicherweise angepisste Kellnerin legte wortlos den Bon auf den Tisch, ich reichte ihr einen 50-Euro-Schein. Rechnend dachte ich über die Höhe des Trinkgeldes nach und zog schon den zweiten Fuffi aus der Tasche, als Peggy sagte:

»Kein Trinkgeld. Wir haben auch nichts getrunken.«

»Ach komm!« Die Frau hatte uns ja nichts getan, sie konnte nichts für die Preise.

»Kein Scheißtrinkgeld, das is in den Preisen schon dreimal drin, Mahoni.«

»O.k.!«, sagte ich aufgeräumt zu unserer Kellnerin. Die schüttelte den Kopf und zählte mir angewidert das Rückgeld vor.

Schnell zog ich die Jacke über und schob Peggy zum Ausgang. Ich hatte Angst, dass sie noch irgendetwas Fieses in das Restaurant brüllen wollte, und drückte sie durch den dicken Vorhang zur Tür. Auf der Straße lachte sie und erstarrte dann. »Scheiße, meine Tasche!« Sie drehte sich um und lief wieder zum Restaurant.

»Peggy, was für 'ne Tasche? Hattest du eine bei?«

Peggy lachte, drückte den Vorhang beiseite und schrie den netten, bewusst Biologisches Essenden zu: »Scheiß Ökofaschisten, fresst Scheiße!«

Sie lachte irre und hängte sich bei mir ein.

»Na dann.« Wir sahen uns an. »Wenn Madame jetzt ihre Rede beendet hat, können wa ja mal was trinken gehn.«

»Jenau!«

Die Bar war nach Peggys Geschmack. Kaum jemand achtete auf ihren Bademantel, schummrig und gemütlich war's. Mir gefielen die Preise, ehrliche Bierpreise, keine Touristenabzocke – so was muss man erst mal finden in Friedrichshain. Doch letztlich hält sich alles die Waage, so wurden es einfach mehr Biere und mehr Wein und am Ende waren wir tüchtig besoffen und unser Geld los. Als wir in die Wohnung polterten, sangen wir irgendwas, das viel mit »lalala« zu tun hatte. Dann machten wir uns über Pierres neuerlich eingerichteten Weinvorrat her, die erste Pulle schmeckte leider überhaupt nicht, weswegen noch eine weitere entkorkt und geleert wurde.

So verpflegt, fielen wir in die Kiste wie nasse Säcke.

Ein schrecklicher Morgen, ein schrecklich langer Bürotag folgte. Kollegen hatten mir Salz in meinen Kaffee gekippt, das hätte mich fast umgebracht.

Endlich wieder zu Hause, erwarteten mich ein finsterer Pierre und ein schlecht gelaunter Mike. Peggy lag im Bett.

»Mahoni, so geht dit nich!« Pierre zeigte auf die angebrochene und verschmähte Weinflasche.

»Wollte ick auch grade sagen.« Memo-Mike lugte durch seine runde Brille.

»Jungs!« Ich breitete die Arme aus. »Allet wird wieder jut! Und zwar morgen. Jute Nacht!«

Ich schlängelte mich vorbei, schritt durch den langen Flur und schlüpfte in mein Zimmer. Peggy lag im Bett und sah fern. Anscheinend hatte sie den kleinen Fernseher von Memo-Mike hier reingeschafft.

»Oh, wir haben einen Fernseher!«

Ich legte mich zu ihr ins Bett und überließ den restlichen Tag sich selbst.

Als ich am Tag darauf von der Arbeit kam, drückte ich Pierre einen Fuffi in die Hand, meinem Konto war es egal, es hatte einfach eine weitere, leblose Zahl angezeigt.

Haben oder Soll. Soll oder nicht Soll, das ist hier die Plage.

Pierre mag manchmal streng sein, aber wenn er sein Geld zurückbekommt, dann strahlt er wieder über beide Ohren. Nicht so Memo-Mike. Der wollte seinen Fernseher zurück und nachdem er den wiederhatte, war er immer noch mürrisch. Ein wenig nachtragend eben. Wieder einmal saßen wir traut auf unseren Küchenstühlen.

»Wie war euer Tach?«

»Super, Mahoni, also meen Institut wird immer hübscher.«

Memo-Mike hatte einen Hang zur Ironie. Pierre hingegen war gerade auf dem Weg zur nächsten Humor-Ebene und ich selbst wähnte mich schon angekommen im Zeitalter der Postironie.

»Jeht Peggy eigentlich nie nach Hause? Oder irgendwo anders hin? Zur Arbeit oder einkaufen oder …?«

Pierre saß gut gelaunt vor einem sauren Glas Wein.

»Ähm. Nee. Zur Uni, wennse lustig is.«

Memo-Mike horchte auf, Pierre spitzte die Ohren. Beide sahen mich an.

»Also. Peggy musste erst mal da bei sich raus.«

Meine Mitbewohner sahen sich an, mich an, sich an und mich an.

»Heißt das, sie wohnt gerade hier? Heißt das, sie wohnt jetzt hier bei uns?« Pierre stutzte.

»Wie man's nimmt, Jungs. Ick gloobe, sie hat keene andere

Wohnung, is doch jetzt keen großet Ding, oder? Keene große Sache? Hm?«

»Wie lange denn, Mahoni?«

»Na ja, ick schätze, bis sich wat anderet erjibt. Irgendwie. Oder wat.«

Die beiden nickten ernst und schienen verständnisvoll, einsichtig und großherzig zu sein.

»Jut, Jungs! Denn lasst uns anstoßen uff unsere neue Mitbewohnerin!«

»Wie?« Memo-Mike warf Runzeln.

»Na, anstoßen eben. Auf kurz oder lang, durch dick oder dünn! Eener für alle! Allet is eins!«

Pierre verdrehte die Augen. »Na meinetwegen! Sauft mir bloß nich meinen Wein weg, dann is allet jut. Wat sagst du, Memo?«

Memos Runzeln blieben runzlig. »Ja, jut, obwohl ick sowat lieber vorher entscheiden möchte und nich einfach so …«

»Ja, ja!« Pierre winkte ab. Ein Ja war genug, ein Aber galt ihm nie sehr viel.

Peggy kam aus unserem Zimmer, sie telefonierte mit unserem Telefon.

»Jungs, sagt mal, könnten wir morgen mal bei euch proben? Meine Girls und ick? Wär total lieb!«

Mikes Augen blitzten.

»Girls! Na logo!« Pierre nickte ihr eifrig zu und zeigte ihr zwei gehobene Daumen.

Später am Abend saßen Peggy und ich zusammengekuschelt unter einer Decke auf meiner Couch, vor uns drei dicke Kerzen und zwei volle Weingläser mit Pierres hervorragendem Tropfen. Die Kanarienvögel hatten friedlich die Köpfchen unter die Fittiche gesteckt und machten keinen Mucks in ihrer Volière.

»Wat is dit eigentlee für'n Stück, wat ihr morgen proben wollt?«, fragte ich versonnen.

»Fotze«, antwortete Peggy.

»Wie bitte?«

»Fotze. So heißt dit Stück.«

»Ach! Und hat dit Stück sehr viel mit seinem Titel zu tun?« Ich bekam ein bisschen Angst um meine Mitbewohner.

Peggy sah mich seitlich an. »Na denkste, wir nennen 'nen Stück Fotze und denn jeht's um Kuchen, oder wie?«

»Nee, nee! Allet jut. Ick wollt nur ma fragen, wir müssen nich darüber reden.«

Peggy stieß Luft durch die Lippen. »Ick sehe Angst bei dir, Mahoni. Dit is jut. Genau darum geht's bei der Nummer. Angst. Angst vor der Fotze. Angst, dass Frauen Fotze sagen, und genau das machen wir!«

Hatte ich wirklich Angst? Vielleicht ein winziges kleines bisschen. Aber deswegen muss man ja nicht gleich 'n Theaterstück drüber machen.

»Hast du Angst vor der Fotze, oder nich?«

»Mann Peggy, also dit is einfach 'n häßlichet Wort. Nüscht fürn Kinderjeburtstach oder für Verliebte, find ick. Also meinetwegen braucht es das Wort gar nich zu jeben.«

Peggy lachte in sich rein. Ich hatte Lust, mit ihr anzustoßen und das Thema zu beenden. Schlicht, es ging nicht.

»Wie oft hast du Fotze jesagt in deinem Leben?« Oh, nein, jetzt blieben wir dabei.

»Ick weeß nich, Peggy. 'n paarmal.«

»Lüg nich! Wie oft?«

»Hundertmal. Zufrieden?«

»Schön mit deinen Kumpels beim Bier rumsitzen und Fotze sagen! Dit kannste!« Ich nahm mein Glas Wein und nippte. Einfach schweigen und genießen.

»Sag mir ein häßlichet Wort für Penis, saget!«

»Nö. Sag ich nich.« Blödsinn das alles.

»Weil es keins gibt! Weil die komplette Fäkalsprache, Analsprache und Genitalsprache eine Schöpfung des unterbelichteten, arroganten, männlichen Brunftverhaltens ist. Weil Frauen so nicht denken und fühlen. Zeit, euch Kerle mit euern eigenen, miesen Worten zu konfrontieren!«

»Ja«, sagte ich. »Aber versuch meene beeden lieben Mitbewohner zu schonen, denn die sind eher vonna Muschifraktion und total nett!«

Peggy kicherte. »Ja, o.k.!«

Unser Abend hatte früh geendet und so kam ich ausgeschlafen und frisch aus dem Bett. Peggy blieb wie üblich liegen und säuselte friedfertig vor sich hin. Leider musste ich wieder ins Büro. Bis auf die knusprige Haxe zur Mittagspause zu verspeisen, hatte ich kaum was zu tun. Ich ließ den Tag ausklingen, indem ich ein paar Notizzettel mit Erotik-Hotline-Telefonnummern auf die Bildschirme meiner bereits gegangenen Kollegen klebte, mit dem Zusatz:»Kunde, dringend Rückruf erbeten.« Im Schlenderschritt und guter Dinge begab ich mich auf den Rückweg und hoffte, dass Peggys Theatergirls Pierre und Mike nicht allzu sehr zugesetzt haben.

Leider wurden diese Hoffnungen enttäuscht.

Schon im Hof hörte ich erbärmliches Gekreisch, mein Fenster war geschlossen, doch unüberhörbar wurden wilde »Fotze! Fotze!«-Schreie ausgestoßen. Ich betrat vorsichtig die Wohnung, von meinen Jungs keine Spur. Gott sei Dank, sie hatten sich rechtzeitig verkrümelt. Ich rauchte in der Küche und versuchte, ein bisschen in der »Jungen Welt« zu lesen, doch die Käuferin der Zeitschrift lenkte mich zu sehr ab. Von nebenan kam so eine Art theatralisches Gemurmel, wie ein Gebet oder Kirchenverse, immer mit kräftigen »Fotze, Fotze!«-Rufen bestätigt. Als »Amen«-Ersatz, nahm ich an. Dann gab es stellenweise ekstatische, lang anhaltende Interpretationen des Wortes, dann wieder unheimliche Stille. Ich kochte Kaffee und wartete. Ein plötzliches, fotzenschreiendes Gewitter ließ mich noch einmal hochschrecken, dann war Stille. Meine Zimmertür ging auf und zwei blasse, verschränkt und verdreht dreinschauende Jungs kamen heraus – Mike und Pierre.

»Scheiße«, sagte Pierre und ging in sein Zimmer.

»Echt Scheiße!«, sagte Mike und ging in seins. Noch überrascht von der plötzlichen Anwesenheit der lieben Mitbewohner, lugte ich um die Ecke in den Flur, in Erwartung, die Mädels gleich in schrecklichen Kostümen aus meinem Zimmer waten zu sehen, doch blieb es vorerst still. Dann trat ich ein und sah die vier Mädels auf meiner Couch sitzen, geschlossene Augen.

»Na, ihr …!«

Peggy öffnete die Augen.

»Hat alles geklappt?«

Peggy nickte.

»Einfach 'ne kleine Pause, Mahoni, war verdammt anstrengend«, hauchte sie mit heiserer Stimme.

Ich winkte den anderen Mädels kurz zu und zog leise die Tür hinter mir zu. Erschöpft und heiser vom Fotze-Schreien. Vielleicht eher 'ne Selbsttherapie als 'ne Publikumsbekehrung, dachte ich. Dann klopfte ich an Pierres Tür. Immer noch blass, saß er am Rechner und hantierte daran herum.

»Wie war dit Stück, Pierre? Was treibste?«

»Nix. Ick lösch Pornos. Allet muss weg!«

»Oh, dann will ich nich stören …« Ich schloss die Tür und überlegte, bei Mike reinzusehen, doch schien es mir klüger, ihn allein zu lassen.

Doch dann musste ich lachen. Was war los mit den Kerlen? Warum sollte ich meinen Mitbewohner Memo-Mike nicht nach dem Genuss eines Theaterstückes aufsuchen dürfen? Ich klopfte kurz an und sah ins Zimmer. Befreit von jeglicher Kleidung, saß er im Schneidersitz auf seinem Bett und meditierte. Das hatte er meines Wissens schon lange nicht mehr getan. »Nicht jetzt, Toni …«, sagte er friedlich, ohne die Augen zu öffnen.

»O. k., bis später …«, hauchte ich zurück. Ich musste eine Bombenaufführung verpasst haben. Allmählich versammelten sich die Mädels im Flur, tauschten Küsschen und Umarmungen, verabschiedeten sich murmelnd, geschafft von ihrer Probe. Peggy ließ sich auf einen Küchenstuhl plumpsen. »Frag nich«, stöhnte sie.

»Gern!«, sagte ich. »Was machste heut noch?«

»Nix«, war ihre Antwort.

So ging ich mal wieder mit meinem alten Kumpel Mommsen in die Kneipe.

Der nächste Tag war frei, die Sonne lud zum Winterspaziergang durch den Volkspark Friedrichshain ein, keine große Sache. Peggy schimpfte auf angebliche Snobs, aber nur ganz leise. Sie erzählte mir nicht ohne Stolz von ihrem Stück und dass es große Wirkung auf die Männer gezeigt hatte. Das konnte ich bestätigen.

»Und wann wird dit aufgeführt? Und wo?« Peggy zuckte mit den Schultern. »Wir machen jetzt erst mal Pause mit den Proben. Es ist einfach zu anstrengend.«

Ich dachte an Mike und Pierre, mich schauderte leicht. Aber eventuell waren es auch nur die dünnen Sohlen meiner Turnschuhe auf dem gefrorenen Boden.

Das Wochenende kam und ging und brachte Liebe über mich und Peggy, eine gelungene Mischung aus Tanz, Entspannung und nicht zu viel Kultur. Unvergessen der Besuch im winterlichen Tierpark, wobei Peggy zwar eher Ausbruchspläne für die Tiere schmiedete, sich aber dennoch am bunten Vieh erfreute.

Sonntagabend, der dem zur dauerhaft arbeitenden Bevölkerung zählenden Memo-Mike heilig war, wurde die Küche wieder Schauplatz einer Diskussion ums Geld. Es ging ums Einkaufen. Lebensmittel werden gekauft und verbraucht, sie befinden sich in nahezu allen Speisen. Deswegen gehen einige Leute arbeiten, andere jagen. Pierre und ich versuchten es mit einer Mischung aus beiden, da wir einerseits einkauften und andererseits Lebensmittel unserer Mitbewohner erbeuteten.

Mike verlangte an diesem Abend, einen Monat durchgefüttert zu werden, sprich, er wollte eine Art Einkaufsbefreiung. Pierre und ich sollten den nächsten Monat allein bestreiten, damit das ungleiche Verhältnis wieder ins Lot käme.

Das Problem bestand darin, dass Mike für viel Geld wenige, edle Sachen kaufte. Dinge wie Lachs, Kaviar, Gänseleber, Thekenaufschnitt und französischer Käse fanden eben ziemlich schnell willige Abnehmer. Wohingegen der Scheiß, den wir in Massen und billig erwarben, sich oft nur als Notessen verwenden ließ.

Mike verstand einfach nicht, dass er sich das teure Gelumpe nur leistete, um seinen Mangel an Zeit irgendwie damit wettzumachen. Wir hingegen sahen nicht ein, ihm seinen Lachs zu kaufen. Aber wenn er schon mal da war, wollten wir auch nicht darauf verzichten. Ein Hin und Her. Peggy hörte zu und sagte nicht viel, sie dachte nach, und zwar sicher über Umverteilung und Wohlstandsgefälle. Als ich mich gerade in Rage redete, zugunsten der Arbeiterklasse mit dem Recht auf edle Schlemmerei, unterbrach mich Peggy sanft und befahl, die Diskussion auf der Stelle zu beenden. Sie sagte es laut und bestimmt und irgendwie ließ etwas in ihrer Stimme die beiden Jungs sofort zusammenzucken.

»Ich übernehme den nächsten Monat! Für uns alle!«

»Peggy, das geht doch nicht ...«, hub ich an.

»Schnauze! Sorry!«

Ich hielt die Schnauze und schnappte mir das Sorry.

»Ich übernehme den nächsten Monat, dann wird gegessen, was auf den Tisch kommt und fertig! Und im Übrigen solltet ihr euch schämen, als erwachsene, aufgeklärte Menschen einen solchen Scheiß überhaupt diskutieren zu müssen!«

Dann nickte sie uns freundlich, wie eine gute Fee mit großer Brille zu und sagte: »So. Und nun friedlich sein und Doppelkopf spielen!«

Da hatte keiner was dagegen und Pierre spendierte Wein.

Den Montag hatte ich mir freigeschaufelt, ich wollte ausschlafen und stellte verwundert fest, dass Peggy nicht neben mir lag, als ich erwachte. Missmutig lauschte ich auf die Geräusche in der Wohnung. Es klapperte in der Küche. Ich stand auf, lief rüber und sah Peggy einen riesigen Sack schleppen.

»Wat is denn dit, wo haste denn dit her?«

»Reis. Puh! Unten vom Chinamann. Puh!« Peggy schnaufte.

»Haste den janz alleene hier hochjeschleppt? Dit is ja mindestens 'ne Tonne!«

»Fünfzig Kilo. Müsste mindestens für 'nen Monat reichen. Für uns alle. Wolln wa schon mal Wasser aufsetzen?«

»Wow, Reis zum Frühstück?«

»Millionen und Abermillionen, Mahoni! Völlig ohne dekadente Streiterei um Lachs und Kaviar! Reis, Mahoni! Und alle sind gleich jut dran!«

Ich ließ mich auf meinen Stuhl nieder und rauchte 'ne Frühstückskippe. War was dran! Absolut richtige Theorie. Und jetzt mal sehn, wie so 'n Frühstücksreis sich anfühlt. Meinetwegen, ich war beeindruckt. Und verliebt. Mike und Pierre waren auch beeindruckt. Aber nicht verliebt. Es gab Streit, dann gab's Reis.

Die Jungs gingen ihrer täglichen Wege, Peggy und ich aßen Reis zum Mittag. Pierre kam nach Hause, hungerfrei. Mike kam spät von einem »Geschäftsessen«.

Peggy lachte und kochte Reis für uns beide. Ich hatte noch Hühnchen dazu. Ging eigentlich.

Unvermeidlich rückte jener Dienstag heran, der Streit in der Küche mit Memo-Mike, der keinen Reis und keine Peggy mehr wollte.

Der schöne Weg zur Arbeit, die netten Touristen. Dann die Ankunft im Büro.

Mein Chef sah mich traurig an.

»Geh mal bitte gleich ins Personalbüro, Toni.«

»Wieso?«

»Du sollst sofort hingehen, wenn de kommst, haben sie gesagt«

»Aha. Schlimm?«

Mein Chef nickte. »Wohl ziemlich, haben sie gesagt.«

Na dufte. Ich ging zur Kaffeemaschine, goss mir einen großen, abgestandenen Kaffee ein und watschelte ins Nebenhaus zur Perso, wie hier alle sagten.

In der Perso arbeiten immer die andern. Die, die nicht so drauf sind wie die, die ansonsten hier arbeiten. Ich trat ein in die heiligen Räume und meldete mich fröhlich und militärisch zur Stelle. Eine nicht mehr junge, noch nicht alte Frau hatte Dienst. Strenger Zopf, Beine in beigen Strumpfhosen, Wollkostüm. Super.

Ernst sah sie auf die Uhr. »Sofort, hatte ich gesagt. Sofort heißt, keine Zeit mehr für Kaffee.«

»Wenn jetzt alles halb so wild ist, is ja der Kaffee ooch halb so wild und wenns jetzt unangenehm wird, ist der Kaffee sogar ejal. Hab ick mir nun jedacht!«

Ich strahlte sie an. Witzig. Ich spielte mit meinem Job überm Abgrund.

»Dann, Herr Mahoni, ist der Kaffee egal. Fristlose Kündigung wegen Veruntreuung von Arbeitsmitteln. Und ganz persönlich möchte ich noch hinzufügen, dass es eine Riesensauerei ist, was Sie Ihren Kollegen angetan haben!«

»Wie bitte?« Ich war völlig verdutzt. »Veruntreuung? Dit bisschen Klebeband? Hä?«

Nun war die Frau verdutzt. »Was für Klebeband, Herr Mahoni? Ich rede von sehr teuren und überaus beschämenden Anrufen ausländischer Telefonsexnummern! Die Sie noch nicht einmal selbst vorgenommen haben, sondern die Sie vier Ihrer Kollegen haben machen lassen! Zu weit, Herr Mahoni. Zu weit!«

Ich zuckte mit den Schultern. »Kein Scherz? Echt jetzt, ja?«

»Ja, Sie können gehen.«

»Rinjehaun!« Ich lief direkt aus dem Persobüro auf die Straße. Auf die Straße, auf die Straße, frei! Wieder mal gekündigt. Mahoni, wat machste nur. Ich schlenderte wieder Richtung Heimat. Bock aufn Bier bekam ich. Wenn schon, denn schon, schließlich war ich jetzt arbeitslos. Aber in den Cafés saßen ausschließlich Kaffeetrinker, blöde Kaffeetrinker.

»Peggy, aufstehen!«, rief ich beim Aufschließen der Wohnung.

»Mahoni, wat machst du denn schon hier? Hamse dich jekündigt?«

»Erraten! Los, wir müssen feiern, fahrn wa Frühschoppen!«

»Scheiße, echt? Is schlimm?«

Ich überlegte. War es schlimm? Nö. Kohle musste eben woanders herkommen.

Wir fuhren zum Müggelsee nach Friedrichshagen und setzten uns in eine gemütliche Kneipe. Ein paar Bier später und aufgetankt mit frischer, kalter Luft waren wir auch schon wieder auf dem Heimweg. Mikes Fernseher bekam den Platz am Fußende des Bettes und wir den Platz im Bett. Scheiß drauf, ich war arbeitslos.

Pierre und Mike kamen spät nach Hause, beide sahen blass aus und bewegten sich eigenartig, vorsichtig. »Habt ihr wat jenommen? Seid ihr uff Trip?«

Pierre winkte ab. »Wir warn beim Griechen, jetzt is uns schlecht. Die Riesengrillplatte für zwei Personen.«

»Ei, ei! Und jetzt?« Ich sah die beiden kraftlosen Freunde an. »Wollt ihr 'n Bier?«

»Buärx, Mahoni, spinnst du?« Mike stand wortlos und zittrig auf und ging ins Bad, kotzen. Pierre hielt noch kurz aus, dann folgte er.

Peggy und ich sahen uns das eine Weile an, dann tippten wir auf Fleischvergiftung und ließen die beiden gegen ihren Willen vom Notarzt abtransportieren. Als sie weg waren, schmiegten wir uns wieder in die Heia.

»Aber ein Gutes hat die Sache natürlich: Mike hat nicht bemerkt, dass wir seinen Fernseher haben.«

»Ja, Peggy. Das ist natürlich Hammer!«

Am nächsten Mittag kamen die beiden immer noch blass, aber mit frisch ausgepumpten Mägen heim. Sowie sie auch nur einen winzigen Schluck Wasser zu sich nahmen, rannten sie schon aufs Klo und transportierten ihn aus jedweden Öffnungen zurück in den großen Kreislauf. Peggy kümmerte sich allerliebst um die beiden Armen und verkniff sich sogar ihre vegetarische Häme. Dankbar nahmen die Schwachgewordenen am nächsten Tag ihre erste Schüssel dampfenden, ungesalzenen Reis zu sich. Auch ich griff zu und gewöhnte mich an das eintönige Essen. Alles eine Frage der Abwechslung. Nach so 'ner Reiskur schmeckt der Lachs eben wieder doppelt so gut. Der wacklige Magen blieb den beiden eine gute Woche erhalten und Peggy kümmerte sich wie eine private Krankenschwester um unsere Patienten. Ob Wärmflasche für den flauen Bauch, ob heißen Tee oder mal 'nen Stückchen Banane, Peggy war zur Stelle.

»Die armen Kleinen«, murmelte sie. »Total vergiftet.«

Sie wurde nun an den Betten mit Hochachtung und Freundlichkeit begrüßt. Keine einzige, winzige Andeutung von Memo-Mike, nur erschöpfte Dankbarkeit. Meine Kündigung flatterte die Tage noch mal schriftlich ins Haus und bekam einen Ehrenplatz im Flur. Ich nahm mir vor, die Dinger ab jetzt zu sammeln und in die Galerie aufzunehmen. Großzügig erließ mir Pierre meine Urlaubsschulden, als er von meinem schweren Schicksalsschlag hörte, und Memo-Mike begann, sich mit der Verfeinerung der Reiskochtechnik auseinanderzusetzen. Schließlich gibt es auch Reisgerichte mit Trüffeln, Walnussöl und rohem Thunfisch.

Peggy war anerkanntes WG-Mitglied geworden.

Das Rond
und der heilige
Robert

Die Jugend ist 'ne feine Zeit
So unbemerkt der Zustand
Nich eine Spur Bescheidenheit
Man sprach so oft von Ewigkeit
Bis man dann seine Ruh fand

»Die Sinnlosigkeit«, schwärmte Pierre, »diese geniale Sinnlosigkeit.« Nicht besonders motiviert, aber dennoch bedeutungsvoll schaute er in die Ecken unserer Küche. Für meinen Geschmack hatten wir das Thema heute schon ein bisschen überspannt, aber schließlich war es unser Tagesthema und wir würden nicht ruhen, bis uns etwas wirklich Sinnloses einfiele. Pierre hatte bereits ein Eigelb extrahiert und unbeschadet in ein durchsichtiges Dopetütchen gleiten lassen. Das Ganze hatte er in einen Briefumschlag gesteckt und an sich selbst adressiert. Das war schon mal ziemlich sinnlos. Wir überlegten, ob es das Ganze noch sinnloser machte, wenn man eine Briefmarke draufhauen und den Brief zur Post bringen würde, oder ob man ihn einfach auf dem Tisch liegen lassen sollte. Meine Zimmertür flog auf, kurz hörte man das wilde Getriller der Kanarienvögel. Dann schlug die Tür wieder zu und Peggy kam schlaftrunken zu uns hereingeschlurft. Sie beugte sich interessiert über den Umschlag. Nun starrten wir alle drei darauf.

»Was ist damit?«, fragte sie voll morgendlicher Unschuld. Nüchtern erklärte Pierre ihr unser Problem. Peggy war eindeutig gegen Post, denn es gäbe nichts Sinnloseres als einen unabgeschickten Brief.

Wir entschieden uns für die Post. Draußen war es arschkalt und für etwas Derartiges zu zweit auf die Straße zu gehen, war einfach – sinnlos.

Ich hatte eine Tüte Lakritzbonbons dabei und auf unserem Weg bot ich immer wieder den weiblichen Leuten davon an. »Willst 'n Bonbon?« – »Nee.«

Die Post war sauvoll mit Leuten, die sinnvolle Anliegen hatten, wir gaben einen Expressbrief in Auftrag. Pierre sprach englisch mit der Posttante, weil wir auf einmal Amis waren. Ich half ihr, ich konnte anscheinend ein paar Brocken Deutsch und so klappte alles wunderbar.

Die Lakritzmasche lief weiterhin sehr schlecht, auf dem Postamt wollte keine einen Bonbon lutschen, aber es war nun mal ein ausgezeichneter Zeitvertreib. Draußen biss endlich eine an. Die Namenlose griff in meine Tüte und wählte einen netten kleinen Bonbon aus. »Danke!« Sehr gut erzogen, die Kleine. »Please, my friend! Can I put my finger into your arm? I'm not from here.« Sie sah uns fragend an, aber da steckte ich schon meinen Finger in ihre Armbeuge. Nur ganz kurz, ich wollte schließlich keine gewischt kriegen. So lief das eben. Wer einen Bonbon will, der bekommt auch meinen Finger in den Arm gesteckt, so ist die Regel.

Es war wunderbar geheizt in der Wohnung und es war erst elf. Ein ewig langer, sinnloser Tag lag noch vor uns. Peggy machte bereits wieder ihre Kunst-Uni mit vermutlich noch ungeheureren Projekten als ihre »Fotze«-Inszenierung verrückt, und ich hatte keinen Job. Ich hatte Zeit für Projekte mit Pierre. Der bekam Hunger, und wir stritten über das Essen.

Pierre wollte was mit Soße, mir schwebte ein knuspriges Etwas aus Fleisch vor und der Rest war mir Wurst. Allerdings bemerkten wir schnell, dass unsere Vorstellungen zusammenpassten und wir besuchten den REWE-Markt.

Pierre hatte keine Ahnung vom Essen. Er kannte nur Tütensuppen und Fertigkram, deswegen hatte er es schwer. Bei mir war es einfacher. Ich wusste, was ich wollte, und die Auswahl bei REWE war traumhaft unwürdig. Abgepackte Tierfetzen ohne Ausstrahlung. So ist das ohne Fleischtheke. Warum mussten die nur die Kaiser's-Kaufhalle zumachen? Ein dickes Bündel Rindersteak aus einem fernen Land wurde an der Kasse unser Eigentum, eine herrlich preiswerte Fertigsoße, ein Sack Kartoffeln und jede Menge Nikotin ebenso.

»Noch 'n Bier mitnehm?« Doch Pierre winkte ab. Dann nicht, wäre eh zu stilvoll gewesen.

»Rind!«, rief ich dem Fleisch zu und wusste noch nicht, wie kurz die Zeit zum sinnlosesten Ereignis des Tages nur noch war. Pierre hantierte mit seiner fragwürdigen Soße herum und verlor das Kartoffelschälspiel. Dennoch lief alles wie am Schnürchen und bald duftete es verträumt nach Gebratenem. Wer eine Bong vor dem Essen raucht, ist selber schuld, und so musste Pierre seine Verpeiltheit auch allein ausbaden, aber schließlich hatte der gute Mann heut wie morgen frei und konnte tun und lassen, was er für richtig hielt.

Pünktlich zum ersten Bissen ging die Wohnungstür auf und wir waren zu dritt. Memo-Mike kam. Memo-Mike trug seine schöne runde Brille. Durch sie hindurch konnte er uns und die vollen Teller gut erkennen und das regte ihn auch zu seiner Frage an. »Was gibt's?«

»Rind«, sagte ich.

»Und Rond«, sagte Pierre, »Rind und Rond.«

Es war geschehen. Wir ließen beide gleichzeitig die Gabeln sinken und sahen uns ungläubig an. Wir hatten es erreicht. Die Sinnlosigkeit war nahezu greifbar verdichtet in unserer kleinen Küche. »Das Rond.« – »Ja! Das Rond!«

Memo-Mike verließ uns, er hatte Schwierigkeiten uns zu folgen, wir aber waren am Ziel. Wir hatten das Rond gesehen. Ganz kurz. Aber deutlich und klar. Das Rond existierte von heute an. Das Rond wurde unsere Aufgabe.

Wieder stand ein Nachmittag allein mit Pierre an, lustlos hatten wir etwas am Klavier probiert, doch bald merkten wir, dass wir uns besser mit dem Rond beschäftigen sollten. Eine seltsame Melancholie befiel mich, ausgelöst durch die tatenlos vertröpfelnde Zeit.

»Was will ich am liebsten tun?«, fragte ich Pierre, der in seiner geheimnisvollen Kramkiste rumsuchte. Er wollte ein Rond bauen. »Du willst deine ganze Kraft auf das Wesentliche konzentrieren und dann das machen, was du schon immer tun wolltest, nur besser!« Das Feuer in meinem Ofen warf einen goldenen Schimmer auf ihn.

Da war etwas dran. Nur, was genau war das Wesentliche? Peggy vielleicht? Pierre legte die Kiste beiseite und nahm Stopfmaschine, Tabak und Hülse zur Hand. Seine Augen funkelten seltsam und dann bohrte sich sein Blick in meine Augen und da war kein Lachen, keine Regung, nur der kahle Blick. Er hatte ihn öfter, diesen Blick, man konnte nicht lange hinsehen, ohne sich irgendwann albern vorzukommen. Denn Pierre wurde dann zu einem Bild seiner selbst. Das konnte er gut. Er freezte.»Du willst aber auch das genaue Gegenteil von dem.« Er nickte und stopfte sich seine Kippe.»Und das hast du schon mal erreicht. Und zwar in diesem Augenblick.«

Arbeitslose Büroangestellte ohne Ausbildung haben es nicht einfach, besonders, wenn sie faul sind. Es machte mir aber nichts aus, denn ich sah aus dem Fenster zu den kalten weißen Wolken auf, die auch keine Arbeit hatten und frei waren. So wollte ich sein. Aber Kohle musste dennoch rangeschafft werden, am liebsten regelmäßig und ausreichend, ohne großen Aufwand. Ich wählte die Nummern einiger Bekannter und fragte nach Jobs. Zurzeit nichts, im März haben anscheinend alle die Schnauze voll. Aber ruhig immer mal nachfragen. Das war erledigt, es gab also nichts zu tun. Dann macht's erst mal das Flaschenpfand, und man konnte auch mal die Miete 'n bisschen später zahlen. Hauptsache, die Vögel hatten genug zu fressen.

Pierre hatte bereits tolle Fortschritte gemacht. Im Flur stand ein kleines Rond. Es hatte eine Türklinkennase, Glühbirnenfassungen als Äuglein, Klopapierrollenbeine und Drahtärmchen.

Wenn Pierre dabei war, dann konnte es auch sprechen. Wahrscheinlich weil es noch so jung und klein war, hatte es eine ziemlich piepsige Stimme. Memo-Mike schüttelte den Kopf, als das Rond in seinem Zimmer auftauchte und mit ihm sprach. Das Rond war ein voller Erfolg. Es bekam einen Ehrenplatz neben dem Plattenspieler im Durchgangszimmer und durfte dort auch schlafen. Peggy war fantastisch, denn mit ihrem geschulten Blick für sinnlose Kunst erkannte sie sofort die Größe des Rondes und machte uns Mut. Sie war auf unserer Seite. Sie besorgte uns allerhand Überflüssiges aus ihrem Atelier und sinnierte mit uns über die Beschaffenheit des Rondes.

Ein paar Tage später meldete sich unser Bassist Mäd Mädunski mit einem Job für mich. Er selbst hatte keine Lust drauf gehabt und offensichtlich liebevoll meiner gedacht. Charlottenburg ist 'ne feine Adresse, aber es hat auch seine schäbigen Seiten. Da musste ich hin.

Die Firma nannten wir nur »Tellerassel«. Wir waren moderne Tellerwäscher, wir bedienten eine riesige Spülmaschine. Wir waren die Tellerasseln und kratzten zunächst den gröbsten Dreck von den Tellern, bevor wir diese dann in die Maschine sortierten. Meine Mitstreiter schienen alle aus dem angolanischen Basketball-Nationalteam zu kommen. Sie sangen und fluchten abwechselnd und verstanden sich blendend untereinander, was mich dort ein bisschen einsam machte. Dafür musste ich niemandem erklären, wer ich bin und warum ich bin. Von sieben bis elf war Einsortieren angesagt, eine halbe Stunde Pause und dann wieder Einsortieren. Wer Glück hatte, konnte Besteck polieren und abzählen.

Die Tellerassel vermietete ihren Kram an Veranstalter der gehobenen Art. Ich überlegte, einen Löffelladen zu eröffnen, denn ich hatte bereits mehr Besteck mitgehen lassen, als ich je selber brauchen würde. Aber wie es aussah, hatten alle meine Bekannten schon genug Löffel und wollten das gute Zeug höchstens geschenkt bekommen. Mir blieb vorerst nichts weiter übrig, als die Maschine zu bedienen. Die Werktute tutete. Schluss. Ab nach Hause. Seine Arbeitskluft musste man selber waschen, was man aber gern tat, denn sie stank nach liegen gebliebenen Speiseresten, nach heißer Luft und altem Alk. Mit klimperndem Rucksack verließ ich das Gelände und wühlte mich mit der U-Bahn durch die Stadt. In der U-Bahn konnte man wunderbar Pläne machen. Ich rechnete mir aus, wie lange ich für meine erste Million in der Tellerassel schuften müsste. Fünf Euro die Stunde. Sind so 200 000 Stunden. Durch acht macht ungefähr 25 000 Tage. Mann, Mann! Das sind 68 Jahre, wenn man jeden Tag dahin fährt. Allerdings darf man dann nichts von der Kohle ausgeben. Es kam aber ein Motzverkäufer und nahm mir einen Euro weg. Es war eh hoffnungslos. Friedrichstraße umsteigen, die S-Bahn war voll mit tollen Menschen. Alle lächelten und ein paar Leute spielten Schach und lachten immer, wenn ihre Figuren vom Brett purzelten. Eine ältere Dame machte mir höflich Platz, damit ich neben ihr sitzen konnte. Dafür bekam sie einen der Ohrhörerstöpsel, wir hörten zusammen eine der ersten Marleyscheiben. Ich stieg S-Bahnhof Frankfurter Allee aus und kriegte prompt was auf die Schnauze. Ich war ein Streetfighter!

Das Schönste am Arbeiten ist ja bekanntlich die Freizeit danach. Nach drei Wochen in der Tellerassel hatte ich zwar noch keine Million zusammen, aber die Miete und der ganze andere Quatsch waren bezahlt, und es war noch genug für eine Kneipentour übrig. Peggy, Memo-Mike, Pierre und Memo-Mikes Bruder Mommsen waren eine großartige Begleitung. Außerdem gab es tatsächlich etwas zu begießen, denn Pierre hatte einen Rond-Song gemacht. Er ging so: »Rind – Rond – Rand – Doppeldoppelrond! Rand – Rind – Rond – Doppeldoppelrond! Ja der Doppelrondmove, der Doppelrondmove, Doppeldoppelrond!«
Das alles mit der Melodie von »Another one bites the dust« von Queen.
Wir sangen die ganze Zeit in der Straßenbahn, sogar Memo-Mike ließ sich anstecken.
Man konnte uns gut verurteilen und uns von ganzem Herzen scheiße finden, es war uns total egal. Wir machten unserer momentanen Perspektivlosigkeit Programm, jeder wartete auf etwas anderes. Pierre wollte studieren und wartete auf seinen Studienplatz. Ich wartete darauf, dass endlich irgendetwas Großartiges mit unserer Band passieren würde. Peggy wartete darauf, dass sie mit der Uni fertig wurde. Mommsen war eigentlich Banker und wartete darauf, dass die Börse endlich nach Berlin kam, denn er wollte nicht mehr zurück nach Frankfurt. Sicher wartete auch Memo-Mike auf etwas. Vielleicht darauf, dass wir uns endlich alle aus der Wohnung verpissten. Wir alle mussten irgendwie die verdammte Wartezeit überbrücken.

Das Rond, aus der Sinnlosigkeit geboren, wurde dennoch plötzlich sinnstiftend. Wir wollten etwas machen aus dem Rond. Etwas Großes, Unvergessliches. Es war mehr geworden als nur ein unfassbares Ungetüm zwischen Zeit, Fleisch und Soße. Es war unser Baby, unser Leben, unsere Zukunft.

Wir tuckerten nach Kreuzberg, zum Klub der Visionäre, eine kleine Überstyle-Kneipe am Wasser, immer gut gefüllt mit blutjungen Leuten, die einen ganzen Abend lang an nur einem Bier nuckeln konnten, weil sie irgend 'ne Chemo drinhatten. Dort saßen wir und redeten uns heiß. Memo-Mike brachte uns in Erklärungsnot mit seinem verständnislosen Gefrage, aber gerade ihm war es zu verdanken, dass das Rond immer mehr Gestalt annahm. An diesem Abend ersannen wir die legendäre Rondgeschichte:

Das Rond wohnt tief im Gebirge, in der Grotte von Ragnarok.

Seit Tausenden Jahren schläft es dort. Es ist riesig. Groß wie eine Kleinstadt. Mächtig und gnadenlos hässlich. Jedes seiner mannsgroßen Zellbestandteile ist selbst denkend. Das Rond schläft sich aus, denn es hat die Erde verwüstet. Es ist von unvorstellbarer Stärke. Die Erde hat sich inzwischen erholt, aber die Menschen sind vorlaut und frech wie immer. Sie machen Krach und Dreck und maßen sich an, die Aufgabe des Rondes zu übernehmen. Sie babeln und gomorrhen, sie töten und zerstören alles.

Doch dem Rond gehört die Erde. Das Universum ist ihm egal, es will nur die Erde.

Leider ist das Rond in die (sogenannte) Schwunkelheit gefallen. Es kann nicht erwachen. Denn die Schwunkelheit ist stark.

Es gibt nur einen, der das Rond erwecken kann. Das ist der heilige (Pierre) Robert.

Doch das Rond wohnt tief im Gebirge, in der Grotte von Ragnarok.

Nur bewaffnet mit der Zwillingsflammenliebe kann Robert die Schleierbrücke überqueren und das Rond erwecken, indem er ihm an den Brotzen schlägt. Der Brotzen sitzt zwischen den dorfteichgroßen Augen des Rondes und ist sein wichtigstes Organ. Darin sitzt die Güte des Rondes, nicht die Wut.

Der heilige Robert ist jederzeit unter uns. Er reinkarniert durch die Zeiten. Wenn er ein Übermaß an menschlichen Gemeinheiten erspürt, dann zieht er los und erweckt das Rond.

Dann setzt er sich auf dessen Rücken und betet, dass das Rond ihm schlawundelt, und schlägt den Brotzen. Sie ziehen los, gemeinsam über die Schleierbrücke ins Freie. Sie besiegen die Schwunkelheit und bestrafen die frechen Kinder. Dann wird die Zwillingsflammenliebe neu entzündet und ein Fest wird es geben auf Erden hundert Jahre lang. Es werden nur die schönsten Blüten erblühen, nur die feinsten Lieder erklingen und es wird Freude sein immerdar.

Dann erst zieht sich das Rond zurück in seine Grotte von Ragnarok und schläft, bis Robert erneut an seinen Brotzen schlägt.

Ein wesentlicher Bestandteil der Rondverehrung war die Tageskunst. Wir schufen ständig Kunstwerke für das Rond, um es zu beglücken. Rond, o Rond! Es konnte eine Scheibe Toast sein, die wir an die Wand nagelten, oder wir studierten einen kleinen Tanz ein; ich malte mit Tusche Szenen aus der Rondgeschichte auf die Flurwände oder Piere beklebte einen kaputten Ball mit Schrauben. All diese Dinge taten wir direkt für das Rond. In einigen Fällen gab es ein großes Gezeter. Eines Tages bauten Peggy und ich eine fast drei Meter hohe Rondfigur in Memo-Mikes Zim-

mer, einfach deswegen, weil er das Rond bisher am wenigsten verehrte. Im REWE-Markt hatten wir uns mit leeren Bananen- kisten und Strohhalmen versorgt, die Grundbestandteile unseres Werkes. Memo-Mike kam nach Hause und erschreckte sich fast zu Tode, als er gedankenverloren sein Zimmer betrat. Zunächst war er uns natürlich böse bis aufs Blut. Er schimpfte und schrie was von Respekt und Rücksichtnahme, aber letzten Endes war auch er ergriffen vom Rond. Er hat sich später jedenfalls immer gern daran erinnert.

Wir bastelten und tüftelten, wir schrieben Gedichte und Songs für das Rond, wir beschworen die Zeit, das Geld und die Liebe, uns endlich ein Zeichen zu geben, wohin wir gehen konnten mit unserem Rond. Beim Tellerkratzen in Charlottenburg, beim S-Bahn-Surfen nach der Party, beim Frühstücken und beim Mu- sikhören, immer zerbrachen wir uns den Kopf, was denn nun DAS GROSSE sein könnte, das wir mit dem Rond vorhatten.

Mit Peggy drehten wir einen Film: »Spurensuche – Die Le- gende vom Rond«. All das führte zu großer Heiterkeit, aber wir kamen nicht weiter.

Wir bekamen jetzt auch von Freunden Tageskunst für das Rond geschenkt. Mo malte uns ein Triptychon in Öl, darauf die Schleierbrücke im Nebel, in der Mitte die Grotte, die leuchten- den Augen des Rondes, darüber sein Brotzen, auf der anderen Seite der heilige Robert mit Zwillingsflamme. Die Sache wurde ein Selbstläufer.

Es ging so weit, dass ich meinen angolanischen Arbeitskolle- gen in der Tellerassel vom Rond erzählte. Sie lauschten alle ganz gebannt und wollten dann das Rond sehen.

Aber wir fanden das Rond nicht. Pierre bekam seinen Studien- platz und hatte keine Zeit mehr für Tageskunst. Nachdem Peggy sich zu sehr in das Rond gekniet hatte, fühlte auch sie sich ent- täuscht von dessen ständiger Abwesenheit und sie wollte dem Rond keine Kunst mehr opfern, sondern sich neuen Projekten widmen.

Das Rond verschwand einfach, wir ließen es wieder schlafen. Ich lief allein durch den Friedrichshain, wo die Mädchen einem mittlerweile die Lakritzbonbons aus den Händen reißen und dann genüsslich ihre Armbeugen hinhalten. Aber das Rond fand ich nicht. Es war zurück in die Sinnlosigkeit gefallen. Zurück in seinen Ursprung, in die herrliche, unbeschwerte, alles ins reine Glück erhebende Sinnlosigkeit.

Nest

Bist so klein, hast keine Ahnung
Zahlst schon bei der ersten Mahnung
Hau dem Schicksal auf die Fresse
Sonst verliert es das Interesse

Der Morgen war noch dunkel, nur träge kroch milchiges Licht in den tristen Innenhof. Die Fensterscheiben in der Tellerassel waren beschlagen, ich blinzelte durch das freigewischte Guckloch und gähnte. Eben hatten wir die Maschine angeworfen, heiß dampfte sie aus allen Rohren, es roch nach Essensresten mit Spülmittel. Es roch immer so. In der Hand hielt ich einen weißen Plastikbecher mit schrecklichem Filterkaffee und versuchte nicht aufzuwachen. Ich hatte es bis hierher nach Charlottenburg geschafft, ohne mich von meiner Bettwärme, Peggy und den angenehmen Träumen zu verabschieden und wäre gerne bis zum Feierabend in diesem Zustand geblieben. Die riesige Spülmaschine tutete. Sie war bereit. Heiß genug. Sehnsüchtig warf ich einen letzten Blick auf die Tristesse draußen, sogar sie erschien mir anziehender als meine stupide Arbeit in der Halle. Ich war vorn eingeteilt, beim schmutzigen Geschirr. Ich streifte mir die großen Handschuhe über und zog mir den ersten stinkenden Rollwagen heran. Missmutig betrachtete ich die Sauerei aus Garnelenschalen, Fischgräten, Servietten und Kippen. Das Ganze klebte seit Freitagabend an den Tellern fest und wartete auf die netten Tellerasseln, die montags Schicht hatten. Ich hievte die erste Kiste aus dem Wagen, nahm meinen Spachtel und begann die Teller freizukratzen. Neben mir arbeitete Umbai, einer der angolanischen Kollegen, und schimpfte wie immer auf die Leute, die diesen ganzen Dreck zu verantworten hatten: »Diese Schweinebande«, murmelte er mit seinem breiten Akzent, als er an einen fast noch vollen Teller geriet. »Die können nicht mal ihren eigenen Müll wegschmeißen.«

Er schüttelte den Kopf und fluchte bei jedem Teller. »Sieh dir das an!« Mit wildem Blick hielt er einen Teller hoch, von dem die schleimige Pampe nur so tropfte. Ich zuckte mit den Schultern. Seit drei Jahren war Umbai jetzt schon an der Maschine, dennoch konnte er sich immer noch über schmutziges Geschirr aufregen. Er war Tellerwäscher! Was hatte er geglaubt, was er heute tun würde? Mit welch irrsinnigen Erwartungen war er wohl heute früh zur Arbeit gefahren? Und nun diese furchtbare Enttäuschung: wieder waren die Teller voller Abfälle! Wahrscheinlich machte ihm einfach die Endlosigkeit seiner Aufgabe zu schaffen. Nie würde er nach Hause gehen können, um dort stolz zu verkünden: Fertig! Alle Teller dieser Welt sind sauber! Endgültig! Je länger ich ihn und seine Wut betrachtete, desto gelassener wurde ich. Statt mich über die Reste aufzuregen, versuchte ich mir vorzustellen, welche Köstlichkeiten sie wohl einst gewesen waren. Viele der Zigarettenkippen waren von Lippenstift rot beschmiert, feine Damen hatten sich hier über den Lachs hergemacht. Ich sah die klingelnden Halsketten, die teuren Kleider und zur Schau getragenen Dekolletés vor mir und dachte dann sehnsüchtig an Peggy. Peggy würde nie solchen Klimbim tragen. Bademantel und Stiefel waren ihr Schmuck genug. Ich überlegte, ob sich wohl ein Anlass einrichten ließe, der sie zum Tragen einer anderen Kleidung bringen könnte. Hochzeit vielleicht. Aber sicher gab es fantastische Seidenbademäntel mit Rüschen und Spitze. Ich musste grinsen und spachtelte weiter an meinen Tellern. Aber zu einer Beerdigung. Da würde sie doch wohl nicht mit einem schwarzen Bademantel auftauchen? Ich war mir nicht sicher. Meine Kiste war leer, ich schnappte mir die nächste.

Nach einer Stunde kam endlich Abwechslung in die Arbeit. Die Fischabfälle waren durch, wir kamen zum Menü, anscheinend hatte es Klöße, Sauerkraut und Spanferkel gegeben. Nun war es an mir, den Kopf zu schütteln. Hatte doch tatsächlich jemand die Ferkelohren auf seinen Teller geladen und dann liegen gelassen! Wo doch jeder Hirni weiß, dass die Ohren das Beste sind! Das Fleisch roch noch schlechter als der Fisch, wir beeilten uns und arbeiteten Akkord, um dem Gestank zu entrinnen. Noch vor der Pause schafften wir es, zu den Gläsern des rauschenden Festes vorzudringen. Sofort verlangsamten wir das Tempo, kippten fast gemütlich den schalen Alk in die Eimer und sortierten sie in Ruhe auf das nimmermüde Laufband der Spülmaschine. Ich malte mir aus, wie ich zu Hause mal wieder ein kleines Filmchen fürs Internet machen würde, irgendwie musste man den ganzen Wahnsinn ja verarbeiten. Diese Massen an Fressen und Suff, diese verrückten Jobs, die dadurch entstanden! Dann war es endlich elf, die Spüle tutete, wir ließen die Hände sinken. Ich warf die Handschuhe übers Geländer und tapste ans Ende der Maschine, wo die Aussortierer noch die letzten Gläser vom Band sammelten. Als Aussortierer trug man weiße Stoffhandschuhe, um keine Fettflecken aufs saubere Geschirr zu machen. Hier hatte man es nicht mit Dreck zu tun, nur mit furchtbar heißem Stoff, der in neue Kisten verpackt werden wollte. Es war eintönig. Ich kann nicht wirklich sagen, welche Position an der Maschine die bessere ist, sie haben beide ihren Reiz. Ich riss die Werkstür auf und setzte mich mit meinem Pausenbrot aufs Geländer der Rampe, kaute hastig alles runter, um anschließend möglichst viele Zigaretten zu schaffen. Ich rief Peggy an: »Guten Morgen, Süße!«

Peggy gähnte: »Komm nach Hause, Toni, hier ist's so schön!« Sie schnurrte und ich hörte die Decken rascheln.

»Ick kann doch nich! Ick muss doch arbeiten, Peggy.«

»Ach, immer arbeiten, arbeiten! Haste nich langsam genug davon? Komm lieber kuscheln!«

Ich musste schlucken. Jetzt zurück ins warme Bett, weg von der Drecksarbeit, nichts Besseres konnte ich mir vorstellen.

»Na dann schlaf doch noch 'n bisschen! Bis heut Abend, Peggy!«

»O.k.«, säuselte sie. Ich sah zum grauen Himmel auf, kalt und erbarmungslos eintönig starrte er zurück. Ich würde wieder hineingehen müssen. Ob ich auch eines Tages werde wie Umbai? Drei Jahre lang in dieser Knastarbeitsatmosphäre, um dann über jeden Teller zu meckern? Zur Aufheiterung rief ich bei Mädunski an. Mädunski ist Bassist in unserer Band, ein großer Mann mit einem großen Kontrabass, hilfsbereit und freundlich und doch ein gedungener Meisterdieb und Hehler. Die meiste Zeit verbrachte er mit Lofi, Gitarrist unserer kleinen Kapelle. Unzertrennlich waren die beiden, stets heckten sie irgendeinen fantastischen Plan aus, um ans ganz große Geld zu kommen. Nichtsdestotrotz musizierten die beiden fleißig zusammen, Lofi verarbeitete seine kriminelle Energie am liebsten in schrägen Songs.

»Na, Mahoni, alter Tellerputzer, wat machen die Jeschäfte?«

»Ach, es läuft gut! Dieser Job hier ist die reinste Goldgrube! Wenn bloß die Arbeit nich wär!«

Mädunski hatte nichts übrig für Jobs. Das Einzige, was er akzeptierte, waren Auftritte mit der Band und seine dunklen Geschäfte mit gestohlener Ware.

»Ja, scheiß Sklavenarbeit«, sagte er mitleidig. »Ich hoffe, du kannst dir diese Woche noch freinehmen, hier sind nämlich gerade zwei gut bezahlte Auftritte eingetrudelt.«

»Ach echt? Wo denn?«

»Übermorgen, so 'ne blöde Parteiveranstaltung von den Grünen und Freitag irgend 'ne bekloppte Vernissage in Potsdam ...«

Ich fluchte: »Parteiveranstaltung? Sowat machen wir nich! Warum nimmst du sowat an?«

Mädunski blaffte zurück: »Zweitausend, Mahoni. Für 'ne Stunde! Denkste, ick beklau ma selber? Fünfhundert für jeden! Dafür musst du zwei Wochen deine Teller putzen! Also komm mir nich mit Moraljelaber! Die Grünen! Harmlose Öko-Spinner!«

Mädunski hatte recht, aber wie auch immer, man spielt einfach nicht für Parteien. Parteien sind so unangenehm.

»Na ja«, brummelte ich skeptisch. Es begann zu nieseln.

»Jedenfalls müssen wa proben und allet.« Mädunski klang

wieder freundlicher. »Also kannste nun? Ick hab nämlich schon zujesagt!«

»Ja, wird schon gehen, wie viel gibt's bei der Vernissage?«

»Achthundert.«

»Jut, dann morgen Probe. Wann?«

»Mittags. Abends jehts nich, Mahoni, da hab ick wat vor. Frag nich, wat, is unverschiebbar. Und sag Pierre Bescheid, bitte!«

Ich stöhnte. Die Büromenschen vorn im kleinen Kabuff der Tellerassel waren nicht besonders aufgeschlossen und garantiert nicht dazu zu bewegen, den laufenden Wochenplan zu ändern.

»Also gut«, sagte ich, »ich bin da morgen.«

Ich schnipste meine Kippe auf den feuchten Hof und lief in die Halle. Noch fünf Minuten bis die Maschine wieder tuten würde. Das Büro war ein grauer Kasten mit Fenstern, an denen immer die Jalousien heruntergezogen waren. Ich klopfte an und trat ein. Hier war es warm und trocken. Auch Frau Pierzky, die Bürofrau, war trocken. Aber kalt. Sie sah mich fragend an. »Was gibt's?«

»Hallo, Frau Pierzky! Ick bin doch in 'ner Band, wissen Sie? Nun haben sich spontan zwei Auftritte ergeben, die äußerst lukrativ sind …«

»Verschonen Sie mich! Was wollen Sie?«, unterbrach sie mich.

»Frei. Ab morgen. Nächsten Montag kann ick wieder.«

»Nein.« Sie blickte mich durch ihre schnörkelhafte Brille an und schüttelte sachte den Kopf.

Für ein paar Sekunden sahen wir uns einfach nur an. Wie leicht ich sie bei ihrem dürren Hals packen könnte, dachte ich mir. Dieser dumme Blick, mit dem sie mich anstarrte, als wolle sie mich bezwingen.

»Es wäre wirklich wichtig«, sagte ich möglichst nett, doch geriet es mir wie eine Drohung.

»Nein. Aus Prinzip. Nein.« Sie senkte den Blick und betrachtete ihren Bildschirm. Unser Gespräch war beendet. Hilflos stand ich einige Augenblicke in meinen vollgespritzten Klamotten vor ihrem Schreibtisch. Was würde Peggy jetzt wohl alles tun? Ich spürte heiße Wut. Rumschreien, Frau Pierzky beschimpfen, sie vielleicht sogar erwürgen. Aber ich bin nicht Peggy. Ich drehte mich um und schloss die Tür, begab mich zur Umkleidekabine, zog mir meine Arbeitskluft aus und meine Klamotten an. Dann verabschiedete ich mich von meinen lieben Angolanern und steckte noch einmal den Kopf ins Büro.

»Frau Pierzky, ick kündige, suchen Sie sich einen anderen Idioten!«

Dann zog ich die Tür wieder zu.

»Moment!«, hörte ich sie drinnen schreien. Schon war ich auf dem Geländehof, lief durch den Nieselregen zum Tor und fuhr nach Hause.

Gutes Gefühl. Als ich zu Hause ankam, stand Peggy auf einer kleinen Holzleiter am Vogelkäfig in meinem Zimmer.

»Toni! Wat machst du denn hier? Kuck mal! Hier is 'n Nest! Die Kleene brütet!« Sie deutete vorsichtig auf eine Ecke. Ich kletterte hinter ihr auf die Leiter und sah mir die Sache an. Eine grüne Kanarienhenne hatte aus allerhand Papierfetzen, Federn und Heu ein windschiefes Nest geflochten und drückte sich flach darauf. Mit winzigen schwarzen Äuglein musterte sie uns und flatterte dann auf. Im Nest lagen allerdings keine Eier. Peggy sah mich an. »Nix drin«, flüsterte sie enttäuscht. Wir stiegen von der Leiter und gingen ins Bett.

»Du hast mich überzeugt, Peggy. Hier ist es tatsächlich kuscheliger als an der Maschine.«

Ich berichtete ihr von meinem Tag und dem kurzen Gespräch mit Frau Pierzky.

»So eine Hexe, wenn ick die in die Finger kriege!«, sagte Peggy. »Aber es ist so schön, dass du gekündigt hast. Jetzt können wir hier liegen und auf den Frühling warten. Und vielleicht wachsen im Nest ja doch noch kleine Vögel heran und wir können alles von hier aus beobachten!«

Sie schlang einen Arm um mich und schnaufte zufrieden. Ich erzählte Peggy von meinem Telefonat mit Mädunski und sie freute sich und wollte unbedingt mit zur Show. Obwohl wir schon seit über zwei Monaten ein Paar waren, hatte sie meine Band noch nie live gesehen, einfach deshalb, weil wir seitdem noch keinen Auftritt bekommen hatten. Nun sollte das erste Mal während eines tristen Parteifestes am Nachmittag sein.

Es war herrlich gemütlich, und ich dachte an die armen Angolaner, die immer noch an der schnaufenden Maschine standen. Mir fielen meine Überlegungen vom Morgen wieder ein.

»Wat würdest du auf 'ner Beerdigung tragen?«, fragte ich.

»Na, was denkste denn?«

»Ick schätze mal, 'n schwarzen Bademantel. Oder?«

»Du meinst, wenn meine Oma oder mein Onkel stirbt und sich die Familie am Grab versammelt, alle heulen – steh ick da mit 'nem schwarzen Bademantel?« Sie zog ihren Arm zurück.

»Ja«, sagte ich.

»Du bist echt doof, Mahoni.«

»Wieso?!« Ich protestierte. Da machte man sich mal Gedanken, um vorbereitet zu sein, und schon war es verkehrt.

»Ich würde mir ganz normale Trauersachen anziehen. Bis dahin versuch ich Beerdigungen zu vermeiden!«

»Also auf meene Beerdigung kannste im Bademantel kommen. Ick wünschet mir sogar!«, sagte ich. Und um der Situation zu helfen: »Mir fällt ein, wolln wir nich sowieso mal Bademantel shoppen gehen? Die beeden ollen Dinger, die du da hast! Einfach mal umsehen, was so modern is inna Morgenmode!«

Peggy sah mich an und wusste nicht, ob sie sich freuen oder bestürzt sein sollte. Mein Vorschlag musste ja geradezu den ganzen Sinn ihrer Bademanteltragerei infrage stellen, dennoch rief die konsumwillige Frau in ihr: »Shoppen, shoppen, shoppen!« Die Frau gewann und eine halbe Stunde später machten wir uns auf in die Shoppinghöllen unserer Stadt. Peggy hat einen ausgefallenen Geschmack. Wenn es auch nur einen Tick zu hübsch aussieht, dann kommt es nicht infrage. Immer muss es trashig sein, um ihr zu gefallen. So kämpften wir uns durch die Läden. Am Ende wurden wir bei kik fündig. Ein verramschter Textildiscounter mit absurden Klamotten. Dort kaufte ich ihr zwei Bademäntel für etwa zehn Euro. Dennoch fühlte ich mich großartig. Ein Mann, der seiner Frau schicke, neue Kleidung spendieren kann, ist eben ein echter Mann. Peggy gönnte mir meine kleine Freude und umarmte mich überschwänglich, als wir wieder vor dem Discounter standen.

Auf dem Nachhauseweg bekam ich Hunger und wie immer

ausufernde Fressorgienfantasien. Die Spanferkelreste am Morgen hatten mir Appetit gemacht und ich hatte nicht übel Lust, mir sofort so ein kleines Knusperding zu besorgen. Man könnte ja mal wieder ein Fest geben. Vielleicht mit der Kohle vom Auftritt bei den Grünen.

Am nächsten Mittag fuhr ich mit Pierre zur Probe. Mädunski und Lofi waren schon dort und alberten herum, beglückwünsch ten mich zu meiner Kündigung. Wir probten unser Programm durch, rauchten und Mädunski schlug vor, dass wir speziell für die Grünenveranstaltung noch einen Song einstudieren sollten. Lofi sang:

»Grün, ja grün sind alle meine Kleider, grün, ja grün ist alles was ich hab. Darum lieb ich alles, was so grün ist, weil mein Schatz ein Grüner ist.«

»... ein Öko ist«, schlug Pierre vor.

»... ein Haustier ist«, meinte Mädunski.

»Wie wärs mit Nichtraucher?«, fragte ich. »Die Grünen haben sich doch so stark gemacht beim Rauchverbot!«

Mädunski grinste: »Ach daher weht der Wind, Mahoni! Hab mich schon gewundert, warum du dich so gesträubt hast. Du bist sauer auf die Typen!« Er schlug sich auf die Schenkel.

Ich zuckte mit den Schultern. »Ick bin uff alle sauer, aber eigentlich sind se mir ooch alle egal! Lass uns doch darüber 'n Lied machen! Letzendlich hab ick für die Grünen meinen Job jekündigt.«

»Ja«, sagte Pierre resigniert, »lasst uns einen Song darüber machen, wie egal uns allet is! Super!«

»Nee! Hört uff!«, rief Lofi. »Die Grünen sind mir zu langweilig! Lasst uns einfach da hingehen, unser Programm runterzocken und dann Ab-Arsch!«

»O. k.«, riefen alle. Damit war unsere Probe beendet.

Wir trafen uns am Nachmittag, luden die Instrumente in den Bandbus, Peggy half uns dabei und wir fuhren zusammen zu einem Schlösschen in der Invalidenstraße. Mädunski sah zwar furchtbar müde aus – aber sehr, sehr zufrieden. Alle hatten unwahrscheinlich gute Laune, nur ich nicht. Ich konnte mich immer noch nicht damit abfinden, für irgendeine Partei zu spielen. Ich wollte nicht so ein Künstler sein, der Wahlempfehlungen ausspricht und solchen Scheiß. Also bat ich Mädunski, den Manager zu spielen, sich um Backstage, Futter und Soundcheck zu kümmern. Kaum hatten wir ausgeladen, verkrümelte ich mich mit Peggy an eine kleine Bar im unteren Bereich des Schlösschens und ließ die Jungs den Rest erledigen. Ich bestellte mir ein Bier und Peggy ein Glas Rotwein.

Um uns herum war geschäftiges Treiben, die Männer trugen Anzüge, die Frauen feine Abendgarderobe, nirgends war ein Schlabberpulli oder ein Pallituch zu sehen. Die Grünen waren herausgeputzt und überhaupt nicht öko. Ich merkte, wie es Peggy danach gelüstete, irgendeine verquere Aktion zu starten unter all den hübsch gemachten Parteimenschen, doch hielt sie sich vornehm zurück. Ich drehte mir eine Zigarette und rauchte. Der Barmann sah mich kurz an, ich spannte mich, bereit, bis zum Letzten zu gehen. Dann stellte er einen Aschenbecher vor mich hin.

Vielleicht waren sie ja doch nicht so schlecht, die Grünen. Was wusste ich schon von Politik. Jeder macht mal Fehler. Wahrscheinlich hatte nur irgendeine militante Nichtraucherin eine dumme Rede gehalten und das war's! Ich beschloss mich zu entspannen, da sah ich sie. Sie lief auf die Bar zu und bemerkte mich zunächst nicht. Sie trug einen hellen Blazer, Stöckelschuhe und hatte die Haare offen: Frau Pierzky.

Eine enorme Parfümwolke mit sich schleppend, stellte sich die gute Frau genau neben mich und verlangte mit kratziger Stimme Sekt. Ich drehte ihr den Rücken zu und sah mir lieber Peggy an. Mir gefiel das alles nicht. Ich war hier schlichtweg fehl am Platze. Was tut man nicht alles für fünfhundert Euro. Man kündigt seinen Job, man singt auf Parteifeten und trifft sich mit sadistischen Zicken in dunklen Kellern.

»Hallo! Das sind Sie doch!« Sie tippte mir auf die Schulter. Ich drehte leicht den Kopf in ihre Richtung und sagte: »Nein.«

»Natürlich! Sie sind gestern einfach gegangen, das wird Konsequenzen haben, junger Mann! Wir konnten die Maschine erst eine Stunde später wieder auf normaler Geschwindigkeit fahren lassen, das sind Ausfälle, die Sie zu verantworten haben!«

Noch bevor ich irgendetwas erwidern konnte, hatte Peggy die Situation begriffen und sich auf ihrem Barhocker so vorgebeugt, dass sie fast meine Wange berührte.»Verpiss dich, Schlampe!«, zischte Peggy Frau Pierzky zu. Die stand kurz steif vor uns und bekam große Augen.

»Wie bitte?« In ihrer Stimme schwang ein kreischender Ton mit. Ich hob die Hände, wie um mich zu ergeben, doch Peggy war eine Krähe auf meiner Schulter und wollte hacken. »Du hast schon verstanden, Schlampe: Verpiss dich!«

Frau Pierzky war nun in einer jämmerlichen Lage. Einerseits war sie die fleischgewordene, öffentlich-rechtliche Empörung im schicken Kostüm, andererseits war sie eine abgebrühte Kampfzicke. Hasserfüllt sah sie Peggy an, die ihr kess im Bademantel gegenübersaß. Frau Pierzky kniff die Augen zusammen und stieß den Kopf etwas nach vorn:»Ich werde euch beide verklagen, ihr werdet euch wünschen, nie geboren worden zu sein.«

Ich sehnte mich in mein Bett. Peggy lächelte Frau Pierzky an: »Du kannst dir doch nicht mal den Arsch abwischen, wie willst du denn einen Anwalt finden, Schlampe?«

»Jetzt reicht's!«, schrie Frau Pierzky und warf ihr Glas nach uns. Ich bekam einen Schreck, als der kalte Sekt in mein Gesicht spritzte, schnell wie der Wind kippte Peggy den Inhalt ihres Rotweinglases über Frau Pierzky aus.»Dumme Schlampe!«, schrie Peggy, und schon stürzten die beiden aufeinander. Unser kleiner Disput war bis dahin von den anderen unbemerkt geblieben, doch jetzt war uns alle Aufmerksamkeit sicher. Die beiden kreischten und zeterten, rissen sich an den Haaren und versuchten offensichtlich, sich umzubringen. Ich ging dazwischen, mein Herz schlug bis zum Hals, als ich die beiden an den Schultern packte und auseinanderriss.

»Kommt doch mal runter«, rief ich, schon hatte ich mir einen kräftigen Tiefschlag eingehandelt und sackte stöhnend nach hinten. Sofort packte Peggy die Frau bei ihrem dürren Hals und schüttelte sie kräftig durch. Dabei flog die verschnörkelte Brille in hohem Bogen von ihrem Kopf. Frau Pierzky gab keuchendes Gestammel von sich und begann wild um sich zu treten. Peggy ließ wieder ab, ich stürzte mich erneut dazwischen, auch zwei andere Herren waren herbeigeeilt. Ich nahm Peggy in die Arme, damit sie sich nicht mehr bewegen konnte, und schleppte sie aus dem Keller. Die Herren hielten derweil die brüllende Frau Pierzky fest.

»Bist du verrückt?«, flüsterte ich Peggy zu, die sich in meinen Armen wand wie eine Katze. »Lass mich los!«, fauchte sie. Ich ließ sie runter und zog sie an der Hand weiter. Schnell schleifte ich sie über den Flur zum Backstageraum. Die Jungs hatten es sich gemütlich gemacht, alle hatten eine Tasse Kaffee vor sich stehen, Lofi klimperte auf der Gitarre. Pierre hatte sich auf einer schmutzigen Couch ausgestreckt. Ich stürmte mit Peggy herein und berichtete schnell, was vorgefallen war.

Mädunski machte ein bedrücktes Gesicht. »Du meinst, die Frau hieß wirklich Pierzky?«, er vergewisserte sich bereits zum zweiten Mal.

»Ja doch«, schnaubte ich, »Pierzky, verdammt. Die Tante steht jetzt da unten im Keller, völlig zerrupft und mit Wein übergossen.«

Ich ließ mich aufs Sofa plumpsen, Peggy trat vor den riesigen Spiegel und begann ihr Haar zu ordnen.

»Hör zu, Mahoni«, begann Mädunski. »Keine Ahnung, was die Frau in deiner Tellerassel für 'ne Sadistin war, hier ist sie jedenfalls unsere Veranstalterin. Also eigentlich müsste sie jederzeit zur Tür reinspazieren und sich vorstellen. Verstehst du? Diese Frau Pierzky ist unsere Ver-an-stal-te-rin!«

Mädunski stand auf und sah mich an. »Ihr könnt hier nicht bleiben«, entschied er.

»Also haun wa ab?«, fragte ich ihn. Doch Mädunski verneinte.

»Nee, Mahoni. Nur du und Peggy. Wir machen den Ufftritt alleene. Die zweitausend sind einfach zu dick, um jetzt allet stehen zu lassen.«

Peggy lehnte mit verschränkten Armen an der Spiegelwand und schwieg. Mädunski sprach weiter:»Versteh doch mal, noch weiß die gute Frau gar nicht, dass du hier der Sänger bist, sie weiß es einfach nicht. Wenn du nicht hier bist, wird sie es nie erfahren. Wir machen schnell 'nen Instrumental und fertig. Die Kohle teilen wa natürlich trotzdem durch vier!«

»Wat?« Pierre horchte auf. Doch Lofi schlug ihm hart aufs Bein. So war auch das geregelt.

»Eine Sache noch«, sagte ich zu Mädunski, »wie kann es sein, dass die Pierzky die Toni Mahoni Band ordert und dann nicht weiß, wer Toni Mahoni is?«

»Na ja, ick hab mich eher durch Beziehungen an den Auftritt rangemacht, nicht mit deinem guten Namen. Also ich weiß gar nicht, ob ich ihr überhaupt gesagt habe, wie wir heißen.«

»Ah.« Ich starrte Mädunski böse an. »Na jut, denn werden wa mal los!«

Peggy ging voraus und lugte in den Flur. Alles frei. Wir schlüpften durch die Ausgangstür und trabten zur Straßenbahnhaltestelle.

Ich rauchte und sah mir Peggy an. Sie wirkte leicht geknickt ob der Neuigkeiten über Frau Pierzky, über ihre Stirn verlief ein mächtiger roter Kratzer. Ich nahm sie in die Arme, diesmal nicht, um sie festzuhalten, sondern, um sie zu trösten.

»Du hast so toll für mich gekämpft«, raunte ich in ihr Ohr.

»Ja?«, fragend schaute sie mich an.

»Na logisch!«, log ich ihr lieb ins Gesicht, »das war toll! Wir sollten das feiern! Am besten fahren wir gleich zu diesem Metzger in der Dunckerstraße und bestellen fürs Wochenende ein Spanferkel!« Genüsslich verweilten meine Gedanken für einen Moment bei dem knusprig braunen Schweinchen.

Peggy seufzte und drückte mich nun auch.

»Und eine gebratene Riesenzucchini«, forderte sie.

»Auch das.« Ich nickte.

Unsere Bahn kam angebraust und verschluckte uns mitsamt den seltsamen Erlebnissen.

Der Metzger war ein freundlicher Dicker. Ich orderte ein 15-Kilo-Ferkel für den Sonnabend. Peggy wartete lieber draußen in der Kälte, statt sich in die Leichenhalle, wie sie sagte, zu begeben. Fast 200 Euro musste ich für das Schweinchen hinblättern, aber es war ja leicht verdientes Geld. Die Jungs verdienten es in diesem Moment für mich mit. Da war es gerecht, dass ich alle zum Schmaus einladen würde.

Anschließend fuhren wir nach Hause und machten die Küche hübsch, kochten Reis mit Erbsen und sahen uns verliebt an. Am späten Abend kam Pierre nach Hause und ließ sich missmutig auf seinen Küchenstuhl plumpsen.

»Wat is los?«, fragte ich ihn.

»Ach, dumm gelaufen alles.« Er betrachtete seine Hände.

»Willste vielleicht erst mal 'n Glas Wein?« Ohne seine Antwort abzuwarten, stellte ich ihm sein Lieblingsglas vor die Nase und schenkte ihm von seinem kräftigen Roten ein. »Wat is denn nun passiert?«, wollte ich wissen.

»Na, die Alte hat natürlich doch noch spitzgekriegt, dass du der Sänger bist. Irgendwer kannte die Mahoniband und wollte wissen, wo denn nun Toni Mahoni bleibt. War dann 'n Selbstläufer. Is ja ooch nich besonders schwer, dein Bild im Netz zu finden, wenn man Mahoni eingibt …«

Pierre sah mich achselzuckend an. »Anjequatscht hatt se uns erst *nachdem* wir jespielt hatten. Voll uff die fiese Tour. Jeld können wa jedenfalls verjessen. Falls wir da irgendwelche Ansprüche geltend machen wollen, kommt sie dir sofort mit Körperverletzung.« Er schickte einen wütenden Blick in Peggys Richtung.

»Also haben wir mal eben umsonst auf 'ner Parteiveranstaltung gespielt«, stellte ich fest.

»Wieso wir?« Pierre blitzte mich an. »Du hast es dir ja wohl hier bequem jemacht!«

Peggy brauste auf: »Die blöde Kuh hat angefangen mit der Schlägerei! Warum denkst du, dass die mich verklagen könnte. *Ick* könnte sie verklagen! Is doch allet Scheiße!« Sie stürmte aus der Küche in unser gemeinsames Zimmer und warf die Tür lautstark zu. Pierre sah mich fragend an. »Stimmt dit? Hat die Frau anjefangen?«

»Na ja, wie man es nimmt, Peggy hat 'n bisschen provoziert, will ick mal meinen, aber die Pierzky hat den ersten Stein jeworfen. Also 'n Sektglas«, sagte ich zu Pierre und langte über den Tisch, um ihm auf die Schulter zu klopfen.
»Ach Mann!«, stöhnte er. »Ick mag Stress einfach nich! Ick bin für Normalität! Janz ehrlich! Seit wann müssen Weiber sich kloppen? Ick meine, die haben doch studiert und allet! Wo bleibt die jute Erziehung?« Er trank einen Schluck Wein und deutete mit dem Kinn auf meinen Tabak. »Darf ick?«
»Klar, Pierre, rooch mal eene!«
Pierre drehte sich eine Zigarette, die aussah wie ein trauriger kleiner Puller, und zündete sie sich umständlich an. »Wie hältste dit bloß aus?«, hob er an und sah mir ins Gesicht.
»Wat jetzt jenau? Peggy?«
»Ja, Peggy.«
Ich zuckte mit den Schultern. »Na ja, sie is dit Beste, wat mir bisher passiert is. Ick find's jut, wenn immer wat los is, weeßte doch. Und außerdem hat sie meistens einfach recht. Drastisch isse, ja, aber ehrlich.«
Pierre nickte. »Ja«, sagte er, »trotzdem, ick würdet nich aushalten.«
»Musste ja ooch nich.«
»Nee, nur 'n bisschen.« Er lächelte und wir stießen an. Die Gläser klangen tief und warm, und wir lauschten andächtig.
»Muss wohl Liebe sein.«
»Ja, Pierre, so kommet mir vor.«
»Na jut, also Schwamm drüber!« Er klopfte mir nun seinerseits auf die Schulter.

Der Abend des Spanferkelgelages war herangerückt. Wir hatten den Auftritt in Potsdam absolviert, auf einer Vernissage, die gar nicht so bekloppt war, wie Mädunski vermutet hatte. In lustiger Runde saßen wir in meinem Zimmer um den großen Tisch, den wir ausgezogen und mit Tischdecke und vielen Kerzen verschönert hatten. Die Band war versammelt, Memo-Mike war da und wir hatten außerdem ein paar Freunde eingeladen: Driver und seinen Mitbewohner Poldi, Mo und Jenne, Ella, eine Freundin aus Peggys Uni, und Pierre hatte gleich zwei heiße, blutjunge Kommilitoninnen angeschleppt. Endlich kam der gemütliche, dicke Metzger mit seiner dampfenden Ware in die Stube. Ich bezahlte und dann konnte die herrliche Ferkelei beginnen. Peggy hatte sich hingebungsvoll um das Sauerkraut gekümmert, Memo-Mike hatte Klöße gemacht, den Rest erledigte das zarte, knusprige Schweinchen. Wir schlemmten göttergleich, tranken weißen Wein und Schnaps und die Mädels wurden ihrer Rolle gerecht, indem sie das Ferkel auf dem Tisch mal bemitleideten, mal voller Gruseln die Anatomie betrachteten und ansonsten kräftig zulangten. Peggy hatte sich die angekündigte Riesenzucchini zubereitet und schmatzte fröhlich in unserer Mitte. Irgendwann waren alle satt und hatten rote Gesichter vom Schnaps, es wurde durcheinandergeredet und Peggy setzte sich auf meinen Schoß. Pierre holte das monströse Keyboard aus seinem Zimmer und klimperte wilde Kneipenlieder für uns. Wir hatten die Kohle nicht, doch wir feierten. Ich wünschte mir, die Pierzky könnte uns jetzt sehen. Sie hatte verloren. Hatte sich mit ihrer lächerlichen Knauserei gegen den Olymp gestellt. Aber hier saßen wir, die Helden und Nymphen aus den alten Liedern, strahlend und gut und betrunken. Mächtig in unserem Zorn, doch wir vergaben ihm, dem kleinen Menschlein Pierzky. Voller Mitleid für ihre Beschränktheit stießen wir auf sie an und wünschten ihr ein langes, langes Leben.

Storch

Keener kann in keen rinkieken
Jeder muss sich selbst verstricken
Um sich wieder zu entheddern
Muss man manchmal Leichen fleddern

Mein Freund Felix hat ein schönes Gehöft in Prollwitz bei Greifswald. Kohle hat er nie, aber er ist reich beschenkt mit Freunden. Immer Ostern, Pfingsten und oft im Sommer und Frühherbst fährt die ganze Berliner Rasselbande raus zu ihm aufs Land und übernachtet auf seinem Hof. Alles dort ist schön. Das Haus, die Wiesen, die Tiere. Felix hat von allen Menschen, die ich kenne, den besten Geschmack. Dort, wo jetzt das schöne Anwesen steht, war früher ein Schweinestall mit Schrottplatz. Das ganze Programm: alte Wracks verschiedenster Landmaschinen, Asbest, Gerümpel aller Art, Scherben, Steine, Schlacke so weit das Auge reichte. Felix hat mit viel Arbeit, wenig Geld und der Hilfe tatkräftiger Freunde dort eine blühende Wiese hingezaubert. Auf der Wiese stehen junge Bäume, liebliches Strauchwerk, Pferde und Esel. Hühner rennen ihrem stolzen Hahn hinterher, riesige Hunde tummeln sich zwischen Gemüse- und Blumenbeeten, in der Sonne baden Schweine im Karpfenteich. Und das Haus erst. Alles wie auf einem Segelschiff. Eine geräumige, aber niedrige Küche mit Platz für fünfzig Leute, alte Schiffsmöbel, Körbe, Holzschalen und wunderschöne großartige Sturmgemälde von Wolf Friedrich und Mocx an den Wänden.

Es ist ein Traum. Jedem, der auch nur einen winzigen Sinn für Schönheit hat, ringt dieses Haus Respekt ab. Ein einziger Stil zieht sich durch alle Räume. Das Kapitänszimmer im Dachgeschoss, die Schlafkammern mit ihren uralten Hängematten und abgegriffenen Truhen, die Badestube mit den kleinen Holzschränken und den bemalten Planken, die Kajütentüren mit den Schnitzereien – alles ist von schlichter Schönheit. Die gesamte zweite Hälfte des Hauses ist eine hohe Scheune geblieben, die

Felix als Atelier nutzt und die immer nur Laderaum genannt wird. Münder stehen offen, wenn Felix Bilder vom alten Zustand des riesigen Hauses zeigt, das früher der LPG als Schweinemastanlage diente.

Im vergangenen Sommer rumpelten wir mal wieder mit all den bunten Autos auf den Prollwitzer Hof, um ein angenehmes Wochenende zu verbringen. Da ein See in der Nähe ist, kann man in den heißen Tagesstunden sogar Abkühlung finden, und am Abend singt man und tanzt mit Bier und Weib ums Feuer. Ich tat mich wie immer als Grillmaster hervor und verschiedene Mädchen, die irgendwer angeschleppt hatte, schnippelten allerhand Gemüsesorten zu einem Salat zusammen. Alle waren fröhlich und entspannt, nur Felix war irgendwie verstimmt. Er saß etwas abseits und schnitzte missmutig an einem Stückchen Holz herum. Lustlos hing ihm die Kippe an der Lippe. Ich holte zwei kühle Bier aus der Regentonne und gesellte mich zu ihm.

»Felix, wat los, alter Schwerenöter? Haste keen Bock uff dit janze Treiben?« Ich ploppte die Bierflaschen mit dem Feuerzeug auf und reichte ihm seins.

»Wieso?«, fragte er und betrachtete sein Stöckchen.

»Na nur so. Du sitzt hier so aleene rum, da dacht ick, irgendwat wär«, sagte ich, während ich meine Flasche gegen seine klimpern ließ.

»Nee, Mahoni, is allet in bester Ordnung soweit. Ick freu mich, wenn hier Leute sind. Dafür isset ja da.«

Ich sah auf sein Schnitzwerk, es war ein Vogel mit langem Hals. »Ach, ein Strauß!«, rief ich.

»Nee, 'n Storch.« Felix zerbrach die Figur und sah mich mit seinen großen blauen Augen an. »Toni, ick warte jetzt seit fünf Jahren, dass der Storch hier brütet. Ick habe allet jetan, damitta sich hier wohlfühlt. Und wat macht diese Bestie? Sitzt schon wieder aufm scheiß Nest drüben bei der Feuerwehr! Direkt anna Straße! Toni, der Storch muss hierherkommen!«

Ich drehte betreten die Flasche zwischen den Fingern. Heftige Gefühlsausbrüche waren bei Felix eigentlich eher nicht zu erwarten. Natürlich wusste ich, dass er schon seit Ewigkeiten darauf wartete, dass das Storchenpaar von der Straße wegkam und sich auf dem schönen Nest auf seinem Hof niederließ. Er hatte dafür am Haus extra einen riesigen Schiffsmast angebracht und in acht Metern Höhe einen alten Aussichtskorb daran geflochten. Er hatte jedes Jahr den Korb mit weichen Federn und Heu ausgelegt, der Storch jedoch kam nur ins Nest, um das ganze Material zu klauen und rüber in seinen angestammten Horst auf der alten Feuerwehr zu bringen. Aber das war doch kein Grund zur Sorge! Das alte Nest war schon so verrottet, irgendwann würde es sich einfach auflösen, und der Storch müsste notgedrungen bei Felix einziehen.

»Der kommt schon noch. Vielleicht findet er es ja jut da anna Straße erstma. Lass doch jut sein.«

Der Storch hatte drüben längst fertig gebrütet, die Jungen waren geschlüpft und die Eltern flogen täglich auf Nahrungssuche über uns hinweg. Oft landeten sie am Teich und wühlten nach Kröten. Die Sache war für dieses Jahr sowieso gelaufen. Ich wusste nicht, was Felix plötzlich so wütend machte.

»Toni, ich bin dem Naturschutzbund beigetreten.«

»Na dann herzlichen Glückwunsch, prost!« Ich freute mich, dass wir nicht mehr wegen des Storches bedrückt sein mussten.

»Ich habe die Prollwitzer Feuerwehr wegen Tierquälerei angezeigt.«

»Was? Wieso denn ditte?« Ich stutzte gewaltig.

»Na da kann man sich ja ooch 'n Storchennest auf 'nen Fabrikschornstein stellen, so wie die die Tiere vergiften! Die Autoabgase tagein, tagaus, der janze Lärm! Wat denkste, wat die Jungen erleiden müssen!«

»Hm«, sagte ich und rollte mir eine Kippe. So viel Verkehr ging nun auch wieder nicht durch Prollwitz. Felix als Kläger? Er war alles andere als ein Stänkerfritze. Es musste etwas Ernsthaftes sein.

»Felix, samma, dit kann aber nich sein, dass du dich da 'n bisschen zu doll rinhängst im Moment, wa?« Ich war ganz vorsichtig geworden.

»Ach, die Bullen haben die Anzeige jar nich anjenommen. Die sagen, es wäre jar keen Verkehr hier.«

»Ja.« Wir schauten zum leeren Nest hoch. »Samma, is dit möglich, dass dit Nest da uff der Feuerwehr einfach höher is als deins hier?«

Manni stellte sich zu uns. Manni wohnte schon immer in Prollwitz und wusste so ziemlich alles über den Ort. Und natürlich über Tiere.

»Manni, is dit Nest bei de Feuerwehr höher als unsat hier?«

Manni kuckte nun auch nach oben. »Joooar. Dat is höher da bei die Feuerwehr. Dat is höher.«

Wir nahmen einen Schluck aus unseren Flaschen und sahen uns an.

»Na, siehste«, sagte ich zu Felix. »Dann weeßte ja, wat man noch tun kann.« Felix nickte.

»Is 'ne Idee«, er sah sich abschätzend das Nest an. »Könnte man bringen.« Er lachte kurz auf und klopfte mir dann auf die Schulter.

»Na fein, Toni, dann halt nächstes Jahr!«

»Ja, nächstes Jahr klappt's mit dem Storch!« Wir erhoben uns und schlenderten zu den andern am Feuer.

»Hey Mahoni! Sing ma wat!«

»Schnauze!«, rief ich – und: »Na jut!«

Ich setzte mich mit auf die Bank und sang:

»Auf unsra Wiese gehet was – und alle!«

»Watet durch die Sümpfe.«

»Es hat ein schwarzes Röcklein an.«

»Trägt auch rote Strümpfe.«

»Fängt die Frösche schnapp, schnapp, schnapp.

Klappert lustig klappadiklapp.«

»Wer kann es erraten?«

Mit den immer gleichen, aber heiteren Ritualen begingen wir den Abend und machten uns keine Sorgen.

Im darauffolgenden Oktober rief Felix mich an und fragte, ob ich ihm helfen könne, den Mast des Storchennestes aufzustocken. Ich sagte sofort zu und nahm noch ein paar zusätzliche Tage zum Wochenende frei. Manni holte mich vom Bahnhof in Greifswald ab. Außer mir hatten nur schöne Mädchen im Zug gesessen, aber die fuhren weiter nach Stralsund.

Als wir auf dem Grundstück in Prollwitz ankamen und ich mein Bündel zum Haus bringen wollte, bekam ich einen mächtigen Schreck: Durch die geöffneten Scheunentore seines Ateliers reckte sich uns der Hintern einer weißen Riesin entgegen. Ich ließ die Sachen fallen und rannte in die Scheune. Vom Boden bis zur meterhohen Decke stand dort die Venus von Milo in Übergröße aus Styropor. Felix stand auf einem Gerüst und schruppte mit einer Drahtbürste die Dame aus dem Block. Staunend umrundete ich die Kreatur. Felix war schon gut für Überraschungen! Die Venus sah bereits aus wie das berühmte Original, nur sechs statt zwei Meter groß. Und eben aus Styropor statt aus Marmor.

»Felix! Wat is denn hier los?«, rief ich begeistert.

»'n Ufftrach!«, sagte er. Massige Styroporbrocken ragten überall heraus, von oben rieselten kleine Kügelchen, die schon wie Schnee die halbe Scheunenhalle bedeckten. Ich watete durch die Plastikmassen und betrachtete die verstreuten Skizzen, die an den Wänden hingen oder im Raum herumlagen. Felix war also auch noch zum Monumentalbildhauer geworden. Junge, Junge! Die Figur war schon enorm weit fortgeschritten, er arbeitete nur noch an Feinheiten. Gerade bürstete er an einem Armstummel herum.

»Haste dit allet mit der Bürste jemacht?«

Felix lächelte. »Größtenteils.«

»Und wie lange …?«

»Sieben Wochen jetzt.«

»Mann, Mann, Mann!«

»Ja.«

Felix sollte die Venus bis zum Mittwoch der kommenden Woche fertig haben. Sie musste noch mit Schiffslack überzogen und dann – leider – lila angepinselt werden.

Er hatte den Auftrag von irgendeinem Künstler bekommen, der eine lila Venus zum Welt-Aids-Tag vor das Geburtshaus von Papst Benedikt XVI. im oberbayerischen Marktl stellen wollte. Der Typ konnte die Venus von Milo natürlich nicht selber herstellen, denn Handwerk zählte ja nicht mehr als Kunst, es zählte nur die Idee. Die Idee ist alles. Und natürlich ein Name. Also ließ er andere für einen Hungerlohn die Arbeit machen und kritzelte am Ende seinen Namen drunter. So lief das. Die Venus war dennoch eine Wucht. Michelangelo hätte Felix gratuliert.

Die Sonne versagte uns langsam das Licht und Felix knipste die Beleuchtung ein. »Deswegen brauch ick Hilfe mit dem Storchenmast. Der soll noch dies Jahr höher gesetzt werden, dann kann im nächsten Jahr nichts schiefgehen.«

Ich schüttelte den Kopf und bekam die Augen nicht von der riesigen Schönheit los, die vor uns stand.

»Dass du an sowat denken kannst, wenn de so'n Projekt am Loofen hast!« Felix warf mir einen dunklen Blick zu.

Nach dem Frühstück machten Felix' Vater, Manni und ich uns daran, den Segelmast um zwei Meter aufzustocken. Dafür mussten wir die Verankerungen lösen, den Stamm weiter heraufhebeln und ein entsprechend hohes Zwischenstück einsetzen. Anschließend schienten wir das Teil an den Hauptmast und befestigten alles wieder am Mauerwerk. Inzwischen konnte Felix an seiner Venus weiterbürsten. Danach fuhr ich dann zum Bauern, kaufte ihm zwei junge Gockel ab und bereitete für uns alle knusprige Speckhühnchen mit Rosmarinkartoffeln zu.

Es gab eine Sache, die Felix nicht so gut konnte, und das war Kochen. Deswegen freute er sich immer besonders, wenn ich zu Besuch war, weil er genau wusste, dass ich es keine zwölf Stunden ohne eine Leckerei aushielt und dann eben zur Tat schreiten musste. Ich liebte seine Kombüse mit den großen Kupferkesseln und Brätern aus den letzten Jahrhunderten. Wir waren zu acht an diesem Abend und schlemmten genüsslich die fettigen Gockel in uns hinein, tranken feines Bier aus der Umgebung und Manni gab Tiergeschichten zum Besten. Felix war voller Enthusiasmus, was den nächsten Frühling betraf. Diesmal würde der Storch ja wohl kaum um das neue Nest herumkommen. Es war nun das höchste in der ganzen Umgebung, es war ruhig gelegen, kein Lärm, kein Gestank. Die Frösche hüpften dem Storch direkt vor dem Schnabel herum. Bei Störchen kommt das Männchen einige Tage bis Wochen vor dem Weibchen aus Afrika zu uns und sucht sich ein Nest. Wenn er gewählt hat, bessert er es aus, polstert alles schön kuschelig und bequem und wartet dann fröhlich klappernd auf die Weiberschar. Wenn dem Weibchen das Nest gefällt, wackelt es froh mit dem Hintern. Sollte dem Herrn Storch nun auch noch das Weibchen gefallen, dann geht es relativ schnell zur Sache, anderenfalls schmeißt er Frau Störchin gleich wieder raus. So ein Casting kann bis zu fünf Weibchen verschleißen. Aber je mehr Zeit verrinnt, desto genügsamer wird der Herr, schließlich muss er ja auch davon ausgehen, dass die strammsten Mädels schon längst vergeben sind. Felix hatte vor, beim Korbmacher einen neuen, riesigen Aussichtskorb anfertigen zu lassen und diesmal nur das weicheste Heu zu verwenden. Er würde jeden harten Strunk aus dem Nistmaterial entfernen, Daunen und Wolle dazumischen und am liebsten noch ein paar Frösche ans Nest binden. Manni lachte. »Der Felix und der Storch, der Felix und der Storch!«, rief er und freute sich. Als einziger Landbursche an unserem Tisch war es für ihn immer sehr belustigend, wie wir Stadtkinder uns für jedes niedliche Häschen begeisterten und staunend ein frisch gelegtes Ei bewunderten. Dass Felix so auf den Storch abfuhr, war uns allerdings allen ein Rätsel. Das war mehr als nur der alte Naturschützer in Felix, der den Storch von der Straße holen wollte – auch wenn er als Kind schon bei jeder Umweltaktion Feuer und Flamme war und auch sein ganzer Hof ein wunderbares Altenteil für abgeschriebene Tiere war. Den Storch auf den Hof zu locken, war allerdings eine völlig andere Geschichte als Fledermausnester auf Dachböden zu erhalten oder Fröschen über die Straße zu helfen. Felix wollte diesen Storch einfach besitzen. Jahraus, jahrein sah er das Brutpaar auf der Feuerwehr und das schöne, aber leere Nest auf seinem Hof. Er wollte es endlich mit Leben füllen.

»Wenn das Biest nächstes Jahr nicht kommt, dann weiß ick nich, was passiert«, sagte er. »Dann brech ick dit andere Nest ab. Oder zünde die Feuerwehr an!«

Wir lachten. »Ja, oder du holst dir das Vieh und bindest es einfach an deinem Nest fest!«, rief jemand.

»Oder du nimmst dir einen von den Styroporbrocken und schnitzt dir einfach 'n Storch!« Es gab damals viele schöne Ideen, aber niemand ahnte, was Felix dann tatsächlich tun würde.

Zum diesjährigen Osterfest, im späten April, fuhr ich für eine Woche nach Prollwitz, um bei Felix zu musizieren und Aufnahmen zu machen. Seit Peggy mit in mein Zimmer gezogen war, war für derlei Vergnügungen zu wenig Ruhe und Platz zu Hause. Eigentlich hätte die ganze Band mitkommen sollen, doch jeder hatte irgendwelche Verpflichtungen am Hals. Also nahm ich Mikrofon, Gitarre und einen geborgten Laptop mit und richtete mich allein in einer Ecke von Felix' Atelier ein. Der Raum mit seinen Holzwänden und dicken Dachbalken hatte einen warmen Klang, zumindest bildete ich mir das ein. Felix war guter Dinge. Er verbrachte jede freie Minute auf dem sonnigen Terrassendeck, zurückgelehnt im Schaukelstuhl und sah zum neuen Nest hoch. Er wartete auf die Ankunft seines Storches. Auf dem alten Mast prangte ein heller neuer Korb, gelb leuchtete das noch unverwitterte Geflecht. Er hatte, wie versprochen, nur feinstes Füllwerk in den Korb gearbeitet und als Bonus einige erlegte Mäuslein ins Nest gestreut. Es war ein wunderschönes Bild. Der blaue Himmel voller kleiner Bilderbuchwölkchen, der rote Backstein, der gelbe Strohkorb auf dem Mast. Nur der Storch fehlte noch. Wir tranken Kaffee und rauchten. In der Sonne herrschte bereits T-Shirt-Wärme.

»Dieset Jahr wird allet jut, Toni! Dieset Jahr verbringt der Storch hier.«

»Ja«, sagte ich, »sieht zumindest allet danach aus.«

Und tatsächlich. Am Nachmittag des nächsten Tages, ich lümmelte gerade auf der Terrasse, statt zu arbeiten, landete Herr Storch auf Felix' Nest. Frisch aus Afrika zurückgekehrt. Er schnurrte seltsam, warf den Kopf in den Nacken und klapperte. Sofort kamen die beiden großen Hunde angepirscht und bellten.

»Pscht! Pscht! Seid ihr leise! Aus! Aus!«, zischte ich.

Sie hielten inne und verkrümelten sich. Der Storch beäugte interessiert das neue Nest und machte sich über die Mäuse her. Vorsichtig griff ich zum Handy und rief Felix an. Er war gerade nach Rostock gefahren, um Material zu besorgen.

»Felix«, flüsterte ich, »der Storch is da.«

»Und, klaut er wieder Heu?«

»Nee, er frisst die Mäuse und kiekt sich allet an. Die blöden Kläffer haben aber gleich jebellt, als er jeklappert hat.«

»O nein!« Felix stöhnte.

»War aber nich weiter schlimm. Ick hab se gleich ruhig bekommen.«

»Toni, erschieß die Hunde, wenn sie das nächste Mal bellen, o. k.?«

»Ja. Bis später.«

»Bis dann.«

Der große Vogel blieb noch zwei Minuten, dann flog er Richtung Felder davon.

Ich ging wieder in mein Urlaubsstudio und klimperte herum. Der Storch kam an diesem Tag nicht wieder.

Am Abend kam Felix und ich musste ihm haarklein das Storchverhalten beschreiben, ehe er beruhigt feststellte, dass ihn wahrscheinlich der Hunger weitergetrieben hatte und er zwecks Nahrungssuche davon war. Wir quatschten gemütlich am winzigen Schiffsofen, tranken den Whisky, den ich mitgebracht hatte, und rauchten feine COHIBA Minis, vor denen die Gesundheitsminister der EG warnen. Uns schmeckten sie trotzdem. Felix ging früh in die Koje, weil er am nächsten Morgen wieder nach Berlin musste, ich blieb noch lange auf und bastelte an meinen Sounds herum.

Am nächsten Tag ließ sich der Storch bereits mittags blicken. Anscheinend satt und zufrieden, blieb er diesmal zwei Stunden. Er kuschelte sich in das weiche Gewölle und man sah lange Zeit nur das Köpfchen hervorlugen. Anscheinend gefiel ihm, was er sah. Felix brach am Telefon in Jubelrufe aus. Es schien zu klappen. Zwischendrin flog der Vogel allerdings rüber zum Feuerwehrnest, aus dem schon grüner Bewuchs hervorkam, und stolzierte darin herum. Das verschwieg ich Felix lieber, es war ja auch nur kurz.

Am Abend kehrte Felix heim, und als wären sie verabredet, landete auch der Storch wieder bei uns. Es dämmerte bereits und es sah so aus, als würde er die Nacht diesmal hier verbringen. Felix triumphierte. Ich bereitete zur Feier des Tages einen saftigen Kasslerbraten zu, den ich allerdings sowieso gemacht hätte. Felix brauchte am nächsten Tag nirgendwohin zu fahren, und so konnten wir guten Gewissens bis tief in die Nacht hinein quatschen. Felix durchstöberte alte Schnappschüsse, auf denen zu sehen war, wie sich sein Paradiesvogel gerade als Materialdieb betätigte.

»Der Storch muss bleiben. Er muss!« Ich nickte beiläufig und wir sprachen kräftig dem Whisky zu.

Am Morgen kam ich nur schwer aus der Hängematte, mein Körper war durstig, anscheinend hatte ihm Whisky und Kaffee nicht gereicht. Felix stand schon auf der Terrasse, als ich zerzaust zu ihm trat.

»Sieh dir diese Mistvieh an!«, fluchte er.

»Wat?« Ach, der Storch.

»Der klaut nur wieder das ganze Zeug und bringt's rüber zum Scheißfeuerwehrnest!« Ich blinzelte nach oben. Der Vogel zwickte mit großem Eifer Heufetzen aus dem Nest. Dann nahm er einen dicken Batzen und schwebte über den Hof ins Dorf.

»Scheiße, Toni! Verdammte Scheiße!« Felix trat wuchtig einen Pflanzenkübel um. Aufgeregt lief er herum.

»Ach Felix, wat solls. Is halt 'n blöder Storch, den de dir ausjesucht hast. Hühner sind doch ooch o.k.!«, versuchte ich es.

»Nüscht is o.k.! Jarnüscht!« Er zündete sich eine Zigarette an, nahm zwei kurze Züge und drückte sie gleich wieder aus. »Scheiße. Ick muss hier weg.« Er sah mich kurz an, schüttelte den Kopf und marschierte dann schnurstracks an mir vorbei, durchs Haus, zum Auto und fuhr weg. Ich zuckte mit den Schultern und begann den Morgen gemütlich. Viel Wasser und ein paar frisch gelegte Eier mit Speck. Saure Gurken und natürlich ein Riesenpott Kaffee. Dann reckte und streckte ich mich im warmen Sonnenschein und ließ den lieben Herrgott 'n guten Mann sein. In der Zwischenzeit tauchte der verräterische Vogel auf und klaute fleißig Heu und Wolle. Ich winkte ihm zu und bellte. Es interessierte ihn nicht. Er hatte sich entschieden. Schön an der Straße, mitten im Verkehr, das olle, kaputte Nest zu nehmen. Von mir aus. Dann war er eben einfach blöde.

Als Felix am Abend noch nicht zurück war, machte ich mir langsam Sorgen. Ich versuchte ihn zu erreichen, aber er ging nicht ans Handy. Die Nacht wurde extrem kühl, sodass ich den alten Holzofen kräftig anfeuern musste und keinen Meter von seiner Seite wich. Felix kam nicht. Ich goss mir einen Whisky ein, doch der schmeckte alleine überhaupt nicht. Und alles wegen eines Storchs! Felix war sonst überaus gelassen, diese Geschichte jedoch schien ihm das Gehirn weich zu kochen. Vielleicht hatte er eine Vereinbarung mit sich zu laufen. Nach dem Motto: Wenn der Storch auf dem Hof brütet, dann geht's los. Nur was? Doch nicht etwa so was Banales wie Kinderkriegen. Das passte nicht zu ihm. Oder doch? Man kann nie wissen. Nicht, dass er sich geschworen hatte, eine Bank zu überfallen, wenn der Storch dies Jahr nicht herkommt. Das würde auch sein langes Wegbleiben erklären. Felix hatte doch nicht etwa die Greifswalder Sparkasse beglückt? Und saß jetzt schon gemütlich in seiner Zelle, still triumphierend, dem Storch eins ausgewischt zu haben. Schrecklich. Ich hatte mir selbst oft genug absurde Ultimaten gestellt. Aber eher in Liebesdingen. Harmlos. Wenn sie mich heut nicht küsst, dann küss ick 'ne andere. So was.

Ob ich nach ihm suchen sollte? Auch Quatsch. Ich feuerte nach und versuchte zu lesen. Alles war ruhig. Nicht mal ein Nachtvogel quäkte in die dichte Stille. Nur das Feuer knackte in seiner maritimen Heizung. Irgendwann gab ich es auf und schlüpfte in die Schlafkajüte. Ich träumte von Holz und Wasser und Leuten, die unbemerkt in Wänden wohnen, als mich Felix weckte. Er schüttelte gerade seine Decke auf und legte sich hin.

»Felix! Wo warst du denn die janze Nacht?«

»Allet in Ordnung. Jetz is allet in Ordnung. Schlaf weiter.«

Ich sträubte mich kurz und wollte ihm vorhalten, was ich mir für Sorgen gemacht hatte, aber der Schlaf war stärker.

Die Sonne kitzelte mich durch die Fensterscheibe und löste einen Niesanfall bei mir aus. Nachdem ich fertig geniest hatte, rekelte ich mich aus dem Bett auf der Suche nach einem Taschentuch. Dann duschte ich zum ersten Mal seit vier Tagen. Duftend und eingecremt, mit blendend weißen Zähnen trat ich in die Kombüse.

Dort stand Felix und neben ihm der Storch.

Nein. Er hing. Neben Felix hing der Storch. An einem Balken. An einer Schnur. »Morgen!«, sagte Felix munter und rupfte weiter. Ich ging um die beiden herum, nahm mir Felix' Kaffeetasse vom Tisch und setzte mich auf einen Schemel. Ansonsten wäre ich eingesackt.

»Felix …«

»Nun hat's sich ausgestorcht!« Die Federn flogen in der Küche herum, der Vogel baumelte leblos.

»Was hast du …? Was ist passiert?«

»Nix. Ick hab mir jestern Nacht den Storch geholt. Ick hab doch gesagt, er wird dieses Jahr hier verbringen.« Felix hatte Humor.

Ich drehte mich weg und besah mir die Tischplatte. Die harten Rupfgeräusche mahnten mich, dass ich nicht träumte.

»Du hast also den Storch umjebracht.«

»Toni, wat heißt hier umjebracht. Ick habe ihn erlegt. Dit is 'n Wildtier. Man spricht von ›erlegen‹. Oder wie nennst du dit, wenn de beispielsweise angelst. Nennste dich dann ooch Fischmörder? Oder Angler?«

»Bei 'nem Storch isset ja wohl wat andret. Wieso haste dit denn überhaupt jemacht? Wat soll denn ditte? Ick dachte, du willst, dass dit Vieh bei dir lebt! Und nich einfach nur bei dir is!«

»Jetzt is eh zu spät. Komm pack ma mit an!«

»Ey, nee, dit kannste nich valangen.«

»Klar kann ick, los komm!«

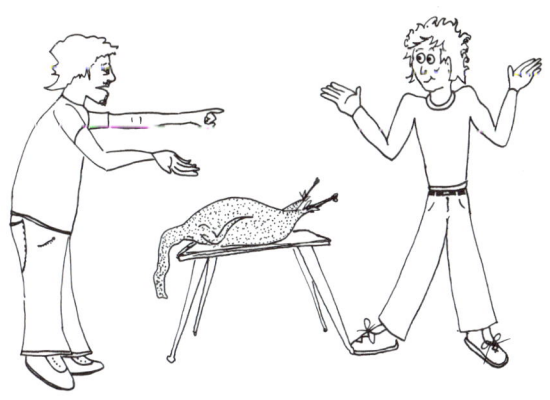

Wir rupften den Storch gemeinsam nackig, wobei ich die ganze Zeit auf meine Hände schaute, um ihm nicht in die toten Augen sehen zu müssen. Felix war ganz der abgebrühte Bauer. Keine Spur von Skrupel, er rupfte einfach ein Federvieh. Während er dann einen riesigen Topf zum Abbrühen aufsetzte, genehmigte ich mir einen morgendlichen Whisky. Er schmeckte scheußlich, aber er half.

Ich schnürte mir die Schuhe und lief über die Wiese in den Wald. Das musste jetzt entweder turbo verarbeitet werden oder radikal verdrängt. So was Sinnloses. Ich entschied mich für Abschalten und stolperte eckig durch die Landschaft. Als ich zurückkam, stand in Felix' Nest ein Storch. Er klapperte. Verwirrt sah ich das Vieh an. Dann lief ich zum Haus, Felix entsorgte gerade die Eingeweide.

»Felix, da steht 'n Storch im Nest!«

»Ja. Der alte is weg. Platz für 'nen neuen.«

»Aber wie …?«

»Der kommt hier ooch jedet Jahr vorbei, wurde bisher aber immer vertrieben. Revierjehabe eben. Nu kann er bleiben und sich 'n Weibchen angeln. So siehts aus!«

Felix fegte die Federn zusammen, der nackte Storch lag enthauptet und entbeint auf dem Esstisch. So ausgezogen sah er gar nicht mehr so riesig aus. Wie ein Truthahn auf der Streckbank ungefähr.

»So«, sagte Felix. Er sah aus wie ein glücklicher Ehemann nach einer durchsoffenen Hochzeitsfeier. »Und nu überlegst du dir, wie wa den Herrn zubereiten!«

»Du willst ihn essen«, stellte ich fest.

»Klar. Wat dachtest du denn?«

Manni schaute herein und grüßte uns fröhlich. »Na Männers, jeht jut?«

Felix legte wie beiläufig einen Finger an die Lippen und blickte mich kurz streng an.

»Ja, jeht jut, Manni. Wir essen heute 'n Schwan.«

»Wat, 'n Schwan? Willst ma doch vaäppeln, ha ha!« Manni schlurfte in den Raum und sah sich den toten Storch an. »Wat is dat denn?«

»'ne extrem dünne Gans. Hat Felix janz jünstisch vom Bauern in, äh, Berlin.«

Manni zuckte mit den Schultern. »Na da haam se euch verkackeiert. Dat is keene Gans nich. Dat is wat andret. Ha, ha.« Manni grinste siegreich. Diese Stadtkinder!

»Na ja, na ja. Ick werma nach die Ferde sehn. Machtet jut, Männers, haut rin!«

Manni schaukelte zum Stall rüber, wo die Pferde sich schon auf Besuch freuten.

Ich überlegte, wo man wohl ein Rezept für Storch finden würde. Vielleicht essen die ja in Afrika Störche. Gekochter Storch mit Fufu und Mais. Jedenfalls begann ich erst gar nicht zu suchen. Ich war mir sicher, dass ich sowieso nichts finden würde.

Also salzte ich den Vogel, stopfte ihn mit Äpfeln, Rosinen und Zwiebeln voll, quetschte ihn in eine Kasserolle und schmorte ihn sechs Stunden. Dann bepinselte ich das Tier mit Salzlake und Honig und briet es so noch eine halbe Stunde schön braun. Derweil richtete sich der neue Storch häuslich bei uns ein, indem er das ganze Gewölle und Heu vom Feuerwehrnest wieder zurück auf den Hof brachte.

Am Abend deckte Felix den Tisch mit seinem besten Blechgeschirr, entzündete Kerzen und legte Servietten bereit. Ich tat den knusprigen Braten auf und überreichte Felix das Tranchierbesteck.

»Hier. Ick hab dir 'n Storch jebraten.«

»Danke.« Felix nahm eine Keule, ich ein Stückchen Brust. Er schmeckte süßlich bis leicht vermodert und war überaus zäh. Wir kauten dennoch auf dem Fleisch herum und sprachen nicht. Die Dunkelheit schlich ans Haus heran, der neue Storch stand einbeinig auf dem Nest und blickte durch die Fenster zu uns herein. So schien es mir jedenfalls. Ich wollte keinen Nachschlag und während Felix genüsslich die zweite Keule verspeiste, sagte ich: »Ick denke, wir sollten dit allet zunächst für uns behalten. Man weeß nich, wie die Leute uff sowat reagieren.«

»Hm. Klar.«

Er kaute und schluckte runter. »Weeßte, Toni, ick war einfach noch nicht bereit dafür, 'ne Bank zu überfallen oder so. So isset besser, gloob mir.«

Er spießte sich ein weiteres Stückchen Storch auf die Gabel und biss herzhaft und voller Lebenslust hinein.

»Klar«, sagte ich. »So is dit allet.«

Ex und hopp

Es liegt beim Spiel recht oft der Sinn
Fast ausschließlich nur im Gewinn
Doch, um so recht zu triumphieren
Gilt es auch manchmal zu verlieren

Peggys Exfreund rief an. Bei uns in der WG. Peggy hatte kein Handy, deswegen ging es gar nicht anders. Ich war da und ging ran.

»Tachchen, Mahoni am Apparat«, sagte ich leutselig.

»Is Peggy da?«

»Nee. Soll ick wat ausrichten?«

»Du bist der Neue, oder?« Da hatte er irgendwie recht.

»Dann musst du der Alte sein«, stellte ich fest. Anscheinend konnte man nicht viel mehr mit ihm bequatschen als diese Feststellung.

Bisher hatte mir Peggy nur einige winzige Kleinigkeiten über ihren Ex verraten. Es waren nun schon ein paar Monate vergangen, seit uns Hals über Kopf die große Liebe ereilt hatte.

Ich wusste zum Beispiel, dass er ein großer, sportlicher Eishockeyspieler war, einen tiefergelegten Civic fuhr und in einem Laden für Sportschuhe in Hellersdorf arbeitete. Außerdem war mir bekannt, dass in dem Laden den ganzen Tag laute, aggressive Musik lief. Einmal hatte ich ein Foto in die Hand bekommen, auf dem er nett aussah und eine Bierflasche hochhielt.

»Erraten. Und wie läufts?«

»Kann nich klagen«, hörte ich mich antworten. War er ein Selbstquäler oder ein Drübersteher?

»Na fein! Dann sag Peggy, sie soll sich ma melden. Sag ihr: allet jut.«

»Mach ick. Wie heißt 'n eigentlich?«

»Andi. Andreas.«

»Hau rin, Andi.«

»Ja. Tschö!«

Ich schnappte mir meinen Pott Kaffee und machte es mir in meinem Zimmer bequem. Ein wenig unangenehm ist es schon, wenn so ein Ex daherkommt und am neuen Nest rumkratzt. Andererseits völlig normal, heutzutage. Alle können gut Freund sein. Hatte ich schon mehrfach erlebt um mich herum. Von Pärchenabenden war berichtet worden, die sich ausschließlich aus Expartnern rekrutierten. Ich selber verstand mich bestens mit meiner Exfrau. Ob der jetzt auch so was veranstalten wollte? Ich sah mich mit Peggy und Andi an einem dunklen Tisch in einer winzigen Kaschemme sitzen. Was sagte man da? Was geschieht nach der Begrüßung, dem *Ich der Neue, du der Alte-Spiel*? Die einzige Gemeinsamkeit ist, eine Zeit lang mit derselben Frau verbracht zu haben. Tauscht man sich dann darüber aus? Widerwillen löste sich aus der Magengegend und spazierte in mir herum.

Peggy kam mit wehendem Bademantel und bemerkte meine ungewollte Missstimmung.

»Mahoni, wat los? Biste gar nicht fröhlich?«

»Dein Ex hat angerufen.«

»Andi? Andreas Herrmann? Und, war scheiße?«

»Nee, allet jut. Soll ick dir sagen.«

»Und, wat machste dir dann ins Hemd?« Peggy war herrlich unsensibel.

»Mach ick jarnich! Du sollst dich mal melden. Unter andrem ooch, weil *allet jut* is.« Ohne dass ich es hätte beeinflussen können, hatte sich Trotz in meine Stimme geschlichen. Blöd. Ich beschloss sofort total oberlocker zu werden. Ich lächelte und fragte, ob sie was essen wolle, ob sie was trinken wolle, ob sie was unternehmen wolle.

»Nee, ick ruf denn erstma bei Andi an.«

Auch gut. Pierre kam eben nach Hause, sicher nicht von der Uni, denn er hatte eine frische Weinfahne. Wir setzten uns in sein Zimmer, ich ließ die Tür offen und hatte nur ein Ohr für Pierres Uni-Weiber-Geschichten, denn das andere Ohr war hochkonzentriert auf den Flur gerichtet. Peggy quatschte locker drauflos, ständig lachte sie aus vollem Halse und ich begann mich zu fragen, ob sie immer so viel lachte. Oder nur jetzt gerade. Lustig mit ihrem Ex. Schon wieder. Der Typ schien ein richtiger Witzbold zu sein.

»Und sieht dabei so Hammer aus, die Braut … ick fasset nich, und die soll erst neunzehn sein, Alter … jedenfalls kommtse mit inne Panne heute … und ihre Freundin erst, Junge! Mo-del-mä-ßig! … Zwee süße Prinzessinnen vorm Herrn, Junge, Junge …« Pierres endlose Monologe wurden sicher nicht nur schlechter, weil keiner zuhörte.

Peggy legte auf und kam zu uns, Pierre wechselte gekonnt das Thema.

»Soo cool!«, freute sich Peggy. »Andi macht mit bei 'nem Barkasrennen, hat sich 'n Barkas gekauft und völlig aufgepimpt. Irgendwo bei Neustrelitz oder so. In zwee Wochen.«

»Ach! Barkasrennen, echt?«

»Ja, voll cool. Und wir sollen auch kommen, zukieken!«

»Klar, warum nich!«, sagte ich weltmännisch.

»Wer is Andi?«, fragte Pierre.

»Ihr Ex«, sagte ich.

»Mein Ex«, sagte Peggy.

Mein Fahrrad und ich trudelten in Drivers Hof ein. Driver saß auf der Motorhaube eines weißen Caddys und aß eine geräucherte Forelle.

»Wow«, rief ich und meinte den Caddy.

»Ja, is Wahnsinn, frisch aus Prollwitz, hat Manni selbst jeräuchert!«, rief Driver und meinte die Forelle. Ich erhielt ein ausgesuchtes Stückchen Fisch und dann machten wir 'ne kleine Spritztour mit dem alten Ami-Schlitten.

Der Driver hat immer wenig Zeit, aber in Wirklichkeit freut er sich über jede Ablenkung. Seit er eine Tischtennisplatte in seinem Büro aufgestellt hatte, wird er regelmäßig abgelenkt. So schleift zwar sein Musikbusiness vor sich hin, im Tischtennis aber feiert er jeden Tag große Erfolge und er kann immer selig ins Bettchen gehen. Als Produzent ist er einmalig in vielerlei Hinsicht. Er ist mit einem wunderbaren Gehör gesegnet, aber auch mit einem ausgeprägten Hang zur Mittagsruhe. Daraus ergeben sich zwar brillante Aufnahmen, der Musiker jedoch muss unsagbar viele Pausen erdulden, in denen Driver sich bettet. Der Driver ist ein massiger, gutmütiger Mensch, dem von allen Seiten Sympathien zufliegen, solche Leute gibt's. Driver heißt er, weil er ständig im Besitz von mindestens vier Autos ist, die aber monatlich fluktuieren. Ständiges Mitglied in seinem Fuhrpark ist ein 75er schwarzer Käfer Coupé und ein 71er Ford Taunus im Originalzustand. Gott sei Dank ist er dennoch niemand, der ausschließlich über Autos quasselt, er fährt die Dinger einfach nur gerne.

»Samma, hatteste schon ma 'n Barkas?«, fragte ich ihn, als wir in gemütlichem Tempo durch den zähen Verkehr rollten.

»Klar, Mahoni, zwee hatt ick, voll die super Karren. Wieso? Willste een haben?«

»Nee, nee, Peggys Ex hatte bloß erzählt, dass er an 'nem Barkasrennen teilnehmen will – bei Neustrelitz irgendwo.«

»'n Barkasrennen? Is ja geil! Wann denn?« Drivers Augen leuchteten.

»So in zwee Wochen. Wir jehn hin, uns dit ankieken.«

»Mann, Mahoni, da will ick mitmachen! Im Barkas, weeßte, da lös ick mich uff, da werd ick eins mit dem Auto. Barkase sind jeschaffen für mich. Wenn ick 'n Auto wäre, Mahoni, Alter, wat denkste, wat ick denn für eens wäre?«

»'n Barkas«, schlug ich vor.

»Jenau! Los, wir treiben een uff, die Dinger stehn überall rum!«

So kam es, dass Driver bereits zwei Tage später zwei der Oldtimer Ost-Kleintransporter auf dem Hof stehen hatte. Laute, stinkende Dinger, Zweitakter, unglaublich. 45 PS, die Schnauze erinnert doch mächtig an einen Trabbi.

Der blaue Barkas diente Driver als Ausschlachtlager, der beige war besser erhalten und sollte die Rennkarre werden. Laut Driver ließ sich alles herrlich einfach montieren, alles wie geschaffen für den Bastler.

Ein Halbbus sei das, erklärte er, original Standard Kastenwagen mit Lüftungsschlitzen im Transportbereich. Ich ging ihm zur Hand, so gut ich konnte. In der Regel bedeutete das: Werkzeug reichen, Teile halten, Kaffee holen, Vorbeigehende auf den Arm nehmen. Es machte dennoch Freude, denn dabei lernte ich noch im hohen Alter, wie eigentlich ein Auto funktioniert.

So wurde ein Melkusgetriebe mit dem geheimen fünften Gang eingebaut, ich bekam die Schwierigkeiten beim Reparieren des mechanischen Reglers für die Gleichstromlichtmaschine mit und erfuhr vom berühmt-berüchtigten Vergaserumbau. Driver griff hierbei zu einem gemeinen Trick. Er baute drei fast neue MZ-Vergaser ein und steigerte so die Motorleistung auf 70 PS. Während der Montage murmelte er immer was von der ruhmreichen Melkustüte, eine Art Schalldämpfer, ohne die man den Lärmtod sterben würde und der ganze Umbau zu Fetzen zerreißen würde.

»Und is dit ooch legal? Keen Betrug, wenn de damit 'nen Rennen fährst?«

Mir kam der Umbau vor wie Maschinendoping.

»Quatsch. Dit ham die alle da. Betrug wär 'nen V8, wir bescheißen hier nur mit original Bescheißerteilen!«

Peggy war nicht so begeistert, dass ich plötzlich auch in einem Barkasteam war. Ich musste sie mit Händen und Füßen davon überzeugen, dass ich keinen Konkurrenzkampf mit ihrem Ex anfangen wollte. Sie zeterte noch ein bisschen rum, aber als ich sie auf den Hof mitnahm, sah sie die kindliche Freude, die Driver beim Basteln hatte, und verstand.

»Mein Vater kommt übrigens auch mit zu dem Rennen«, meinte sie beiläufig.

»Uh! Deinen Vater kennenlernen«, stellte ich fest.

»Ja, na ›Tag sagen‹ auf jeden Fall. Er mochte Andi halt immer sehr, deswegen will er sich das Rennen ansehen.«

»Aha.«

Peggys Vater, Herr Dr. Maschke, war Philosophieprofessor und leitete einen Geheimzirkel zum Erhalt der deutschen Sprache. Ich war ihm noch nie begegnet und hätte am liebsten vor dem Treffen erst mal einen Sprachkurs für richtiges und gutes Deutsch belegt. Nun würde ich ihn bei einem Autorennen treffen, bei dem Peggys Ex eine tragende Rolle spielte. Hätte auch schlimmer kommen können, sagte ich mir.

Nach einer Woche fuhr die Karre schon richtig gut, es wurde Zeit, sich um die Kosmetik zu kümmern. Driver hatte in letzter Minute noch seine Teilnahme am Rennen ermöglicht. Der alte Überredungskünstler hatte die Veranstalter beschwatzt und bequengelt, hatte ihre Rennfahrerherzen weich gequasselt und bedroht. Nun war er offizieller Barkaspilot. Wir erhielten die Startnummer 17, eigentlich waren nur 16 Plätze vorgesehen.

Und dann wurde der Oldie schön. Es war ja im Grunde eine Dame. Man hatte das Gefühl, das Auto sei eine Frau. Wir nannten sie »Die Lady« oder »Fräulein« und begannen sie zu schminken. Zunächst wurde ihr Beige aufgefrischt, eine andere Grundfarbe kam für Driver nicht in Frage: Ausbessern, Schleifen, Lackieren und von vorn. Dann wurden die Lampenringe und Stoßstangeneckchen poliert, der schon zu Ostzeiten begehrte aluglänzende Kühlergrill frisch aufgebürstet, Türgriffe gewienert und die Fenster geputzt. Selbst die Felgen glänzten fabrikneu. Besonders stolz war Driver auf seine originalen Schonsitzbezüge. Die Lady strahlte in alter, neuer Schönheit. Fast wehmütig starteten wir nun die Aufkleberphase. Driver hatte grün-weiße Ralleystreifen anfertigen lassen, ein herrlich beißender Kontrast zum Beige, und zwei riesige, runde 17-Aufkleber für die Seiten und einen fürs Dach. Vorn und hinten brachten wir dicke »Driver«-Aufkleber an, darunter sein neues Logo: ein stilisiertes Huhn mit zwei Rädern in einem Tropfen. Der Tropfen sollte zum Nach-

denken anregen. Tränen? Blut? Benzin? Auf jeden Fall Betriebs-
stoff. Wenn man ihn dazu befragte, zuckte er nur mit den Schultern und sagte:

»Frag lieber, wat dit Huhn bedeutet, denn dit is mir selbst
schleierhaft!«

Es gefiel mir, am Abend verschmiert vom Schrauben zurück-
zukommen. Stundenlang hörten sich meine lieben Mitbewohner
mein neu erworbenes Wissen über den perfekten Schleifpunkt
und andere Tücken an. Ich fühlte mich jetzt auch wohler, was
das Treffen mit Exfreund Andi anbelangte, schließlich war ich
nun in der Bastlermaterie nicht mehr der völlig unerfahrene Zuschauer. Nein, ich war sogar ein richtiges Boxenluder geworden.

Zwei Tage vor dem Rennen saß ich mit Peggy in unserem
Zimmer. Wir spielten Backgammon, rauchten Pierres Gras und
tranken von seinem Wein. Nach einer Weile begann ich mich eigenartig fehl am Platze zu fühlen. Die ganze Werkelei am Barkas
war vorüber, es hätte auch komplett vorbei sein können. Dass
jetzt noch ein großes Rennen veranstaltet werden sollte, fand ich
plötzlich absurd. Die beiden mir fremden Männer aus Peggys
Vorgeschichte schienen feindselig zu sein. Ich hatte nichts verloren zwischen ihnen. Ich war jemand, der nur vorgab, ein Auto-
freak zu sein. Am liebsten hätte ich mich für das Wochenende
mit meiner Süßen irgendwo verkrochen. Scheiß Kiffen. Peggy
musste mich beruhigen und mir ewige Liebe schwören. An ihren
Bademantel gekuschelt, schlief ich ein. Kein Barkas kam in meine
Träume.

Der Morgen des Rennens war da. Früh waren wir in der Küche
versammelt, Mike und Pierre wollten auch mitkommen. Wir
frühstückten und warteten auf Driver.

»Hoffentlich wird dit nich so 'ne Ostalgiescheiß-Veranstal-
tung!«, meinte Pierre.

»Da kannste aber Gift druff nehmen!« Ich war mir sicher, die
Sponsoren von dem Ding waren allesamt überlebende Ostpro-
dukte. »Ata« featuring Barkas. Fit for Barkas? Fit for Fit! Pierre
gruselte sich. Ihm war Ostalgie unheimlich. Er war heilfroh, ver-

nünftigen Wein trinken zu können. Jede Form, sich den alten Zustand der DDR zurückzusehnen, ein Land, in dem es keinen französischen Wein gab, war ihm ein Schrecken.

Driver piepte an, wir trampelten allesamt runter auf die Straße. Als wir unten ankamen, hantierte er gerade an den Sitzen herum, er schien im Kofferraum eine Bettstatt aufzubauen.

»Du fährst erstma, Mahoni! Ick muss mich ausruhen vor dem Rennen!« Er warf mir die Schlüssel zu. Tatsächlich bettete er seinen stattlichen Leib auf die Decken und stülpte sich seine Schlafmaske über die Augen. Nacheinander bestiegen wir den Barkas. Ich hatte Herzklopfen vor Aufregung. Ich sollte die Karre fahren. Der Ganghebel ist neben dem Lenkrad und auch alles andere an diesem Auto wirkte einfach fremd. Trotz der vielen Zeit, die ich mit der Lady verbracht hatte, war ich noch nie gefahren. Dann ging natürlich alles ganz einfach. Ist halt auch nur ein Auto. Driver sprach ein Rede- und Rauchverbot für die Fahrt aus, da er sein Rennfahrervorbereitungsnickerchen brauchte. Die Stimmung wirkte deswegen etwas bedrückt. Man hätte sich allerdings sehr laut anschreien müssen, um gegen den Lärm der Lady anzukommen. So saßen wir fast drei Stunden schweigend in brüllender Motorgeräuschkulisse, Peggy vorn neben mir, die Jungs auf der Rückbank, Driver im Lüftungsschlitztransportraum des Halbbusses. Wir rumpelten und pumpelten über unsägliche Landstraßen, die Lady war schlecht oder überhaupt nicht gefedert. Alles in allem stellte sich das Gefühl ein, nicht mit einem Auto, sondern nur mit einem Motor unterwegs zu sein. Pierre und Mike stöhnten hinter uns und quengelten wegen ihrer geschundenen Hinterteile. Nur Driver schlief friedlich.

Neustrelitz wirkt von weitem flach, nur die Kirchen stechen in den Himmel. Wir ließen es links liegen und navigierten zur alten Piste. Es war ein riesiges, überwuchertes Areal in der Pampa Mecklenburg-Vorpommerns. Als wir das Gelände erreichten, waren schon die meisten Teilnehmerautos vor Ort. Mir fiel auf, dass wir die Einzigen waren, die ihren Barkas zur Reise benutzt hatten. Sämtliche Rennwagen waren auf Anhängern hergebracht worden. Schmucke, aufgepimpte Dinger waren dabei.

Tiefergelegte, höhergelegte, mit Feuer und Flammen versehene, chromglänzende Monsterbarkasse. Aber auch einige Originale und ein paar richtige Racingscheesen mit Überschlagbügeln und Superbreitreifen waren darunter. Wir tuckerten übers Gelände, freundliche Anweiser in Bunten »Spee – Dein Waschmittel«-Jacken lotsten uns zur Rennleitung. Ich hielt neben dem Häuschen und schaltete die Lady ab.

»Driver, aufwachen! Wir sind jelandet!«

»Was?« Driver schreckte hoch und sah sich mit verquollenen Augen um.

»O Gott!«, rief er und sprang behände wie ein dickes Kaninchen aus dem Bus. Noch im Sprung kotzte er los und landete zusammen mit dem Erbrochenen auf allen vieren im Staub.

»Wat is denn mit dem los?« Peggy hüpfte herbei und versuchte Driver zu helfen. Pierre und Mike blieben sitzen und kicherten wie blöde. Jemand von der Rennleitung stürzte mit einem Ost-Sanitäterkasten herbei und bewegte Driver freundlich von der Tür weg, hinter das Häuschen.

Peggy ging mit und wir warteten ab. Mike und Pierre lachten weiter.

»Haste dit jesehn? Wie 'ne verrückte Hummel!«

Sie hatten seit Stunden erlebnisfrei vor sich hin gedämmert und dann gleich so eine Show, das gefiel ihnen. Nach ein paar Minuten kam Driver, gestützt auf den hilfsbereiten Sanitäter und die zierliche Peggy, zurück ans Auto und setzte sich schwerfällig in die geöffnete Seitentür.

»Ick muss … ick muss mich hinlegen … äh …«

Der Sanitäter zuckte mit den Schultern. »Klassisch, würde ick ma sagen«, sagte er undeutlich. »Wie, klassisch?«, fragte Mike.

»Ja, dat is wie auf 'ne Achterbahn einpennen, nich?« Er zuckte wieder.

»Dat is wie auf 'ne Waschmaschinenschleuder ratzen, nich?« Zucken.

»Dat is wie aufn Karussell wegschlummern, nich?« Zuck, zuck.

Ich räusperte mich. »Und wat jenau heißt dit jetze?«

Der Sanitäter zuckte mit den Schultern. »Na entweder wird er wieder oder er wird eben nich mehr. Dat is schließlich wie aufn bockiget Gaul einschlafen, nich?«

»Hör uff!«, stöhnte Driver. »Ick muss ma hinlegen!«

Schulterzuckend sagte unser Sanitäter: »Ja, dann komm ma mit. Mach ick dir hinten 'n schönet Feldbett fertisch, nich? Da kannste mal ruhig liegen, und nich wie aufn Kutter in Taifun drinne, nich?«

Weg war Driver. Wir rauchten und sahen den anderen beim Abladen ihrer Busse zu. Ich holte Cola und Bratwürste. Wir warteten auf Drivers Genesung.

»Mann, der is aber ooch empfindlich!«, sagte ich. Pierre zuckte mit den Schultern. »Is ja schließlich ooch wie aufn Erbeben 'n Nickerchen machen, nich?« Allgemeine Heiterkeit.

»Is ja wie bei 'nem Urknall Mittagsschläfchen abhalten, nich?«

»Ja, nu is jut, ick werd mal nach'm Driver kieken!« Ich machte mich auf den Weg zur Rennleitung. Der Sanitäter blickte von seiner Zeitung auf und deutete mit einem Nicken auf die Nebentür. Ich lugte zur Tür rein, der Raum war nicht viel größer als das Feldbett, auf dem Driver lag.

»Mahoni!«, stöhnte er. »Komm mal her!« Ich schloss die Tür und setzte mich an sein Fußende.

»Wir beede, Mahoni. Wir warn doch immer jute Freunde jewesen.«

»Driver, wat los? Du stirbst doch jetzt nich!« Driver hatte einen guten Schuss Hypochondrie in seinem theatralischen Wesen.

»Wer weeß, Mahoni! Ick fühle meine Beine nich mehr.«

»Die sind sicher nur eingeschlafen, du bist gleich wieder fit, Driverchen! Wat denkste, du musst eh glei uffn Bock. Du bist Rennfahrer, Junge.«

Driver schniefte.

»Du warst immer so jut zu mir jewesen Mahoni!«

»Jetz hör uff mit deiner Sterbemasche! Wir sind hier mit der Lady! Du solltest dich zusammenreißen und bei dem verdammten Rennen mitfahren! Du musst dich doch noch anmelden und allet! 'n bisschen Kotze, dir jehts doch wieder jut!«

Ich klopfte ihm auf die Beine. Driver hielt sich sein Kissen vor das Gesicht.

»Mahoni, ick kann nich. Ick muss hier liegen bleiben, echt!«

»Na komm! Driver, denk an deinen Namen!«

»Nee.«

»Komm schon!«

»Nee. Ick steig nich mehr in den Barkas!« Er drehte sich endgültig weg und stopfte seinen Kopf unters Kissen. Ich krabbelte aus dem Kabuff ins Freie. Pierre und Mike krümmten sich draußen vor Lachen. »Wie wenn de uffn Donnerbalken dit Bewusstsein verlierst, nich?«

»Hey Jungs und Mädels! Der Driver spinnt rum, der fährt nich, will nur liegen und sterben.« Es war Mittag geworden und die Maisonne kam ein wenig heraus. Wir blinzelten zum Himmel hoch, für einen Moment gedankenfrei.

»Und nun?« Peggy sah mich betreten an. »Muss 'n andrer fahren!«

»Quatsch!«, sagte ich, »der Driver is der Driver, dit kann keen andrer! Wir waren eh Startnummer 17, dit fällt jarnich uff, wenn wir fehlen.«

»Ach schade. So ein Blödsinn allet! Und die janze Arbeit?«

Ich zuckte mit den Schultern »Is halt, wie wenn de aufm Rücksitz einpennst, danach biste einfach nich mehr zu jebrauchen.«

Wir schlenderten übers Gelände, sahen uns die Strecke an, die zwei Tribünen, es gab ein paar Stände mit Fressalien und Bier, auch einige Ostartikelbuden. Nichts Interessantes darunter.

Dann trafen wir Peggys Vater. Er kam mit ausgebreiteten Armen auf Peggy zu, drückte sie und hob sie hoch. Ich stand ein bisschen blöd daneben. Wie ein Junge ohne Spielzeug.

»Mensch Peggy, du und dein blöder Bademantel! Schön, dich zu sehen!«

Er sah mich durch seine randlose Brille an und fragte dann zu Peggy gewandt:

»Das ist er?«

»Das ist er.«

Mit leicht gesenktem Kopf und ausgestreckter Schüttelhand kam Prof. Dr. Maschke auf mich zu. »Guten Tag, Herr Mahoni! Maschke. Alles in Ordnung?«

»Tachchen. Allet in Ordnung«, sagte ich und nahm seinen

kräftigen Händedruck entgegen.»Mahoni. Oder einfach Toni, wenn Se wolln.«

»Na, das werden wir ja noch sehen. Peggy erzählte mir, dass Sie auch starten?«

»Nee, nee, hat sich grade erledigt. Unser Fahrer hatte 'n plötzlichen Schwächeanfall, wegen dem Ruckeln im Bus, oder so.« Herr Maschke hielt den Kopf leicht geneigt.

»Wegen DES Ruckelns. Genitiv«, sagte er.

Ich sah ihn ungläubig an. Hatte er mich tatsächlich gerade verbessert?

»Aha«, sagte ich.»Dann eben DES Ruckelns, aber wegen mir müssen Se so 'ne Dinge ja nich erst ansprechen. Dit bringt nüscht.«

»Meinetwegen! Nicht ›wegen mir‹, sondern MEINETWEGEN.«

»Vater! Hör uff, du bist nich inna Uni! Du brauchst nicht jeden sofort verbessern, den du gar nich kennst.« Peggy schlug ihrem Herrn Papa auf den Arm.

Herr Maschke drehte sich galant auf einem Fuß zu seiner Tochter und rief aus:»Dich kenne ich! Es heißt ›Du brauchst nicht ZU verbessern‹ – BRAUCHEN mit ZU!«

Er strahlte.»Nicht persönlich nehmen, Herr Mahoni, das ist einfach meine Mission! Denn je genauer die Sprache, desto genauer der Mensch!«

»Meinetwegen«, sagte ich.

»Richtig!«, sagte Herr Maschke.»Also Ihr Fahrer ist erkrankt. So, so. Das Gefährt ist aber in Ordnung? Startklar? Bereit?«

Der Mann hatte auf jeden Fall Humor. Schwierig, aber humorvoll.

»Sozusagen, Herr Maschke.« Ich hielt meine Antworten lieber knapp.

»Ja, dann sehe ich kein Problem, Herr Mahoni. Können Sie fahren? Fahren Sie!«

Er wandte sich an Peggy.»Das wäre doch genial! Alter Freund gegen neuen Freund beim Wettrennen der Kleintransporter!« Peggy verdrehte die Augen.

Ihr Vater wandte sich wieder zu mir, Peggy schüttelte hinter seinem Rücken den Kopf und gab mir zu verstehen, ich solle mich nicht auf ihn einlassen.

»Ick weeß nich«, sagte ich. »Sind doch allet Profis hier, watt soll ick denn da reißen?«

»Profis? Keinesfalls, Herr Mahoni. Reine Spaßveranstaltung. Mitmachen und glücklich werden!« Herr Maschke lächelte aufmunternd. Ich zuckte mit den Schultern. 'ne blöde Situation. Er hatte natürlich irgendwie recht und doch wurde ich nicht schlau aus diesem Verhalten. Wollte er mich vielleicht bloßstellen? Zusehen, wie der Neue Letzter wird? Als guter Auftakt für eine Beziehung mit festen Rollen? Hier der Verlierer Mahoni, Letzter beim Neustrelitzer Barkasrennen, dort Prof. Dr. Maschke, der Mann, der sprechen kann. Auf jeden Fall stellte er mich gerade auf die Probe. Alles Mögliche stellte er auf die Probe: meinen Mut, meine Spontaneität, meine Schlagfertigkeit, mein Fahrkönnen, mein Durchhaltevermögen. Mann! Tolle erste Begegnung. Ich kratzte mich am Kinn und sah mir Herrn Maschke an. Er war nicht viel größer als Peggy, gut gekleidet, aber nicht edel, einfach gut. Anzug, Hemd, Schuhe, Krawatte, wie angeboren trug er seinen Zwirn. Die Brille passte zum grauen Haar, das Haar passte zum Mantel und so weiter. Er musste etwa 55 oder 60 Jahre alt sein, er bewegte sich schnell und exakt. Worte und Gesten aus einem Guss. Und er hatte offenbar eine hervorragende Tochter gezeugt. Erwartungsvoll sah er mich an.

»Peggy!«, rief jemand hinter uns. Ein sportlicher Typ mit dunklen Haaren kam auf uns zugejoggt. »Hey Peggy!« Das war Andi. Er drückte sie kurz und locker, dann sah er Herrn Maschke. »Karl-Erich!«, rief er aus, und dann umarmten sich die beiden Männer vor unseren Augen! Schulterklopfend lachten sie sich an.

»Kennt ihr euch schon?«, fragte Herr Maschke und deutete auf mich.

»Nur vom Hören.« Ich ging einen Schritt auf Andi zu.

»Ah, der Neue!«, sagte der Alte.

»Tach Andi!«, sagte ich, schnappte mir Peggy und zog sie an mich ran. Wenn hier alle 'ne Show abziehen wollen, kann ich das auch.

»Ihr habt auch 'n Barkas? Zeig mal!«, sagte Andi. Ich wies ihm mit dem Finger die Richtung zur Rennleitung. »Der Beige. Die Lady«, sagte ich.

»Aha. Wer fährt?«

»Ick«, sagte ich.

»O nein! Testosteronüberschuss! Haste dir das auch überlegt? Mahoni, echt! Mahoni. Ach. Wenn das mal gut geht.« Peggy zeterte. Ich sah sie einfach nett an. Es gab jetzt kein Zurück. Herr Maschke freute sich: »Na bitte! Na bitte! Ein echter Kampf! Sehr gut, Herr Mahoni!«

Andi kam nun seinerseits einen Schritt auf mich zu. Er war gut einen Kopf größer als ich, kräftiger und schlanker zugleich. Wie konnte das sein? Er sah mich nicht geringschätzig an, eher freundlich prüfend.

»Na dann, bis später auf der Strecke.« Er hielt mir die Hand hin, ich griff danach, halb erwartend, dass er sie zurückziehen und lachen würde, doch sie blieb greifbar und so schüttelten wir Hände. Peggy schüttelte auch, und zwar den Kopf. Um uns herum war das Treiben hektischer geworden, die Autos sollten in die Startpositionen fahren, über Lautsprecher wurden die ersten Startnummern und Fahrer aufgerufen.

»Ick geh mich anmelden«, rief ich meiner Crew zu und hüpfte zur Rennleitung.

Alles lief wie geschmiert. Driver wimmerte immer noch und wollte nicht mal versprechen, sich das Rennen anzusehen. Ich bekam ein Schildchen mit Bändchen, mehr brauchte man nicht. Jetzt hatte ich Lust auf ein Bier. Was soll's! Ich holte mir eins und schlenderte zu meiner Mannschaft.

»Bier?« Fragende Gesichter. Ich winkte ab und genoss den ersten Schluck. Die 17 wurde aufgerufen, ich trank aus, rollte mir eine Zigarette und lief zur Lady. Einsteigen. Durchatmen. Die Kippe und mein Feuer legte ich auf die Armatur. Dann ließ ich den Wagen an und rollte rüber zum Start. Peggy und die Jungs winkten mir unbeholfen zu, Herr Maschke hob grüßend die Arme und feuerte mich an. Die Piste war breit genug für 16 Barkase, ein 17. passte auch noch dazwischen. Die Strecke war aus fester Erde, teilweise auch weicher Sand, eher eine Rallyestrecke.

Es sollten zehn Runden gefahren werden, etwa zwei Kilometer pro Runde. Dünne Birkenstämmchen sprossen aus der Mitte des Rondells, Beifuß, Wermut und Wildblumen. Beide Tribünen befanden sich am Kopf der Runde, höchstens 200 Meter auseinander. Die Sitze waren spärlich gefüllt, unten an der Strecke standen die meisten Leute. Ich machte mich locker. Ich bin einer der vorsichtigsten Fahrer, die ich kenne. Meine Freunde machen sich stets lustig über meine ängstliche Rolle im Straßenverkehr. Aber zehn Runden im Kreis fahren, das kann ich. Ich zündete die Kippe an, legte den ersten Gang ein und wartete auf das Startzeichen. Wo Andi war, konnte ich eh nicht sehen, es war mir auch egal. Die Kippe schmeckte hervorragend, das Bier wuselte in meinem Körper herum. Ich konzentrierte mich. Dann kam einer mit DDR-Fahne und lief Posten vor uns. Er stellte sich an den inneren Rand, schwenkte militärisch herum und Start! Vollgas, zweiter Gang, Vollgas, dritter Gang, Vollgas, vierter Gang, ich war Erster. War das gut? Niemand vor mir. Ach du Anfänger! Erster sein hält man nicht durch. Erste Kurve, zweite Kurve, Geheimgang Nummer fünf! Alle im Rückspiegel. 16 Loser. Ha! Ich hupte und lachte. Die Lady war super! Hatten die anderen etwa den Trick mit den MZ-Vergasern nicht gekannt? Scheiße, war ich gedopt? Sicher tobten die anderen jetzt in ihren Karren. Zweite Runde. Peggy, Pierre, Mike winkten mit offenen Mündern. Ich nahm den Bleifuß runter und ließ die zweite Runde lockerer angehen. Ich ließ sie kommen. Vier Stück. Meine Kurve, kommen lassen, geradeaus, Vollgas! Es machte Spaß! Ich war ein Rennfahrer. Wow. Ich sah mich im Rückspiegel an, ich sah ganz normal aus. Komisch. Dritte Runde, vierte Runde, die Vier hartnäckig an meinem Hintern. War Andi dabei? Scheiß drauf, wer is Andi? Fünfte Runde, sechste Runde. Da! Jemand vor mir. Ach ja! Überrundet! Ich wusste für ein Momentchen nicht, was zu tun ist. Kurz überlegte ich, ob ich ihn überhaupt überholen darf. Irgendwie schlich sich der Denkfehler ein, ich sei automatisch Vorletzter, wenn ich das täte. Dann war ich dran. An seinem Arsch. War der langsam! Ich rollte. Nur eine Sekunde, da war jemand neben mir. Und vor mir. Ich war gefangen und ausgebremst. Ein kurzer Blick rüber. Andi im silbernen Barkas.

Andi auf dem Silberhengst. Grinste und fuhr vorbei. Hinter ihm noch einer. Nix da! Ich schwenkte scharf aus, Bremsengequietsche, Vollgas! Hinter Andi überholte ich den Letzten, den Vorletzten und die anderen Loser, dann freie Strecke. Siebte Runde. Bleifuß!

Los, Lady, zeig's ihm! Heiß war's in der Lady. Höchstleistung auf altem Eisen! Andi ließ mich nicht vorbei, keine Chance auf gerader Strecke. Ich probierte es ein paarmal, doch er hatte die Straße im Griff. Ich muss ein Manöver fahren, dachte ich mir. Ja, ein Manöver! Aber was? Wie geht so was? Ich hatte keine Ahnung. Achte Runde. In meinem Kopf murmelten irgendwelche Stimmen: »An Andi kommst du nich vorbei! Niemand kommt an Andi vorbei!« Ich wurde nervös. Ich wollte noch 'ne Kippe. Ich nahm eine Hand vom Lenkrad und tastete nach meinem Tabak. Blättchen! Ich knüllte ein Blättchen auseinander und hielt es zwischen Daumen und Zeigefinger. Mit der Linken wühlte ich eine Portion Tabak aus der Packung. Ich setzte beide Handballen oben aufs Lenkrad und versuchte mit den Fingern zu rollen. Mist! Kurve! Ich musste wieder alles zusammenknüllen, um zu lenken. Andi klebte an der Innenkante wie ein Carreraauto in der Führung. Ich versuchte es auf seiner Rechten, doch er machte sofort zu. Gerade Strecke. Kippe weiterrollen! Handballenlenken, Fingerakrobatik. Fertig, Anlecken, Zurollen, Gas weg, Kurve! Mann! Was für ein Kunststück! Noch in der Kurve fischte ich mein Feuerzeug aus der Tasche. Wieder geradeaus, neunte Runde. Feuer! Ich nahm einen tiefen Zug, kurbelte das Fenster runter und hielt den Arm raus. »Sieh her, Andi! Ick rauch 'ne Kippe! Allet dufte bei mir, dich krieg ick!« Vor Andi tauchte wieder ein Loser auf. Er musste überholen. Er rechts, ich links, mein Vorsprung! Plötzlich ein Knall! Die Lady brüllte. Urgewalten des Lärms ergossen sich in meine Fahrerkabine. Die Melkustüte! Der geheimnisvolle Schalldämpfer. Die Lady ruckelte. Dann ein Turboschub nach vorn, vorbei am Loser, vorbei an Andi. Ruckeln. Andi wieder neben mir. Ich winkte ihm und zuckte mit den Schultern. Kurve! Ich innen, er außen, ich vorn. Zehnte Runde, letzte Runde, ich rauchte. Ich war der Erste, der Exfreund hinter mir. Ob er Peggy noch liebte? Ob er mich hasste? Ich dachte an die Siegerehrung. Ich sah Peggy vor mir, wie sie ungläubig über den goldenen Siegerkranz um meinen Hals strich, den Blick abwandte, hin zum traurigen Zweiten, der alles verloren hatte. Den Sieg, die Frau, die Ehre. Ein Blick in den Rückspiegel zeigte mir, dass Andi zurückfiel. Hatte er aufgegeben? Die Lady krachte erneut. Eine dünne, schwarze Rauchsäule wirbelte aus dem Motorraum. Ruckeln. Vor, zurück. Ich vibrierte auf meinem Sitz. Kurve. Andi holte wieder auf, die Lady zickte. Er darf nicht verlieren, dachte ich. Mein Sieg wäre ein hässlicher Triumph. Gleichzeitig ärgerte ich mich über meine moralischen Gedanken mitten im Adrenalinrausch. Aber ich konnte nicht anders. Vor mir ein Loser auf dem Weg zur Endkurve. Ich zog nach rechts außen, den Bleifuß leicht lockernd, Andi hielt links innen drauf zu. Die Lady knallte erneut. Ich nahm den Fuß vom Gas, ganz kurz. In die Kurve, alle drei gleich auf. Innen Andi, dann der Loser, ich außen. Endspurt. Andi zog vor, ich gab noch mal Gas, aber es reichte nicht mehr. Zielfahne: Andi. Zielfahne Zweiter: Ick.

Was für ein Gefühl. Ich verstand es für einen Moment. Die Lady knallte weiter und begann zu stottern, dicker Qualm stieg aus dem Motor. Ich rollte rechts ran und hüpfte aus dem Wagen. Jubel allerorten. Kreischend kamen Mike und Pierre, Peggy und ihr Vater angerannt, umhüpften mich und sangen irgendwelchen Schwachsinn. Ich sang sofort mit. Was für ein Riesenquatsch. Rausch, Rausch, Bier, Kippen und tausend Worte. Sichten und Erlebnisse, alle aufgeregt durcheinander, alle fröhlich dasselbe meinend. Dann noch ein Bier. Ich kam langsam runter und zu mir. Schon folgte die Siegerehrung. Driver saß auf einem Kasten und lächelte mir benommen zu, wer weiß, was man ihm gegeben hatte! Andi erster Platz, Mahoni Zweiter, Dingsi Dritter und schon fielen wir uns alle um den Hals. Sekt. Eine Rede irgendeines Ortsvorstehers. Ich hörte ihm zu und hörte nichts. Dann klang langsam alles ab. Als Erste rollten die Loser vom Hof, dann dünnten sich die Zuschauer aus. Peggy wich nicht von meiner Seite.

»Is halt, wie wenn de auf 'ner Horde wild jewordner Elefanten wegpennst!«, rief Pierre Driver zu. Der winkte.

Dann sprang die Lady nicht mehr an. Sie war kalt und blieb kalt, sie hatte ihr Rennen gemacht.

»Lasst stehen den Schrott!«, riet uns der Rennleiter. Wir teilten uns auf, Peggy und ich fuhren in Herrn Maschkes Škoda mit, Mike und Pierre kamen in Andis Civic unter. Driver musste weiterhin unter ärztlicher Beobachtung bleiben. Selig aneinandergeschmiegt, düsten wir durch die Dämmerung nach Berlin rein. Herr Maschke hielt vorne Vorträge.

»Wat is eigentlich mit *deiner* Vergangenheit, Mahoni?«, fragte Peggy. »Irgendwelche Freundinnen, die du mir vorenthältst?«

»O ja«, sagte ich. »Ich war verheiratet.«

»Was?«

»Ja. Is jar nich so lange her.«

»Wat is passiert?« Peggy staunte.

»Ach, dit Übliche. Wat eben so passiert.«

»Und wie war dit? Erzähl doch mal!«

»Soll ick?«

»Ja, los!«

»Na jut. Denn pass ma uff.«

Gänsehaut

Bist braungebrannt und glücklich
Bist wunderschön und dicklich
Bist volljestopft mit Leckerein
Du musst der Weihnachtsbraten sein

Die Weihnachtszeit rückte heran und damit auch diese Sache, die
ich so ewig vor mir hergeschoben hatte. Evis Eltern wollten für
die Feiertage nach Berlin kommen und dabei sollte es geschehen: Das erste Treffen. Eltern lernen Eltern kennen. Man sollte
meinen, das sei nichts weiter Besonderes, schließlich sind dann
einfach vier erwachsene, gereifte Menschen in einem Raum und
müssen für ein paar Stunden höflich sein. Aber da war mehr.
Nicht nur, dass wir heimlich geheiratet hatten, da steckte die gesammelte Angst vor dem Desaster schlechthin drin. Da konnte
man stundenlang mit wach liegen. Da saß man und plante, man
führte im Vorfeld diplomatische Gespräche mit beiden Parteien,
man klüngelte und dünkelte und vor allem grübelte man: was
machte man zu Essen?
Ich dachte mir, dass es zum 1. Weihnachtsfeiertag einfach eine
Gans sein muss. Eine fette, goldene, traditionell zubereitete Gans.
Schlicht und schön, mit Beifuß und Backobst, mit Rotkohl und
Klößen. Wir redeten tatsächlich wochenlang über Zubereitungsart und Zeit, alles sollte einfach klappen. Ich weiß nicht, warum
wir uns da so reingesteigert haben. Eigentlich waren meine und
Evis Eltern ganz normal, keine Choleriker oder Raufbolde darunter. Also hätten wir da voll locker rangehen können, jedoch
es war zu spät. Wir wollten mal so richtig dick aufgetragene
Weihnachtsgans präsentieren, mit gebügelter Tischdecke, mit
Servietten und den richtigen Weingläsern. Kein Fitzelchen, das
unbedacht blieb. Wir hatten alles da, nur die Gans fehlte noch.
Die Gans sollte nämlich der Oberhammer werden: Eine frische,
fette und vor allem glückliche Gans aus guten Verhältnissen.
Eine Gans, die fröhlich und ohne Leid gelebt hat und die man

mit Appetit und reinem Gewissen verzehren kann. Aber besorg mal so ein Ding! Nahezu unmöglich. Ich musste feststellen, dass ich einfach niemanden kenne, der Gänse hält. Und niemanden kenne, der jemanden kennt, der Gänse hat. Schließlich bekam Evis Vater Wind von unserer Gänsesuche und schmiedete auch sofort einen heldenhaften Plan. Er telefonierte bei der spanischen Verwandtschaft herum und siehe da: Eine Señora aus dem Örtchen seines Schwagers hatte fünf dicke, junge und glückliche Gänse und war bereit, eine von den Schwestern zu schlachten. Die Sache war geritzt, jetzt war alles im Kasten.

Evis Vater fuhr also runter nach Spanien, besorgte die Gans, schnappte sich auf dem Rückweg die Mutter und zwei Tage vor Heiligabend trafen sie ein – Vater, Mutter und die Gans. Sie war ein Prachtstück! Die Vorstellung, dass sie am Morgen noch fröhlich über Wiesen gehüpft war, ließ mich zwar leicht schaudern, andererseits war das hundertmal besser, als eine Gans essen zu müssen, die Wiesen nie gesehen hat.

Die Gans war gerupft, geköpft und ihrer Watschelfüße entledigt. Sie besaß eine gelbliche, straffe und unverletzte Haut. Sie war einfach ein Gedicht. Stolz präsentierte Evis Vater den Vogel und ich baute in der Speisekammer sogleich eine kleine Vorrichtung, um die Gans abzuhängen. Irgendwo in all den Büchern und

Internetfetzen hatte ich gelesen, dass man Geflügel nach dem Schlachten entweder ganz frisch verzehren sollte, oder eben noch zwei Tage lang abhängen muss, damit das Fleisch seine edle Note erhält. Sorgfältig hängte ich die Gans an ihren Keulen auf und stülpte zum Schutz noch eine braune Papiertüte locker über das Geflügeltier.

Danach rief ich meine Eltern an und berichtete ihnen haarklein die Einzelheiten, schwärmte ihnen von der Güte und Frische des Vogels vor, um ihnen so richtig den Mund wässrig zu machen. Zwischendurch warf ich meinen Kanarienvögeln entschuldigende Blicke zu und hoffte, sie würden mir die Sache nicht übel nehmen.

Am Sonnabend besorgte ich vom Boxi zwei große, wohlgewachsene Rotkohlköpfe, die ich mit viel Äpfelchen, Portwein und Liebe einschmorte und dann auf den Balkon verfrachtete. Währenddessen bekam ich von Evis Mutter freundschaftliche Ratschläge und einige regional bedingte Unterschiede bei der Rotkohlzubereitung mitgeteilt. Jedoch ließ ich mich nicht erweichen und blieb bei meiner Meinung: Rotkohl muss man mindestens zwei Tage vor dem Verzehr einschmoren und dann einmal täglich aufkochen, nur dann bekommt er seine weihnachtliche Qualität.

Am Sonntag fuhr ich zu meinen Eltern und wir feierten einen feuchtfröhlichen Heiligabend mit jeder Menge nützlicher Geschenke, Bockwurst und Kartoffelsalat. Ich bemerkte, dass meine Eltern ziemlich aufgeregt waren und das Treffen mit Evis Eltern sie ordentlich beschäftigte. Mein Vater ist Kranführer, meine Mutter Artistin im Kinderzirkus, beide urige Ostberliner, immer kess und lustig, sämtliche Blätter waren ihnen über die Jahre vom Munde gefallen. Evis Mutter ist Anwältin, ihr Vater Taubenzüchter, katholische Spanier, die in den frühen Achtzigern in die Pfalz gefahren waren, dort blieben und sich eine neue Existenz aufgebaut hatten. In stillen Stunden fielen mir Tausende Gründe ein, warum dieses Treffen in die Hose gehen könnte. Ständig fragten unsere Eltern mich und Evi übereinander aus. Alle wollten gut präpariert in die Manege gehen. Meiner Mutter bereitete es die größten Sorgen, dass sie am weihnachtlichen Esstisch jemanden siezen sollte. Sie war höllisch aufgebracht von der Vorstellung, in ihrem Alter überhaupt noch jemanden siezen zu müssen und das auch noch an Weihnachten im Kreise der Familie! Zur Beruhigung entwarf ich mit ihr allerlei Szenarien, in denen sie gleich von Anfang an um sich herum duzen konnte, wie es ihr Spaß machte. Sie sollte sich beispielsweise gleich mit ihrem Vornamen vorstellen und kumpelmäßig Schultern klopfen. Oder einfach sofort im zweiten Satz mit der Wahrheit rausrücken: »In meinem Leben sieze ick niemand mehr und biete hiermit dit Du an.«

Am nächsten Morgen bekam ich von meinem Vater noch einige hilfreiche Tipps und Tricks zur Gänsezubereitung, außerdem eine riesige Kasserolle und ein weiteres Rezept mit auf den Weg. Er verabschiedete mich bauchreibend und lippenschleckend und wünschte gutes Gelingen.

Pünktlich um 13 Uhr tauchte ich zu Hause auf. Die Evi-Familie trieb sich in den katholischen Kirchen Berlins herum. Um halb sieben am Abend sollten alle versammelt sein. Eine Gans, besonders eine so fette, braucht mindestens viereinhalb Stunden im Ofen, besser mit fünf Stunden rechnen. Ich hatte also noch fast eine Stunde Zeit, um noch mal ganz in Ruhe über die richtige Vorgehensweise zu meditieren. Alles stellte ich bereit: den Beifuß, die Backpflaumen, Trockenaprikosen, Äpfel, Salz, Kasserolle und ein paar Maronen. Dann ging ich in die Kammer, schnitt die schwere Gans von ihrem Hängegestell ab, zog ihr die Tüte vom Leib und legte sie ins Küchenwaschbecken. Ich pfiff vor mich hin, drehte das Wasser auf und begann die Gans zu waschen. Ihre Haut war wirklich extrem fettig, das Wasser perlte nur so von ihr ab und ich hatte gleich ganz schmierige Finger. Dann griff ich ins Innere hinein. Und kotzte fast ins Waschbecken. Ein widerlicher Gestank furzte aus der Gans und ich hatte die Hand voll modriger Eingeweide. Ich wurde erneut von einem Würgereiz erfasst und schaffte es gerade noch, in den Mülleimer zu kotzen. Ich rannte wie ein Verwundeter ins Bad und wusch mir die Hände mit allen Chemikalien, die ich fand, geschüttelt von weiteren Würgereizen. Ein Geruch von unglaublicher Intensität war aus dem Vieh gekrochen: Verwesung, Krankheit, Tod.

Mein Herz begann zu rasen. Ich hatte die Eingeweide in der Gans gelassen. Hatte die Señora sie nicht ausgenommen? Die ganze Suppe hatte nun drei Tage in ihrem Fleischmantel in der Kammer gehangen und sich in Ruhe zu einem schleimigen Klumpen Pest entwickelt.

Doch ich musste zurück in die Küche. Retten, was zu retten ist! Ich stürmte am Stinkevogel vorbei und kramte mir Gummihandschuhe heraus. Im Kleiderschrank wühlte ich nach einer Taucherbrille und stülpte sie über. So ging es. Ausgerüstet wie ein Quarantänekommando, marschierte ich auf die tote Gans zu. Sie sah so friedlich aus. Radikal griff ich in sie hinein und holte Hand um Hand die dunkle Masse aus ihr raus: Leber, Lungen, blutige Strähnen und Fäden, Fetzen, Herz und Magen. Dann kratzte ich die Innenwände großzügig aus und spülte Unmengen Wasser durch die Gans. Ihre Haut suppte fettig vor sich hin. Ich wusch sie sogar mit Spülmittel und Schwamm ab, trotz der Taucherbrille von herausgebrüllten Würgereizen attackiert. Ich dachte an meinen Vater, wie er mich eben noch so voller Appetit verabschiedet hatte, und mir wurde schlecht. Nicht mal mehr von der Gans. Einfach von der Vorstellung, dieses Tier jetzt zu braten und zu essen. Ein Vieh zu essen, von dem man eben noch Kotzen musste. Ich ließ kaltes Wasser ins Becken und rauchte drei Zigaretten. Dann sah ich nach. Sie sah eigentlich in Ordnung aus. Ich ließ das Wasser ab und beugte mich vorsichtig über sie. Sehr behutsam schnupperte ich an ihrer Haut. Ein unklarer Geruch. Vielleicht war ich auch nur sensibilisiert? Bilder von einem Weihnachtsessen, das mit einer Fleischvergiftung im Krankenhaus endet, stiegen in mir auf. Ich sah die wütenden Gesichter der Väter, die traurigen der Mütter, wie sie sich im Wohnzimmer auf dem Boden wälzten und die Bäuche hielten: »Willst du uns vergiften!?«

Ich roch noch einmal dran. Unklar. Ich hielt meine Nase vorsichtig über die große Öffnung zwischen ihren Schenkeln. Würgereiz. Ich brüllte! Ich wendete mich ab, lief panisch durch die Wohnung. Die Gans war hinüber! Es war bereits 14 Uhr. Es war Feiertag. Alle Geschäfte hatten zu. Alle hatten ihre verdammte Gans schon im Ofen und meine war in der Kammer verrottet!

Ich musste eine neue Gans besorgen! Oder nicht? Hatte ich einfach bloß noch den ekligen Gestank in der Nase? So was soll's geben. Man verbindet ein Bild mit einem Geruch und dann sind die zwei unzertrennlich. Schrecklich! Hoffentlich nicht. Ich hatte keine Lust, bei jedem Brathuhn, dass ich demnächst sehen würde, kotzen zu müssen! Ich ging erneut in die Küche, die Gans beschnuppern. Immer noch dasselbe. Sie war nicht wieder frisch geworden. In diesem Moment klappte die Tür und die Evi-Familie kam vom beschaulichen Kirchenstuhlgesitze zurück. Evis Vater kam fröhlich zur Küche rein: Na, der junge Koch! Ich muss einen sehr niedergeschlagenen Eindruck gemacht haben, denn die drei blieben wie angewurzelt stehen: Was ist denn? Ich zeigte auf den verstorbenen Vogel im Waschbecken. Jetzt ging die ganze Geschichte noch mal von vorn los. Alle rochen an der Gans herum und gaben unterschiedliche Meinungen zum Verwesungsgrad ab, die sie dann beim nächsten Riechen wieder verwarfen und so weiter. Evis Vater begann, die Gans noch einmal mit Spülmittel zu schruppen, allein schon dieses Bild gehörte nicht in die Bratenvorbereitung. Schließlich verhängte der Familienrat folgendes Urteil: Die Gans ist eigentlich noch gut, aber nur von außen. Man kann sie auf Risiko zubereiten, aber nicht mit reinem Gewissen. Toll! Das wird eine Freude!

»Liebe Eltern, liebe Schwiegereltern in spe! Herzlich willkommen zum ersten gemeinsamen Familienessen! Die Gans, die ihr hier so lecker drapiert auf dem Tisch stehen seht, hat vorhin noch mächtig gestunken, ich musste sogar in den Mülleimer brechen. Apropos, den muss ich noch runterbringen! Nichtsdestotrotz haben wir entschieden, sie ist noch gut, aber nur von außen. Seid also vorsichtig mit den Innenseiten und esst nicht einfach so gewissenlos in euch hinein. Guten Appetit!«

Ich griff mir die Gans und ließ sie in den Mülleimer fallen, schnappte mir die Mülltüte, lief zum Hof und schmiss sie in die Tonne. Weg damit. Neuanfang!

Ich überlegte, ob ich meine Eltern anrufen sollte. Es bestand ja die Möglichkeit, dass sie derartiges geahnt und ihrerseits einen Katastrophenplan ausgearbeitet hatten. Allerdings war die Hoffnung darauf zu gering. Es reichte auch völlig, dass Evis Eltern in die Misere eingeweiht waren. Aufgelöst pirschte ich durch die Zimmer und überlegte, wie man um diese Uhrzeit noch an eine neue Gans rankommen sollte. Ich rief meinen Freund Mommsen an. Mommsen ist ein ausgefuchster Gourmet und weit und breit als pingeliger Koch bekannt.

Mommsen steckte jedoch gerade in einer ähnlichen Situation. Elterntreff. »Keene Zeit, Mahoni, fahr zum Ostbahnhof, da haam die untn imma offen, und kiek, wat die noch haben, ick muss weita, hau rin!«

Das war eine Idee. Im Keller des Ostbahnhofs galten irgendwelche Ausnahmeregelungen und dort gab es zwei Supermärkte, die jeden Tag geöffnet hatten. Ich schnappte mir Evi und wir düsten mit Volldampf zum Bahnhof. Der LIDL war vollkommen ausgeräumt. An den Kassen standen nur Sozialfälle und solche, die es noch werden wollten, und stockten ihren Hartalkvorrat wieder auf. Ansonsten: nicht mal mehr panierte Hähnchennuggets im Kühlregal. Schnell flitzten wir wieder raus und rüber in den anderen Markt. Wie ferngesteuert bewegten wir uns im Laufschritt auf die Kühltruhen zu. Nichts! Nur ein einziges, trauriges Suppenhuhn gab der Truhe noch Grund zum Betrieb. Mir schwammen die Felle davon. Am liebsten hätte ich mich zu dem Hühnchen gelegt und mich einfrieren lassen.

Evis Optimismus aber war ungebrochen. Sie zog mich durch die Menschen mit ihren Einkaufswagen zum Frischeregal und begann, es systematisch nach möglichem Ersatzfutter abzusuchen. Schweineschnitzel. Niemals! Kassler. Ach, komm! Hier, Lammhufen. Kalbsschnitzel, Rinderhack, Hähnchenklein, Schweinekrustenbraten. Es war zum Verzweifeln. All diese abgepackten Fleischreste konnten doch niemals die großartige Ankündigung einer Weihnachtsgans wiedergutmachen. Ich wollte das Fleischregal aus der Verankerung reißen und im Markt damit um mich dreschen. So, liebe Eltern, seht doch mal die feinen Bouletten! 200 Stück, das war 'ne Menge Arbeit! Und vorneweg: eine feine Hühnerbrühe aus Schlachtabfällen.

Ach, die arme Gans. Wie sinnlos war ihr Tod. Am Donnerstag früh noch war sie jung, schön und voller Leben über spanische Biokräuterwiesen stolziert. Dann war ein dicker Mercedes vorgefahren; die nette Señora, die immer so feine Körnchen hatte, war aus dem Haus getreten, hatte gelockt und gerufen. Dann hatte sie plötzlich zugepackt und sie bei den Füßen gegriffen. Da war sie ganz still gewesen und hatte sich tot gestellt. Und zack! wurde ihr die Gurgel durchgeschnitten, sie wurde aufgehängt, gerupft, gebrüht und abgebrannt, Kopf ab, Füße ab, aufgeschlitzt und ausgeweidet, dann alles wieder reingesteckt, eingetütet und nach Berlin gebracht. Hier wurde sie in eine dunkle Tüte gestülpt und aufgehängt bis sie einfach verfaulte. Am Montag wurde sie abgewaschen, mit Tensiden geschrubbt und zusammen mit einem Schwall Kotze in die Mülltonne geworfen. Das ist mal 'ne wirklich traurige Weihnachtsgeschichte.

Trotzdem! Ich musste jetzt ein weihnachtliches Essen auftreiben, sonst war der Abend gelaufen. Das Desaster nahm geradezu körperlich schmerzende Formen an, als Evi kopfschüttelnd zu mir trat. »Alles leer!« Was nun? Wir fahren aufs Land. Wir fahren nach Brandenburg und fragen da herum, ob noch irgendjemand einen sonst wie gearteten Weihnachtsvogel hat! Evi nickte skeptisch, aber was hatten wir für eine Wahl. Vom Ostbahnhof fuhren wir Richtung Norden, dann auf die A 11 aus Berlin raus. Die Landschaft hätte nicht unwinterlicher wirken können: Nicht ein winziger Fetzen Schnee, das Thermometer zeigte zehn Grad plus an. Die Autobahn war gespenstisch leer, nur ganz wenige arme Tröpfe tuckerten noch zu ihren Verwandten, wir rasten mit einem Höllentempo über den Asphalt. Dann, Ausfahrt Lanke, eine der Ersten, bogen wir ab und trudelten in irgendeinem Dörfchen ein. Die Fenster der wenigen Häuser an der Straße waren mit Lichterketten und Elektrokerzen geschmückt, kein einziger Mensch trieb sich auf der Straße rum. Ich sah auf die Uhr. 16 Uhr durch. Kurz entschlossen klingelte ich am Gartentor des ersten Häuschens. Am Fenster bewegte sich kurz etwas hinter der Gardine, sonst blieb alles ruhig. Nichts. Ich lief zum zweiten Haus, Evi hinterher. Ich klingelte und eine alte Dame spähte durch die Tür.

»Hallo, Mahoni, und das ist Evi. Wir suchen nach einer Gans für den Weihnachtsbraten. Haben sie zufällig eine übrig? Oder kennen Sie je...«

Die Alte schlug die Tür zu, und zwar so laut, dass es etwas Endgültiges hatte. Evi schlug vor, dass wir uns aufteilen, damit wir schneller die Häuser durchhatten. Sie übernahm die andere Straßenseite, ich blieb auf dieser. An der nächsten Tür machte ein junger Mann auf, der ordentlich einen sitzen hatte. Er hatte zwar keine Gans zu vergeben, er hatte nicht mal selber eine, aber er war allein und freute sich, jemandem ein Ohr abkauen zu können. Nachdem ich ein paar Minuten Zeit verloren hatte, aber keinerlei Informationen bekam, konnte ich mich endlich von meinem neuen Freund lösen und zum vierten Haus stürmen. Nichts. Die Leute waren entweder misstrauisch, stur oder absolut desinteressiert an unserer Not. Evi hatte auf ihrer Seite auch kein Glück und nach einer halben Stunde hatten wir das ganze Dorf durch. Wir liefen zum Wagen zurück und fuhren weiter in die brandenburgische Pampa hinein, ab zum nächsten Dorf. Die gleiche Geschichte! Als wir fast am Ende waren, trafen wir auf eine rüstige Alte. Die gab uns den Tipp, beim Pastor im Nachbardorf zu fragen. Der hatte im Sommer einige Gänse gehabt, das wäre einen Versuch wert. Also düsten wir dorthin und suchten das Pfarrhaus. Ich drückte die Klingel und ein verschmitzter, rundlicher Herr mit Schürze erschien. Er winkte uns sofort ins Haus, als ich mit meiner Geschichte begann, und schon standen wir in einem Flur, in dem es nach Bauernhof und Bratenfett roch.

Der Pastor verschwand kurz und wir sahen uns unruhig um. Ein Blick auf die Uhr sagte mir, dass es schon um fünf am Nachmittag war, draußen dunkelte es bereits. Das würde ein spätes Weihnachtsessen werden! Aber besser als gar keins. Der Pastor kam zurück, er hatte die Schürze abgebunden und ein Hemd angezogen. »Herzlich willkommen, seid meine Gäste!«, rief er und winkte uns in die Stube.

»Nein, nein …«, hob ich an, doch der Typ rannte zum Tisch und bat uns, Platz zu nehmen. Ich winkte ab und erklärte ihm hektisch, dass wir keine Zeit hätten, mit ihm zu essen. »Wir brauchen eine Gans zum Mitnehmen, zu Hause warten die Eltern!«

»Ach so«, er stand unschlüssig hinter dem Tisch. »Aber ich habe extra für überraschende Gäste gedeckt.« Es war absurd. Er schmollte und sah uns an.

»Haben Sie nun noch eine Gans, die Sie uns verkaufen können? Eine Frau aus dem Nachbardorf meinte, Sie hätten ein paar Gänse?« Ich hatte jegliche Höflichkeit dem Zeitdruck geopfert. Zack, zack musste jetzt alles gehen, sonst waren wir verloren!

Der rundliche Pastor schüttelte den Kopf. »Ich habe noch zwei Gänse im Stall. Aber Sie werden um diese Zeit niemanden finden, der sie schlachtet und rupft. Es ist Weihnachten, es ist spät am Abend!«

Verdammt, er hatte zwei Gänse im Stall! Ich überlegte, ob man sich nicht schnell eine schnappte und ihr den Kopf abschlug.

Ich war verzweifelt: »Dann verkaufen Sie uns doch schnell eine von den Viechern. Wir schlachten sie selber und rupfen sie im Auto!«

Er sah mich schief an und Evi protestierte. »Auf keinen Fall! Im Auto wird nicht gerupft! Wie stellst du dir das überhaupt vor!? Das kannst du doch gar nicht!«

»Wird schon nicht so schwer sein«, rief ich.

»Nichts da!« Mit Evi war das nicht zu machen.

»Tja, dann …«, sagte der Pastor und deutete auf die Tür. Aus dem herzlich einladenden Geistlichen war ein mürrischer Bauer geworden.

»Könnten Sie uns nicht wenigstens Ihren eigenen Braten verkaufen? Es ist wirklich wichtig! Leben und Tod hängen davon ab!«

»Gehen Sie jetzt bitte!«, war die Antwort.

»Aber unsere Eltern! Sie treffen sich heut zum ersten Mal bei uns und … und … wenn wir keinen Braten haben, wird das die schlimmste Katastrophe überhaupt!«

»Raus jetzt!«, rief der Pfaffe zornig.

Wir trabten aus dem Haus auf die Straße und hörten die Tür hinter uns zuknallen.

»Mist!« Ich drehte mich im Kreis und der Albtraum wurde wahr.

»Ach, komm, lass uns nach Hause fahren, wir machen einfach irgendwas zu essen. Überbackenen Toast oder so, ich habe keine Lust mehr!« Evi spielte missmutig an ihrem Reißverschluss.

»Ein Dorf noch, Evi, o. k.? Ein Dorf noch!«

Also preschten wir erneut über die Landstraße und landeten in einem winzigen Dörflein mit nur drei Gehöften. Das erste war leer, aber beim zweiten öffnete uns eine freundliche Frau. Nach einigen Erklärungen erwiderte sie, sie hätte zwar keine Gans, aber zwei junge Karnickel. Die könne sie uns verkaufen, allerdings seien sie tiefgefroren und nicht billig. Wir sahen uns kurz an, dann sagten wir zu. Nach ein paar Minuten erschien sie mit ihrem Mann, der hielt die beiden Viecher und schmatzte etwas in seinem fettigen Mund.

»Oh, haben wir sie beim Essen gestört …?«

»So sieht's aus. Hundertvierzig Euro für beide!«

Er schien nicht ganz bei Trost zu sein. »Waaaaaaas?«, riefen Evi und ich gleichzeitig.

»Hundertvierzig und dit sind eure. Ansonsten …«, er deutete in die Luft, »nichts!«

»Aha«, ich überlegte kurz. Es war halb sechs. Mit etwas Glück waren wir gegen sieben Uhr zu Hause. Die Dinger waren gefroren, mussten also mindestens eine Stunde im heißen Wasser auftauen, dann noch zwei Stunden Zubereitung, um zehn Uhr abends könnte es Essen geben.

»Hundert Euro«, sagte ich. Der Mann lächelte.

»O. k.!«, sagte er.

O nein, dachte ich.

Wir reichten ihm die Scheine, er gab uns die Kaninchen. Im Auto steckte ich mir eine Kippe an und raste wie ein Irrer über die Dörfer.

»Nun fahr vernünftig!«, mahnte Evi. Kurz vor der Autobahnabfahrt winkte uns ein Bulle raus. Was machten die um diese Zeit, an diesem Tag auf der Straße!»Verkehrskontrolle, Sie sind zu schnell gefahren! Führerschein, Fahrzeugpapiere bitte!«

Ich hatte nichts dergleichen dabei und der Bulle kostete uns fast eine halbe Stunde. Obwohl ich auf ihn einredete und ihn belehrte, dass er gerade einen schlimmen Fall von Familienunglück heraufbeschwor, ließ er in aller Ruhe meine Angaben überprüfen und checkte gemütlich das Auto durch.

Evi fuhr dann weiter und erst um acht Uhr erreichten wir die Wohnungstür.

Ich schloss auf und stürmte ins Zimmer, unter jedem Arm ein leicht angetautes Karnickel.

Es roch verdächtig nach Buletten. Aus dem Esszimmer drang Gekicher und das schwere Gelächter meines Vaters. Ich öffnete die Tür und dort saßen unsere Eltern mit geröteten Gesichtern und stießen hochprozentig an.

»Du bist 'n dufter Kerl!«, rief meine Mutter Evis Vater zu. »Du aber auch!«, rief der zurück und dann kippten alle nicht mehr ganz so vornehm ihre Schnäpse runter.

»Hallo!«, sagte ich vorsichtig. »Alles klar?«

»Da seid ihr ja!«, rief Evis Mutter.»In der Küche stehen noch Buletten, die könnt ihr euch warm machen. Und Kartoffelsalat, wenn ihr wollt!«

Ich klappte meinen Mund wieder zu und ging in die Küche zu Evi. »Die sitzen da drinne, saufen und duzen sich und sind satt von Buletten.«

»Na siehste!«, sagte Evi.»Dann frier mal die Karnickel ein und komm mit ins Zimmer!«

Ich tat, wie mir geheißen, dann stillten auch wir unseren Hunger an den übrigens vorzüglichen Buletten, eine Gemeinschaftskreation unserer Mütter, und es wurde ein heiterer Abend.

Man sollte den Alten einfach wirklich mehr zutrauen, schließlich haben die schon ganz andere Sachen erlebt.

Allerdings entpuppte sich das Treffen unserer Eltern recht bald als übereilt, denn ihre lieben Kinderchen gingen auseinander. Wenigstens sind die Buletten gut gewesen.

Fleisch

Nur die allerstärksten Mägen
Trauen beim Kauen sich zu erwägen
Dass die ganzen Köstlichkeiten
Tiere waren zu andern Zeiten

»Buletten?«, fragte Peggy.

»Ja sicher, hervorragende Buletten!«, ich nickte ihr zu.

»Klingt alles recht häuslich.«

»Ja. Dit wart ooch.«

»Und biste traurig, dass de jetzt so 'ne durchgeknallte Zicke im Bademantel hast und nich deine tolle Evi?«, fragte sie, tonlos wie bei einer Scherzfrage.

»Soll ick ehrlich sein?«, fragte ich sie lächelnd.

»Nee«, sagte Peggy.

»Na ja, 'n bisschen mehr bemuttern könnteste mich schon ab und zu mal.«

»Wat soll dit heißen? War dit jetzt ernst jemeint oder unehrlich?«

Peggy hielt den Kopf schräg und nahm die Brille ab.

»Is echt keen einfachet Thema.« Ich kratzte mich am Kinn und suchte den Ausgang aus dem Fettnäpfchenlabyrinth. Ich wusste, was eine Frau hören will, ich wusste, was eine ehrliche Antwort ist, ich hatte keine Ahnung, wie man das mixt, ohne beides zu versauen.

»Peggy, ick liebe dich. So sieht dit aus. Und meene gesamte Vergangenheit lieb ick ooch. Fast allet jedenfalls.« Ich nickte aufmunternd mit dem Kopf. Die Aufmunterung funktionierte und das Thema war vom Tisch.

Mein Cousin hatte zum Grillen auf seinen riesigen Balkon geladen. Ich sollte noch einige Steaks organisieren und radelte mit meiner frisch erworbenen Gebraucht-Gazelle nach Mitte. Ein enormer Hunger vernebelte mir die Sinne, denn ich hatte mich bisher nur von dem Gedanken an die Leckereien des Abends ernährt. Frankfurter Allee entdeckte ich plötzlich einen Fleischstand, der mit einer Fahne geschmückt war, auf dem das gute, alte »Heiße Wurst« prangte. Ich machte eine Vollbremsung, stieg ab und stellte mich an, schwitzend ob der enormen Frühjahrshitze.

Die Sonne schien unerbittlich auf mein Haupt, welches ich ihr leider ungeschützt darbot.

Obgleich nur eine einzige Frau vor mir dran war, dauerte ihre Bestellung bereits einige Zeit. Aber einem echten Wurstfreak vergeht nie so leicht die Lust auf eine heiße Bocki. Nun war ich dran. Die Wurstfrau war eine sehr dicke Dame mit kurz frisierten, knallroten Haaren.

»Haam wa nich!«, brüllte sie mir fröhlich zu, bevor ich ihr mein Anliegen mitteilen konnte.

»Ach?«, entfuhr es mir. Stark verwirrt sah ich in die Auslage, die eigentlich noch recht gut mit Bockwürsten bestückt war.

»Nee, nee, wir haam allet, wat willste denn, Kleener?«

Kleener. Aha. Die dicke Dame war höchstens genauso alt wie ich, wenn nicht gar jünger. Aber egal, sie hatte mich in der Hand. Mit ihrer Eröffnung hatte sie mich derartig aus dem Konzept gebracht, dass ich mich sowieso wie ein Schulanfänger fühlte.

Ich bestellte also eine heiße Bockwurst mit Senf und Brötchen und löhnte hierfür achtzig Cent.

An einem schattigen Plätzchen verzehrte ich meine Eroberung und hatte wieder dieses gute Gefühl, welches sich nur einstellt, wenn man herzhaft in eine frische Bockwurst beißt. Diese Bockwurst war die beste meines Lebens. Die Pelle war kaum spürbar, so zart und dünn war sie. Das Brät einmalig. Sanft gewürzt, weich geknetet, saftig, nicht wässrig. Das Brötchen wie frisch gebacken, der Senf aus Bautzen. Perfekt. Kurz überlegte ich, mir gleich noch eine Zweite zu genehmigen, aber das hätte mir nur den ersten Eindruck verfälscht. Ich nahm meinen ganzen Mut zusammen und ging noch mal zu der Wurstfrau.

»Diese Bockwurst war ja wirklich vorzüglich! So 'ne jute kriegt man selten!«, sagte ich freundlich und wippte dabei vor ihrem Stand auf den Zehenspitzen herum.

»Dit *is* die beste Bockwurst«, sagte sie nur und nahm mir die

Pappschale aus der Hand. »Jeden Mittwoch sind wa hier. Nich. Weißte Bescheid.«

»Ja«, sagte ich, »weiß ick Bescheid. Wo kommt ihr denn her mit dem Stand?«

»Aus Hackleben simma. Anna 96. Schlachtereibetrieb Köpke, wie man ja auch allet hier lesen kann!« Sie zeigte mit ihren dicken Fingerchen auf das Schild über sich.

»Ach, und allet glückliche Schweine, ja? Richtich mit Bauernhof und allem Drum und Dran?«

Sie beäugte mich skeptisch. »Ja, is allet wie im Märchenland bei uns. Biste vonne Kontrolle oder wie?«

»Nee, ick wollt bloß ma wissen. Aus Interesse. Wo dit allet so herkommt, wat man in sich reinstopft. Man kennt ja hier sowat allet jar nich.« Ich lächelte sie mit allem Charme an, den ich aufbringen konnte.

»Dit soll hier aber keene schiefe Anmache werden, oder wie?« Sprach's und klatschte einen Batzen Schweinehack in eine Edelstahlschale.

»Gott behüte! Dit würd ick mir nich erlauben. Mir hat bloß einfach deine Bockwurst so jut gefallen, aber ejal. Jetz nehm ick erstma noch zwölf Schweinekammsteaks und zwölf Bratwürste.« Ich bezahlte, griff mir mein Paket und stieg wieder aufs Rad.

Beim gemütlichen Radfahren dachte ich mir, wie schade es doch ist, dass man so selten an Leute gerät, mit denen man etwas anfangen kann. Wie gerne hätte ich einfach mal den Bauernhof und die Schlachterei besichtigt, wo die wahrscheinlich beste Bocki der Welt herkommt. Aber die Leute trauen einander nicht. Ich beschloss, ihre Sturheit einfach zu ignorieren und am nächsten Mittwoch noch mal nachzufragen. Kost ja nüscht.

Peggy war schon vor Ort und ließ es sich nicht nehmen, den Grill zunächst mit albernem Gemüse in Alufolie zu besetzen. Doch das Fest wurde gekrönt durch die wunderbaren Bratwürste und allein dieser Umstand festigte meinen Entschluss. Nachforschungen am Mittwoch!

Ich konnte es kaum erwarten. Immer wieder musste ich an diese zarte Bockwurst denken; ich konnte überhaupt keine andere mehr anfassen, ich wollte nur diese.

Die dicke Rothaarige stand schmatzend in ihrem Wagen und sortierte Würste. Ich schlich vor die Auslage und grüßte höflich. »Wunderschönen guten Tag, die Dame!«

»Moment!«, kam gelangweilt zurück. Ohne ihren einzigen Kunden weiter zu beachten, sortierte die Dicke ihre Würste weiter in die Schalen. Als sie fertig war, drehte sie sich um und wischte sich die Hände an einem hübschen, kleinen Handtuch sauber. Eine weitere Drehung und schon gehörte ihre Aufmerksamkeit mir. Ich öffnete die Lippen, im selben Moment schon kam ihr Schlachtruf: »Haam wa nich! Hahaha!« Diesmal war ich vorbereitet und ließ mich nicht beeindrucken.

»Dann nehm ick 'ne Bockwurst bitte, komplett!«

»Eine Bockwurst für den jungen Mann!«, rief sie, als ob hinter ihr jemand auf Bestellungen wartete. Dann schnappte sie sich die Wurstzange und machte ihren Job.

»Senf?«

»Logo!«

»Nee, so logo is dit nich. Viele nehm ooch Ketchup.«

»Aha. Ick wollt noch wat anderet fragen. Wegen ihrer Schlachterei. Die Bratwürste neulich warn ja ooch so lecker!«

Die Dicke sah nicht auf von meiner Bockwurst.

»Jedenfalls hab ick mich jefragt, ob sie da ooch Führungen machen, bei Köpke.«

Skeptisch kniff die Wurstfrau die Augen zusammen und lugte rüber.

»Nee. Brötchen?«

Ich nickte. »Und so, wenn jemand fragt? Ick würde mir so jerne ansehen, wie Sie diese einmalige Bockwurst herstellen, und die Schweine will ick ansehen.«

»Kleener, wir haben keene Schweine, dit is 'ne Schlachterei. Die Schweine werden jeliefert, dootjeschossen und zerhackt. Dit is nüscht für Stadtjungs. Und uff de Finger kieken se uns schon jenuch, da broochen wa nich noch mehr Spürnasen. Kapiert?«

Die Dicke warf die Pappschale fast auf die Theke.

»Achtzig Cent!«

»Stimmt so«, sagte ich mehr zu meinem Euro als zu ihr.

Das Pfingstfest rückte heran, erste Anmeldungen für Prollwitz flatterten bei Felix rein. Fast der gesamte Berliner Chaotenklub freute sich auf drei angeblich entspannte Tage auf dem Land. Felix sagte wie immer zu allen: »Klar, kommt rum, denkt an Schlafsäcke.«

Die Berliner Nächte waren noch etwas kühl, aber am Tage konnte man schon schön für den Wäschekorb produzieren. Angenehme Badestunden, kühle Biere und jede Menge Gegrilltes waren Aussichten, die einen nach Prollwitz lockten. Da kam mir die Idee, wie ich doch noch zu meiner Bockwurstherstellungsbesichtigung kommen könnte. Ich trug sowieso seit einigen Jahren die Idee mit mir herum, ein Bockfest zu veranstalten. Der Zug war zwar abgefahren, denn das wäre ein Maifest. Ich stellte mir vor, mit einem Haufen Freunde auf der Wiese abzuhängen, heiße Bockwürste zu futtern, dazu jede Menge Maibockbier und als Veranstaltungshighlight Bockspringen. Vielleicht im Oktober, da gab's auch frisches Bockbier. Jedenfalls rief ich Manni in Prollwitz an, um ihm von meiner Idee fürs Pfingstfest zu erzählen.

»Schlachtefest?« Manni klang sofort abgeneigt. »Nee, doch nich, wennt so heiß is, dat kannst in Herbst tun, kannst dat, nich wennt so heiß is nich!«

»Aber wieso denn? Wir essen doch alles weg auf der Stelle! Da kommen bestimmt dreißig bis vierzig Leute aus Berlin diesmal, die grillen doch da eh immer 'n halbet Schwein weg.«

»Nee, nich, wennt so heiß is, dat kriegst nich wech mit die schlechten Esser, dat sin mal auch drei Zentner, dat frisst dir keiner auf.«

»Ach Manni, wir können doch Wurst machen und allet. Ick versprech dir, dit Schwein is im Nu aufjejessen! Bitte!«

Manni räusperte sich mehrmals lautstark. Ich versuchte es weiter. »Die großen Schlachtbetriebe, die machen ja ooch keene Sommerpause. Manni, komm! Wir machen 'n richtiet Schlachtefest!«

Manni schnaufte. »Ja dat kost aber auch 'ne Ecke wat.«

»Wie viel denn unjefähr?«

»Schwein bei zwei Zentner krichst nich unter zweihundert und der Metzger kost dich auch noch hundert mindestens, nich!«

»Na denn machen wa doch dit allet selber. Holste nur dit Schwein, Wurst machen wa alleene.«

»Ja, ick weeß nich, wot doch so heiß is.«

»Ach Manni. Jeh doch mal rumfragen, ob de überhaupt noch eens besorgen kannst so kurz vor Pfingsten. Dann könn wa ja weitersehen.«

»Jut, tschö, Toni, rufste an denn morjen oder so!«

»O. k., machet jut, Manni!«

200 Euro für 100 Kilo Schwein! Das is doch 'n Schnäppchen, und mit Mannis Landmannerfahrung ist allet im Nu zu grillfertigen Nackensteaks, Koteletts und Schnitzeln verarbeitet! Sülze! Leber und Blutwurst und vor allem Bockwürste! Ich geriet in Blutrausch, in Wursttaumel. 200 Euro gaben wir sonst eh für die Mengen an Grillfleisch aus, die an so einem Pfingstwochenende verdrückt wurden. Ich begann herumzutelefonieren, um die Kohle einzutreiben.

Am nächsten Tag ging Manni nicht ans Telefon, am übernächsten Abend meldete er sich von selbst.

»So, Toni, ick hab die Sau.«

»Wat, ehrlich? Is ja super! Denn könn wa ja loslegen Freitach!«

»Ja«, sagte Manni.

»Wat los? War teuer?« Manni hörte sich geknickt an.

»Nee, normaler Preis hier bein Bauern jejenüber. Der hat die Sau verkooft an mich, hatter. Die kommt zweieinhalb Zentner, hatter zweihundertfuffzich für jenommen für die Sau.«

»Und is wat nich in Ordnung, Manni, du wirkst so, äh, jeknickt?«

»Nö, nö, die Sau jehts jut, die rennt hier rum auffa Wiese.« Ich schluckte unwillkürlich.

»Die rennt rum, die Sau? Die lebt noch? Ick dachte, … ick dachte, man holt die so in Hälften ab oder so. Nich?«

»Nee.«

»Ach.«

»Jor. Nu isse hier, die Sau. Nu könnt kommen und dootmachen und wegschlachten, allet.«

»Ach.« Ich wusste nicht viel mehr zu sagen und verabschiede

mich. Irritiert ließ ich die Beine vom Küchentisch baumeln, auf dem ich hockte. An ein lebendes Schwein hatte ich nicht gedacht. Keine Ahnung, wieso. Alles schien klar mit einem Mal. Ob es schon einen Namen hatte? Wie alt war es? Fühlte es sich jetzt wohl auf der Wiese in Prollwitz? Ich schlappte rüber in unser Zimmer und tippte der computerspielenden Peggy auf die Schulter. »Hm. Wat los?«, fragte sie, ohne aus ihrem Kampfjet auszusteigen.

»Ick gloob, ick hab Mist jebaut, Peggy.«

»Echt? Wat denn?« Peggy ballerte in rasantem Flug auf böse Flugzeuge, die ebenfalls ballerten.

»Na mach ma erstma zu Ende, da.« Ich haute mich auf die Couch und drehte Kippen. Nach neun Kippen war Peggy abgeschossen und trudelte qualmend auf die Erde zu. Ich qualmte auch.

»Könntest wenigstens dit Fenster uffmachen«, sagte meine Süße und machte das Fenster auf. Nun konnte der Qualm abziehen. Der Qualm aus dem Computer nicht.

»Also ick wollte 'n Schlachtefest machen in Prollwitz, Pfingsten jetzte.«

»Oh, fantastisch!«, summte die kleine Vegetarierin.

»Und hab bei Manni 'n Schwein bestellt.«

»Toll!«

»Jetzt rief er an und sagte, dasset noch lebt. Steht da uffde Wiese und is quietschvergnügt.«

»Und?« Sie sah mich verständnislos an.

»Na, et lebt noch!«

»Dit hat Schlachten so an sich, dass erst wat lebt und denn zerhackt wird.«

»Ick dachte aber, wir machen Wurst und grillen und so. Nich 'n Blutbad. Ick gloobe, dit kann ick nich.« Ich zuckte bei dem Gedanken. Wie tötet man überhaupt so ein Schwein? Peggy setzte sich neben mich und berührte meinen Arm.

»Siehste, Mahoni, jetzt haste die Wahl. Du musst töten, um dein ollet Fleisch zu essen. Oder du lässet bleiben und futterst 'ne schöne Gurke. Das ist einfach die Entscheidung, die sie euch abnehmen, die großen Fabriken, die Massentierhaltung, die glitzernde Fleischthekenwelt, die Werbung. Nie sieht man in der

Werbung, wie die Schweine abgeschlachtet werden. Man sieht nur Produkte, Produkte, Produkte. Und ihr Fleischfresser stopft alles in euch rein, macht Witze über Vegetarier und haltet euch für starke Krieger. Aber einmal einem denkenden Wesen in die Augen sehen und es abstechen, um es zu fressen, und schon isset vorbei mit dem Heldenmut! Da habt ihr Angst. Und dann macht ihr einfach weiter. Obwohl ihr wisst, ihr könnt es nicht, fresst ihr weiter Tiere, ohne zu wissen, wie sie aussahen, wo sie herkamen, wer ihre Mörder waren. Ihr fresst einfach die Produkte einer riesigen Mörderindustrie! Und zu Hause streichelt ihr eure Kaninchen und seid zu feige, ein verdammtes Schwein zu killen!«

Peggy war aufgestanden und gestikulierte herum.

»Nu scher mich doch bitte nich mit allen Fleischfressern über een Kamm! Ick wollte dir von meinem janz persönlichen Dilemma erzählen, nich über die janz große Scheiße reden. Ick koof ja nu schon extra Biokacke, ick mach ja und tu!« Ich drückte die Kippe aus und schnappte mir eine neue.

»Dit is aber immer die janz große Scheiße! Jenau darum jehts doch! Um allet jeht dit. Immer. Um konsequentet Verhalten! Man muss sich wehren gegen die große Scheiße, sonst wird man selbst 'n Teil davon! Und Biofleisch hat ooch mal jelebt!«

»Du hast ja recht«, gab ich zu. »Aber andrerseits zwingste mich jetzt geradezu, dit Schwein zu schlachten! Du gloobst doch nich, dass ick jetzt wegen dieser Sache für immer uff Fleisch verzichte.«

Peggy nickte. Sie setzte sich wieder und streichelte meine Hand.

»Überleg's dir …« Sie fuhr mit den Fingern über meinen Handrücken. »Noch klebt kein Blut an diesen Händen …«

»Also weeßte!« Ich löste meine Hand aus ihrer und schmollte in die andere Richtung. Dann muss das Schwein eben dran glauben. Wie viel Schweine hatte ich wohl schon gegessen in meinem Leben? Auf eins im Jahr kam ich bestimmt. Zwanzig, dreißig Schweine waren schon durch meinen Körper gewandert und ebenso viele sollten mindestens noch folgen, wenn alles klappte. Sollte diese Sache hier die Berechtigungsprüfung sein, dann musste ich tun, was zu tun war.

»Na, wir werden sehen, was passiert. Das Schwein ist dort, wir fahren hin und der Rest muss sich zeigen.«

Peggy zog den Bademantel fest um sich.

In der Nacht schlief ich unruhig, geplagt von seltsamen Träumen. Ich saß auf einer Wiese, neben mir ein beeindruckendes Schwein mit Zylinder und Krawatte. Es war ein extrem vornehmes Schwein und stellte sich höflich vor. Ich wusste, dass es heute geschlachtet werden sollte, und die Menschen im Dorf warteten nur noch auf mein abschließendes Urteil. Das Schwein hieß Ernst und rauchte eine Pfeife mit Wiesenkräutern.

»Ja, das ist alles sehr unangenehm für mich«, sagte Ernst. Ich nickte und fühlte mich klein.

»Ich werde Ihnen helfen, Ernst!«

»Ja, das ist lieb von Ihnen. Sie sind nicht so wie die Leute im Dorf. Die halten mich für ein Stück Fleisch.« Ernst rückte er seinen Hut zurecht und schüttelte voller Bedauern den Kopf.

»Wenn das hier überstanden ist, mache ich erst mal Urlaub! Mein Freund Manni hat mich nach Prollwitz eingeladen, zum Pfingstfest.«

Ich horchte auf.

»Was? Nach Prollwitz? Nein, Ernst, gehen Sie nicht dorthin, das ist eine Falle! Gehen Sie nicht … eine Falle …«

Ich erwachte im sanften Licht des viel zu frühen Morgens und wälzte mich neu zurecht. Peggy murrte im Schlaf. Meine Synapsen knüpften einen neuen Traum zurecht; meine Transmitter mischten die Bilder neu zusammen und ließen mich ängstlich in einer riesigen, dunklen Halle stehen. Ich tastete im Halblicht herum und stieß mit den Fingern auf etwas Hartes. Es war mein Fleischbeil aus der Küche. Ich zog es heran und fühlte mich etwas sicherer. Manni trat in einen Lichtkegel, irgendwie wurde eine Bühne daraus. Ich war Zuschauer, neben mir standen nun auch andere Leute. Alle trugen abgerissene Klamotten und waren schmutzig wie ich. In ihren Händen hielten sie Fleischbeile. Wir starrten zur Bühne hoch, auf der Manni absurd geschminkt in pantomimenhafter Pose ausharrte, wässriges, gelbes Licht auf sich gerichtet. Im Hintergrund ragten rostige Gerätschaften bis in den nicht enden wollenden Himmel der Halle. Uralte LPG-Schlachtmaschinen, das wusste ich im Traum. Manni machte einen Schritt auf uns zu, sein Gesicht zu einer wütenden Fratze verzerrt. »Geschlachtet wird im Herbst!«, schrie er in langgedehnten Worten und fror sofort wieder ein. Um mich herum brach Jubel aus. Die Menschen applaudierten und schlugen ihre Fleischbeile aneinander. Es klirrte und scheppterte. Der Lärm wuchs zu einer Sinfonie an, ich drückte mich auf den Boden und versuchte, zwischen den dreckigen Beinen der Menschen hindurchzukrabbeln, bis Peggy mir auf den Arm schlug.

»Jetzt hör uff!« Sie saß im Bett und blickte mich empört an.

»Oh, hab geträumt …«, schnurrte ich und tätschelte ihr Bein. Wir legten uns aneinander und sie schlummerte wieder ein. Ich kniff die Augen fest zu und brauchte etwas länger, um den Schlaf wieder herbeizuzaubern. Dennoch wachte ich ausgeruht und frisch wie ein Radieschen auf, voller Vorfreude auf Kaffee, Ei mit Speck und frisches Krustenbrot. Alle Ängste waren verdrängt und an die Bilder der letzten Nacht gefesselt. Träume sind eben nützlich! Ich frühstückte alleine und dachte daran, dass alle Freunde von mir instruiert worden waren, kein Fleisch mit nach Prollwitz zu bringen, da ich ein Schwein besorgt hatte. Vielleicht sollte ich sie anrufen und ihnen die Lage noch einmal neu erklären. Gute Nachricht: Schwein ist da. Schlechte Nachricht: Wir müssen's noch töten. Etwas in mir entschied sich dagegen und für einen weiteren Kaffee.

Dann rief Felix an. Felix rief selten an, er ist nicht gerade als Quatschtante verschrien.

»Ich hab hier 'n Schwein aufm Hof, Mahoni«, sagte er trocken. Ich grunzte.

»Hab gehört, es ist dein Schwein. Ziemlich niedlich.«

»Ja, Felix, ick wusste nich, dass Manni 'n lebendet Schwein besorgt. Ick hatte nur dit Fleisch im Kopp, bin grad so uff 'nem Bockwurstfilm.«

»Manni hat gesagt, du willst selber schlachten.«

»Hat er das?« Ich schloss die Augen.

»Is echt 'n süßes Schwein. Total zutraulich.«

»O nein!«, entfuhr es mir. Felix amüsierte sich sicher festlich drüben in Prollwitz.

»Gestern Nacht war ihm allerdings 'n bisschen kühl, is halt Stallwärme gewohnt und wir hatten hier nix Richtiges für sie. Hat erbärmlich gequiekt die Nacht über.«

»Oh. Is 'ne Sie, ja?«, sagte ich.

»Ja, voll süß, die Sau, dit wird dir nicht leichtfallen. So hübsche Wimpern und so rosig.«

»Oh, Mann! Ich wollte ja gar nich …«

»Na Manni hat für dich jedenfalls schon 'n Bolzenschussjerät besorgt, dann musste nich mit 'n Beil rumsauen. Damit geht's dann echt schnell und sauber.«

»Echt!?«

»Ja.«

»Mann, Felix, nu tu ma nich so betreten. Ick kenn Leute, die haben Störche jeschlachtet, und zwar janz geheim und im Privaten, da ging's nich um 'nen fröhlichet Schlachtefest!«

Felix schwieg ein Sekündchen.

»Janz andere Jeschichte. Du kommst am besten schon mal heut Abend her, damit de dich vorbereiten kannst, is ja 'ne ziemliche Arbeit, und wenn wir morgen Abend grillen wollen, dann musste schon früh anfangen.«

Verzweiflung auf meiner Seite.

»Ja, jut. Denn fahr ick nachher schon. Is vielleicht besser, wenn die anderen dit nich so mitbekommen.«

Felix brummte. »Na, die meisten kommen auch schon heute, mitbekommen werden dit sowieso alle.«

»Ach so. Na ja. Ooch jut! Denn bis später!«

»Ja, bis später.«

Ich weckte Peggy und packte verdrossen meine Sachen für das Pfingstwochenende. Pierre ließ sich überreden, uns als Fahrer in seinem Wagen zu begleiten, und so kamen wir schon mittags aus Berlin los.

Peggy war seltsam aufgedreht und schnatterte fast die gesamte Fahrt über Pierre mit den neuesten Ereignissen der Problemkunstszene voll. Ich sah aus dem Fenster und betrachtete die unwirkliche Landschaft neben der Autobahn. Wir rollten auf den Hof, und anders als sonst rannte ich nicht sofort vergnügt in alle Ecken, sondern trottete träge über den Rasen. Vom Schwein keine Spur. Vielleicht hatte sich Manni ein Herz gefasst und es schnell selber um die Ecke gebracht?

»Toni, Toni! Hahaha.« Von der Wiese hinterm Haus kam Manni angestapft und winkte fröhlich.

»Hast schon dei Sau juten Tach jesagt? Toni!«, rief Manni laut, freute sich und kam lachend näher. Hinter ihm bottete ein prächtiges rosa Schwein, viel kleiner, als ich mir vorgestellt hatte, aber eine echte Schönheit. Plötzlich spurtete die Sau ein Stück voraus und kam als Erste bei mir an, schnüffelte an meinem Fuß und grunzte lieb. Mahoni, der Henker. Manni ging mit ihr spazieren, wie mit einem Hündchen.

»Tach, Manni!« Wir schüttelten Hände.

»Na, wat sachst? Schönet Schweinchen hab ick dich besorcht, nich?« Ich nickte. Wie glücklich er war mit dem Tierchen.

»Bolzenschuss und allet hab ick dich ooch besorcht, Beil und Schüsseln und so Ausbeinmesser!« Er strahlte weiter und streichelte der Sau den Kopf.

»Cool, Manni, danke! An sowat hab ick noch jar nich jedacht!«, sagte ich ehrlicherweise.

»Jor, jor!« Manni lachte und stapfte weiter.

»Komm, Schweinchen, schön futtern jetzt, schön Mohrrübe …!«

Ich atmete durch und lief ins Haus. Im Kühlschrank gab's bereits kaltes Bier. Dem Himmel sei Dank! Immer neue, vollgepackte Autos tuckerten auf den Hof. Ein geschäftiges Treiben begann, Schlafplätze wurden verhandelt, der viel zu kleine Kühlschrank haltlos überfüllt, einige bauten Zelte auf. Ich saß vor dem Haus auf einem Schemel und begrüßte diesen und jenen, nicht alle kannte ich. Aber alle freuten sich auf das Schwein.

»Und du willst dit selber schlachten?« Ich winkte ab.

»Mal sehn«, sagte ich, und: »Ja ja.«

Es wurde voll auf dem Hof. Im Hauptschiff waren bereits alle Betten belegt, auch das Häuschen am anderen Ende der Wiese war komplett mit Matratzen, Betten und Isomatten tapeziert und dennoch kamen weitere Leute. Driver kam mit seinem Wohnwagenanhänger. Mike und Mommsen, Lofi und seine Liebste wollten erst später kommen, Mädunski und seine Mannschaft waren schon dort.

Peggy hatte Pierre dazu verdonnert, Kartoffeln zu schälen, sie und andere Frauen machten einen riesigen Quark mit den Kräutern vom Hof und frischen Frühlingszwiebeln. Gitarrengeklimper wurde schnell von wuchtiger Marleymucke aus den Scheunenlautsprechern übertönt, hier und dort qualmten die ersten J's, Tauben und Schwalben flatterten über den Menschen. Barfuß und biertragend, federballspielend, schwatzend, Grüße und Küsse tauschend. Kleine Kinder, entstanden auf ebensolchen Treffen, purzelten lärmend durch die bunte Meute. Es fehlte eigentlich nur eins: ein rauchender Grill. Aber auf den wurde ja bewusst verzichtet, schließlich gab es morgen ein ganzes Schwein.

Manni fühlte sich pudelwohl zwischen all den Städtern. Er kannte fast alle und frischte sein Bild über die Leute überall mit neuen Informationen auf. Die ihn nicht kannten, nahmen ihn staunend wahr. Ein echter Bauer, ein Mann mit schwieligen Händen und sonnenverbranntem Gesicht, der Mecklenburger Dialekt sprach und sich dennoch mit ihnen allen abgab. Ein kleines Wunder. Am Abend machte Felix auf der Wiese ein großes Feuer und alle, bis auf die ganz Kleinen, machten es sich darum bequem. Alle plapperten durcheinander, manchmal wurde es still, ab und zu lauschten alle nur einer Stimme, wie das halt so ist. Dann ging's ums Schwein. Manni war der unbestrittene Kenner der Materie.

»Und Sülze kannst machen, nimmst Ohren un schön wat von Bauch und Rest, wat von die Knochen is und Zedder wech und dann kochst schön ein in großen Kessel.«

Er nahm einen kleinen Schluck aus seiner Flasche.

»Und schön ausbluten tust für wat für de Blutwurst is. Und dann machst schön Leberwurst von, machst Speck bei und wat so anfällt und Würze und dann tust das schön abschmecken und dann hast schön Leberwurst. Und Schmalz kannst machen, ach!« Seine Augen leuchteten, die der anderen hingen gebannt an seinen Lippen. Das Schwein war hinter Manni ans Feuer getreten und ließ sich mit einem Seufzen nieder. Manni streichelte es ohne hinzusehen und wühlte zärtlich zwischen seinen Ohren. »Und schön Schinken tust schneiden und Kotelett. Und Eisbein machst und Spitzbein. Und die Knie kannst auch mitkochen bei die Sülze mit, schön, nich! Und die Bäckchen hier von Kopp wech machst zarte Wurst von. Und wenns Bockwurst machen willst, machst feinet Brät in Fleischwolf. Wo wir Kutter sagen. Feinet Brät vom Kutter machst. Schön mit Eis bei. Und Räuchern kannst tun allet und Dauerwurst kannst von machen und einwecken kannst und friern inna Truh. Kannst allet machen von dat kleene Schwein, nich?«

Manni tätschelte die Sau. Die grunzte lieb zu seinen Füßen. Ich hatte ziemlichen Appetit bekommen bei seiner Erzählung, auch die anderen sahen das Schwein mit verändertem Blick an. Peggy neben mir blieb still.

Niemand riss einen Witz darüber, dass das Schwein sich so wohl in unserer Runde fühlte, während wir seine Zerlegung besprachen. Eine leichte Betretenheit, gemischt mit Blutdurst, war zu spüren. Ich wurde jedenfalls völlig mit Fragen verschont, niemand wollte mit mir über die morgige Tötung reden. Ich auch nicht. Ich war ein Aussätziger. Ich war der Henker. Hätte Manni das Tier schlachten wollen, wäre es sicher leichter gewesen. Dann hätte es das natürliche Flair der bäuerlichen Notwendigkeit gehabt. Dass aber einer von ihnen seine erste Schweinehinrichtung übernehmen wollte, hatte etwas Perverses an sich. Ich begann, mich in der Runde unwohl zu fühlen und ging ins Bett. Peggy blieb bei den anderen am Feuer.

Ich wachte mit dem Hahn auf, es war sechs Uhr dreißig. Im Hof war es kühl, die Wiese war feucht. In einer dichten Gruppe staksten die Hühner umher; ich machte Kaffee. Rauchend saß ich vor dem Haus auf der kleinen Treppenstufe und dachte nach. Worte wie Mannesprüfung und Scheideweg spukten mir durchs Hirn. Reiß dich zusammen, Mahoni. Alle erwarten von dir, dass du das Schwein auch schlachtest, das du besorgt hast. Ich stutzte. Das könnte ein neues Sprichwort werden. Da saß ich nun und reimte.

Kannst du nichts im Schacht erkennen, solltest lieber schlachten können. Blödsinn! Wie wär's mit: Willst am Abend lecker Brät, brauchst ein Bolzenschussgerät. Oder: Süß dein Schwein, groß dein Herz, stirbst vor Hunger, nicht vor Schmerz. Ha! Das war's doch. Die Reimerei war echt aufmunternd. Manni stapfte in gelben Gummistiefeln über den Hof und warf den Hühnern Körner hin. Sofort kamen sie angeflitzt und stürzten sich mitleidlos über die Pflanzenembryos her. Auch brutal.

»Ach, Toni, bist ja schon wach!« Manni kam angewackelt.

»Kannst gar nich abwarten, die Sau zu stechen, was? Hahaha!« Ich nickte.

»Na wart mal noch auf paar mehr Hände. Muss man ja auch gut festhalten, die Sau. Is ja kräftig, nich!« Ich nickte. Manni stapfte weiter zu den Pferden, ich blieb sitzen und rauchte. Die Sonne kam in den Hof, der Hahn krähte ein zweites und drittes Mal und langsam regte es sich im Haus.

Die ersten Morgenmenschen purzelten auf die Wiese. Gespräche, die nur der Morgen mit sich bringen kann, folgten. Kaffeebekenntnisse, Tabakverleih, Brötchensuche. Gegen neun Uhr waren die meisten auf den Beinen und Manni begann, Gerätschaften aus dem Schuppen zu holen. Eine breite Holzleiter war darunter, daran hing ein geschwungener Eisenhaken mit zwei weit auseinanderliegenden gebogenen Spitzen.

»Da tust die Sau nachher ranbammeln! Machst 'n Schlitz anne Beene, wo die Sehne is und dann hängst uff. Übern Rücken musst puckeln, muss 'n andrer dann fummeln!« Ich verstand nicht so recht, nickte aber gedankenverloren dazu. Mehrere hölzerne Wannen kamen zum Vorschein, zwei große Messer und zwei kleine, die Manni sofort beflissen wetzte. Ein kleiner Haufen hatte sich bei den Geräten versammelt, staunend wurde das alte Zeug begutachtet. Ich saß weiterhin auf meinem Treppenabsatz, rauchte wie in Trance. Ruhig, ruhig, ruhig. Wer hätte gedacht, dass das alles so anstrengend wird? Von der Sau war nirgends etwas zu sehen. Was hatte ich mir da für 'ne Scheiße eingebrockt? Eine fröhliche Pfingstrede hatte ich halten wollen. Eine Fleischfest-, eine Schlemmer- und Feierrede hatte es werden sollen. Stattdessen schwankte ich nun zwischen lauter hässlichen Vorstellungen hin und her, hatte schlechte Träume, eine sonderbar stille Freundin und Freunde, die mir nicht so richtig in die Augen sehen wollten. Ich starrte vor mich hin und hoffte, dass nun alles ganz schnell gehen möge. Manni kam mit dem Bolzenschussgerät. Ein rostiges Ding, etwa so groß wie eine Pfeffermühle beim Italiener.

»Schau, hier is die Kugel!« Manni zeigte mir eine verrostete Murmel. Er zog das Ding auseinander, eine starke Stahlfeder kam zum Vorschein. »Denn legst dat Ding hier ein, denn tust drüberstülpen und feste zusammenpressen, bis einhakt. So!« Manni reichte mir das Teil. »Jetz kannst abdrücken unten. Vorn Kopp knallen musst, nich!«

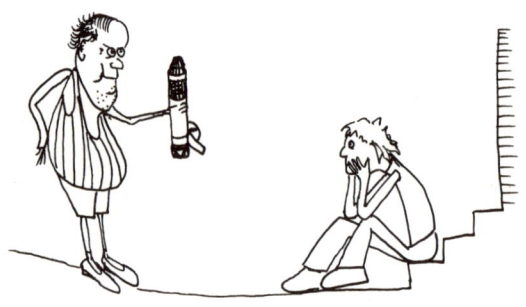

Damit stapfte er davon.

Ich saß mit dem schweren Gerät in den Händen vor dem Haus. Peggy kam und stützte sich von hinten auf meine Schultern.

»Wat hast du denn da?«

»Bolzenschussjerät«, sagte ich mechanisch.

»O Gott, du ziehst dit echt durch?«

»Ja.«

»Hey, lasset doch Manni machen, ick hab dit nich so jemeint neulich. Du kannst doch nich mehr ruhig schlafen …« Peggy zupfte an mir rum. Die anderen bekamen die Szene mit, es war mir irgendwie peinlich.

»Ich hatte dich aber recht jut verstanden, Peggy. War ja allet richtee, wat du jesagt hast.«

Peggy sah mich an und schüttelte den Kopf. »Du musst dit nich machen.«

»Ick weeß«, sagte ich.

Manni kam mit dem Schwein. Es ging zögerlich hinter ihm an einem Strick. Als es die Gerätschaften witterte, sträubte es sich sofort und wurde störrisch. Manni zerrte es weiter. »Komm, komm, Süße!«, rief er. Dann pflockte er es an einen Haken in der Hauswand und winkte mir zu.

»Toni! Komm bei jetze! Musst vorn Kopp knallen schnell, dat wittert schon. Dat quiekt glei los wie angestochen! Schnell jetzt!«

Ich erhob mich mit dem Gerät, Peggy ließ die Arme sinken. Das Schwein zerrte an seinem Strick. Alle traten ein Stück zurück. Ich sah Pierres Gesicht, skeptisch, ich sah das verstörte Gesicht Drivers, viele wandten sich ab. Manni ging.

»Manni!«, rief ich. »Du haust ab?«

»Jor!« Manni winkte ab. »Ick kann dat nich sehn, dat tut ma leide tun!« Und stapfte davon.

Dann stand ich vor der Sau. Hob das Bolzenschussgerät.

Das Schwein tat mir leid. Ich tat mir leid. Die Leute taten mir leid. Das war es nicht wert. Deutlich spürte ich, dass ich es nicht töten wollte. Aber was ist dann mit dem Fleischkonsum? Was mit den Wahrheiten, die Peggy gepredigt hatte? Ich sah zu ihr. Sie schüttelte den Kopf. Ich lächelte sie an und leckte mir mit der Zunge über die Lippen. Ich erwachte. Die Knarre sank, ich drehte mich zu den Leuten um.

»Freunde!«, rief ich mit lauter Stimme. Innerlich vibrierte alles. »Freunde! Wollt ihr, dass ich dieses Schwein töte?« Ich deutete mit dem Bolzenschussgerät auf die nunmehr kläglich quiekende Sau.

Die blassen Freunde um mich schüttelten betreten die Köpfe.

»Wollt ihr, dass ich rüber zum Supermarkt fahre und Grillfleisch und Würste kaufe?«

Eifriges Nicken.

»Dann will ich euch etwas erzählen«, hob ich an. »Dann will

ich, dass ihr Folgendes wisst: Man muss nicht schreiben, wenn man lesen will!«

»Ja!«, riefen die Freunde.

»Wir leben in einer Dienstleistungsgesellschaft!!«

»Ja!«

»Man muss keine Kanalisation bauen, nur weil man mal kacken muss!«

»Genau!«

»Man muss nicht arbeiten, wenn man Geld braucht!«

»Ja?«, fragten meine Freunde.

»Na ja, schlechtet Beispiel! Aber ihr wisst schon! Schlachten muss der Schlächter, essen kann jeder! Es lebe das Schwein!«

»Ja!«, riefen alle. Sogar Peggy.

»Pfingsten, Freunde! Ein Fest im Sommer! Für alle Herrlichkeiten bereit, lasst uns zusammen mit der Sau feiern! Lasst die Sau leben!«

»Ja, ja!«

Ich warf die dämliche Knarre zurück in den Schuppen und versuchte die Sau zu beruhigen, aber die war mittlerweile wild geworden. Und bei gut zweieinhalb Zentner Schweinegewicht will man auch keinen Fehler machen.

»Manni!«, rief ich. »Manni komm her! Plan B!«

Später fuhr ich zum Supermarkt an die Fleischtheke und kaufte für Unsummen Kamm, Koteletts und Würste; aber ich bereute meine Entscheidung nicht.

Am Abend grillten wir friedlich. Manni hatte das Schwein beruhigt, es schnüffelte einträchtig zwischen uns herum und wurde von allen gekost statt gekostet. Peggy wuschelte mir ständig durchs Haar und lächelte wie eine Wassernixe. Ich wusste ja damals nicht, wie nah ich am Rande unserer Beziehung gestanden hatte. Die Sau lebte und alle hatten ein schönes, erbauliches Pfingsten.

Am letzten Tag, Pfingstmontag, unser Schwein war bereits auf den Namen Josefine getauft, nahm Felix mich beiseite und bot mir eine seiner Filterkippen an. Seit Jahren rauchte ich erstmals wieder so ein Ding.

»Toni, schöner Auftritt am Freitag.«

Ich wusste nicht so recht.

»Aber dir is klar, dass ick mir am Donnerstag 'ne riesige Tief-
kühltruhe gekauft habe? Die steht im Keller und wartet auf Josefine.«

Ich schluckte und ließ die Kippe sinken.

»Also bis zum Herbst ...«, sagte Felix, klopfte mir auf die
Schulter und stand auf. »Nur, dass de Bescheid weißt.«

Ivory

Und ich sah es selber nun
Von Beginn an war ich bei
Aus 'nem Ei schlüpfte ein Huhn
Legte wiederum ein Ei!

Obwohl Driver so ein gemütlicher Kerl ist, zieht er den Stress an wie die Kohle das Finanzamt. Dennoch lohnt es sich, an seiner Seite zu sein, denn er findet eigentlich immer einen Ausweg, der allen zum Besten gereicht.

Driver war auf die Idee gekommen, Manni für ein paar Taler die Küken abzukaufen.

Sie waren drei Wochen alt und die Glucke hatte plötzlich aufgehört, sich um sie zu kümmern. Manni meinte, dass sie es schwerhaben würden, durchzukommen, da fasste Driver sich ein Herz und nahm sie mit nach Berlin. In einem kleinen Karton auf der Rückbank seines neuen weißen Cadillacs reisten die fünf jungen Dinger in die große Stadt. Ich half ihm, auf seinem Hof in der Prenzlauer Allee einen Verschlag zu bauen: ein kleines Holzhäuschen mit ein paar Sitzstangen und einem großen Glasfenster, man sollte es modern haben. Die Kleinen waren noch völlig unselbstständig und so lasen wir alles zum Thema Handaufzucht für Hühnerküken. Nach unserem blutfreien Pfingsten war klar, dass es uns verdammt schwerfallen würde, eines dieser kleinen Viecher je zu schlachten und zu verspeisen, deswegen einigten wir uns darauf, dass es sich bei der Schar um reine Legehennen handeln würde. Jeden Tag frische Eier in der Stadt, das waren feine Aussichten.

Der Sommer wurde ziemlich heiß und die Küken entwickelten sich prächtig unter Drivers liebevoller Fütterung. Nach vier Wochen hatten sie ihre Größe mehr als verdreifacht. Über den kleinen Sandabschnitt und die Rasenrabatte rannten bald fünf ausgelassene, halbstarke Hühner.

Die Viecher gewöhnten sich an Driver wie an eine Mama. Oft

saßen wir draußen beim Grillen oder Kartenspielen und staunten die zutraulichen Hühnchen an. Kaum war Driver in seinem bequemen Liegestuhl versunken, versammelte sich die ganze piepsende Brut und hüpfte ihm nacheinander auf den Schoß. Er sprach zu ihnen, streichelte sie wie kleine Katzen und zauberte irgendwelche Leckereien für sie aus seinen Taschen.

»O Gott, sind die süß, ick gloob, ick gloob es nich«, meinte er.

Nach und nach gaben wir ihnen allen einen Namen, sie gehörten jetzt einfach dazu. Bei einem der Junghühner zeichnete sich bereits ein kleiner Kamm auf dem Köpfchen ab, so würden die Hennen auch einen Hahn in der Gruppe haben. Alle hatten sie eine bräunliche, fast orangene Färbung, nur eines war leuchtend weiß, weswegen Driver es auch Ivory nannte.

Ivory war sein Lieblingshuhn. Er schmuste mit ihm, es durfte auf den Tisch hüpfen, es saß auf seiner Schulter, knabberte an seinem Ohr und hörte sogar auf seinen Namen. Wenn Driver auf dem Hof war, wich Ivory nicht mehr von seiner Seite und machte ihm die ganze Zeit schöne Augen. Irgendwann erlaubte Driver Ivory sogar, mit ins Studio zu kommen, welches sich an den Hof anschloss, und baute für sie dort sogar eine Sitzstange an. Einmal stellte er eines seiner Gesangsmikrofone vor dem Hühnchen auf und machte Records von seinem leisen Gegluckse und Gemurmel. Ivory bekam als Einzige Zutritt zu allen Räumen. Ich machte mir Sorgen um die soziologische Entwicklung des Huhns, das nun kaum mehr bei seinen gefiederten Freunden anzutreffen war, aber der Umschmeichelte winkte nur ab: »Lass die mal, die weeß schon, wat se will!«

Ungefähr zu dieser Zeit kamen ein paar nervige Gangster-Rapper aus Neukölln namens »Makro G.« in Drivers Studio, um dort Aufnahmen zu machen.

»Isch schlag in deine Fresse bis deine Knochen splittern,
dann knall isch deine Alte und kack ihr auf die Titten,
dein Leben is vorbei, also scheiß dir schon mal ein,
du denkst ›Makro G.‹ und dein Puller wird klein!«

Diese und andere romantische Zeilen sollten sie in kürzester Zeit als leuchtende Sterne an den Hip-Hop-Himmel katapultieren. Davon träumten die kleinen Mistkäfer jedenfalls und führten sich dementsprechend auf. Es war eine herrliche Farce. Ich saß da, hörte mir ihr Gerede an und wünschte mir, ihre Väter kämen plötzlich aus ihren Verstecken gesprungen und würden jeden Einzelnen nach Strich und Faden verdreschen und in vernünftige Klamotten stecken. Und dann ab zum Kloputzen in ein Frauengefängnis, in dem es von richtig fiesen Hardcorelesben wimmelte. Aber das blieb nur ein schöner Gedanke.

Irgendwann hatte Driver seinen halben Hof mit feinem Sand zugeschüttet, Korbstühle und eine Hollywoodschaukel draufgestellt. Er nannte es »den Strand«. Obwohl weit und breit kein Gewässer lockte, waren auf dem Strand immer einige Leute zugegen, ein richtiger Treffpunkt. Mädunski und Lofi konnte man oft antreffen, Poldi, den Mitbewohner Drivers, natürlich auch Memo-Mike und Pierre, Peggy und Mommsen, Drivers sämtliche Brüder und Schwestern. Zumindest im Sommer waren wir eine Clique. Wenn Driver frische Musiker im Studio hatte, war es natürlich besonders unterhaltsam. Man erfuhr von spannenden Geschichten, man lernte viele drollige Persönlichkeiten kennen. Wir lachten und scherzten. Nicht so mit den Gangster-Kids. Gerade wenn sie nicht da waren, war es nun immer besonders harmonisch. Wir begannen plötzlich gepflegter zu reden und vermieden jegliche Unhöflichkeit. Driver und Ivory wurden so unzertrennlich, dass wir dazu übergingen, sie nicht mehr Driver und Ivory zu nennen, wir sagten jetzt einfach Drivory zu dem Gespann, das fast keine Einzelauftritte mehr gab.

Mein Freund Driver, der mit seinem Caddy und sonstigen

Marotten eh schon eine Kiezgröße war, verdrehte nun wirklich jedem Passanten den Kopf. Wenn er beispielsweise zum Bäcker latschte und das weiße Huhn auf seiner Schulter thronte, herausfordernde Blicke um sich werfend. Ivory war nämlich keinesfalls zu allen lieb und nett, mir hackte sie einmal in den Finger, als ich Driver eine Zigarette hinhielt.

Das weiße Huhn war jetzt immer dabei. Es fuhr im Auto mit, wenn Driver, Peggy und ich unsere sonntägliche Spritztour machten, es kam mit auf Drivers Boot, wenn wir am Abend oder am Wochenende über den Müggelsee schipperten, und er nahm Ivory mit zum Volleyball, zum Bowlen und in die Kneipe.

Nur auf Partys und in den Club durfte Ivory nicht mitkommen, wegen der Lautstärke.

Eines Abends, die Aufnahmen für »Makro G.« waren bis auf das Feintuning fertig, machten die Kids den Fehler, sich über Ivory und Driver lustig zu machen. Sie fragten ihn unverhohlen nach seiner sexuellen Beziehung zu dem Huhn, worauf Driver kurz und knapp mit »Schnauze halten« reagierte. Da sie aber als Gangster-Rapper nie ihre kleinen Schnäuzlein halten konnten und weiter rumalberten, schmiss er sie kurzerhand raus und sagte: »Verpisst euch, überweist die Kohle, dann bekommt ihr eure Scheißtakes!«

So endete die Sache vorerst und auf dem kleinen Studiohof kehrte wieder beschauliche Ruhe ein. Die Hühner waren mittlerweile ausgewachsen, wollten aber noch keine Eier legen, jedenfalls fanden wir keine. Sie stolzierten jetzt mit ihrem kleinen Hahn als Chef herum, der jedes Korn mit aufgeregtem Geglucke meldete und sich so als guter Führer durch den Dschungel des hundert Quadratmeter großen Geländes auszeichnete. Sie sahen proper aus, hatten gesundes Gefieder, klare Augen und kräftige, gelb leuchtende Füße, mit denen sie munter scharrten. Manchmal bekam ich schon Appetit bei diesem Anblick.

Driver bekam noch ein paar Anrufe von Makro G: »Ey, Alter, rück die Takes raus, sonst knallen wir deine Alte um!«

Aber Driver erwiderte immer nur das eine: Er sagte seine Kontonummer und den zu zahlenden Betrag an und drückte die kleinen Gangster dann weg. Ich fand die Typen unheimlich.

Warum zahlten sie nicht einfach die paar hundert Euro und fertig? Driver aber hatte die Kohle schon abgeschrieben und redete nie darüber.

Er streichelte sein Hühnchen und machte es sich bequem. Schließlich war er niemand, der Vergangenem nachhing. Zurzeit waren ein paar Elektrofreaks im Studio, die waren immer angenehm bekifft, sprachen leise und zahlten im Voraus. Außerdem waren sie begeistert von den Hühnern, besonders von Ivory, die von ihrer Stange aus die Aufnahmen im Studio verfolgte.

Der Schlamassel begann an einem Samstagmorgen. Ich war mit Driver, Peggy und den Jungs Freitagnacht in die Bar 25 gefahren, weil Technoveteran Driver dort von zwei bis vier auflegen sollte. Ich mochte die Musik nicht wirklich, aber ich machte so ausgezeichnete Geschäfte mit Parkplätzen vor dem Club, dass es sich einfach lohnte. Peggy und ich banden uns zwei reflektierende Bänder um die Arme und lockten einen Großteil der motorisierten Partyleute auf den »Clubparkplatz«. Ich ließ mir zwei Euro geben und schickte die Autos auf das brachliegende Gelände auf der anderen Straßenseite. Dort stand Peggy und winkte die Autos in ihre Parknischen, lachte und scherzte dabei. Sie wirkte so verdammt echt, dass ich selber glaubte, wir tun hier unseren Job. Die meisten machten mit und parkten ordentlich in Reih und Glied auf dem Schotterplatz. Nach einer oder zwei Stunden hatten wir so eine ansehnliche Tüte Kleingeld beisammen.

Anschließend gingen auch wir in die Bar und hingen mit Pierre und Lofi rum und was man sonst noch so macht, wenn die Nächte lau sind und man gemütlich am Wasser sitzt.

Gegen halb sechs am frühen Morgen machten wir uns auf den Heimweg. Peggy und ich hatten Driver versprochen, zu ihm mitzukommen, um ihm beim Tragen seines Equipments und der Platten zu helfen. Wir waren in extrem guter Verfassung, die Sache hatte Spaß gemacht und wir hatten trotz der vielen teuren Drinks noch eine ziemlich schwere Zwei-Euro-Tüte. Driver hatte sich nach dem Auflegen mit einigen Mädchen amüsiert und freute sich bereits auf den Sonntag, an dem er ihre Telefonnummern durchprobieren wollte.

Wir erreichten das Studio und bogen auf den dunklen Vorderhof ein, da bemerkte ich, dass etwas nicht stimmte. Es war die große Tür zu Drivers Hühnerhof. Sie stand auf.

»Scheiße, ick gloobe, die Tür zum Hof is nich zu!« Ich sprang aus dem Caddy und lief zur Tür. Alles verwüstet. Stühle lagen zerbrochen im Sand, der Grill war umgestoßen, die alte Holzbank in der Mitte eingekracht. Blumenkübel lagen traurig auf der Seite und Drivers Mopeds waren demoliert und umgeschmissen. Den schlimmsten Anblick aber bot das Hühnerhaus. Es sah aus wie auf den Bildern aus dem Fernsehen nach Erdbeben in Slumgegenden. Es war eben einfach nicht mehr da. Nur noch Splitter und Scherben.

Driver lief murmelnd über den verwüsteten Hof und rief nach Ivory. Einige der Hühner erblickte ich dann auf verschiedenem Gerümpel sitzen. Es wurde langsam hell, aber sie schliefen noch. Dann sahen wir, dass die Studiotür aufgebrochen war. O nein! Driver stürzte ins Haus. Der Aufnahmeraum war doppelt gesichert, die schwere Stahltür zum Allerheiligsten war unversehrt geblieben. Dafür sah das Büro aus wie nach einer Schlacht. Überall Papierfetzen, CDs und Platten durcheinander. Peggy legte tröstend ihren Arm um Drivers Schulter. »Dit kriegen wa schon wieder uffjeräumt!«

Driver watete durch den Büromüll und sah sich um: »Die haben jar nüscht mitjenomm!« Er stellte seinen Bürosessel wieder auf und ließ sich müde hineinplumpsen. Ich setzte mich auf die Fensterbank und wir rauchten. Die ersten Sonnenstrahlen drangen in den Raum, der dadurch aber nicht freundlicher aussah. Dann entdeckte Peggy den Zettel an der Tür. Sie nahm ihn ab und reichte ihn Driver. Er stöhnte: »Rück die Takes raus!«, stand dort. Darunter ein Polaroid von einem der Makro-G.-Spinner. In seiner Hand hielt er ein Huhn an den Beinen nach unten hängend. Es war Ivory. Driver schmiss den Zettel zu Boden und vergrub das Gesicht in seinen Händen.

Ich ging zum Schnapsregal und holte irgendeinen Fusel runter, drei Pappbecher und goss uns ein. Hier, uff den Schreck! Peggy tätschelte Drivers Kopf und stand blöd rum. Und jetzt? Driver griff zum Telefon und wählte die Nummer von einem der Kids. Niemand ging ran. Die schliefen wohl friedlich. Also begannen wir aufzuräumen, erst im Büro und später draußen im Hof. Einige Sachen waren völlig kaputt. Wir errichteten einen Schrotthaufen in der Einfahrt. Ich war bereits so übermüdet, dass mir von der Anstrengung schon die Augen flimmerten, und Peggy schien es ähnlich zu gehen. Am liebsten hätte ich mich auf der Stelle hingelegt, doch ich wollte Driver nicht allein lassen. Der Hahn krähte und die Hühner stapften skeptisch über den Hof. Sicher hatten auch sie einen Schock davongetragen.

Gegen zehn Uhr waren wir halbwegs fertig mit dem Aufräumen. Driver rief bei Makro G. an, diesmal ging jemand ran. Ich hörte nur, wie er zu allem »Ja« sagte. Dann legte er auf und sah mich an: »Kommste mit, Mahoni? Wir fahren Ivory abholen.«

Übermüdet wie ich war, konnte ich mir weitaus schönere Dinge vorstellen, als zu ein paar durchgeknallten Hühnerentführern nach Neukölln zu fahren.

»Ja, und wat is mit den Takes?«, fragte ich noch.

Driver schüttelte den Kopf.

»Also fahren wir ohne die Aufnahmen zu den Spinnern?«

»Ja.«

Na super. Ich hoffte, dass er wusste, was er tut und stieg mit in den Caddy. Peggy hüpfte mit ins Auto und ließ sich am Frankfurter Tor absetzen. Ruhig wie immer fuhr Driver weiter Richtung Südwesten. Ab und zu lachte er kurz auf oder schüttelte den Kopf. »Ha!« »Also nee!« »Ha!« »Nee, nee.« So ging es die ganze Fahrt. Endlich bogen wir Sonnenallee links ab und hielten vor einem stinknormalen Haus. Driver studierte die Klingelknöpfe und wählte dann einen aus, den er so lange drückte, bis der Türöffner summte. Ich bekam eine Gänsehaut. Driver hatte plötzlich etwas sehr Aggressives an sich. Die Tür war halb angelehnt und im Rahmen erschien ein älterer Herr in kariertem Hemd.

»Tachchen«, rief Driver. Er packte die Hand des Mannes, schüttelte sie und stellte sich vor. Der Mann trug einen dichten Schnurrbart und sprach nur gebrochen deutsch. Driver sagte, er wolle ihn sprechen, es ginge um seinen Sohn. Ich stand benommen herum und plötzlich bat uns der Herr in die Wohnung. Wir setzten uns in eine kleine Küche. Der Mann goss uns einen Tee ein und setzte sich zu uns. Ohne große Umschweife holte Driver den Zettel mit dem Polaroid hervor und legte ihn vor unserem Gastgeber auf den Tisch.

»Das ist mein Huhn«, sagte Driver, »Ihr Sohn hat es gestohlen und mein Büro zerschlagen. Ich will mein Huhn zurück, sonst geh ich zur Polizei.«

Der Mann schien gleichzeitig zu nicken und den Kopf zu schütteln.

»Makro G.?«, fragte er.

»Ja, Makro G.«, sagten Driver und ich gleichzeitig.

»Ei, ei, ei.« Der Mann wusste Bescheid. Er stöhnte, griff zum Telefon und quatschte eine ganze Weile mit verschiedenen Leuten in seiner Sprache.

Dann bedeutete er uns zu warten und schenkte etwas Tee nach.

»Nicht gut«, sagte er. Und: »Scheiße so was.«

»Ja«, sagte ich. »Große Scheiße.«

Nach einer Weile klingelte es an der Tür, der Alte stand auf und winkte uns mitzukommen. Auf der Straße parkten zwei Autos mit weiteren älteren Herren drin. Unser Mann stieg in einen der Wagen und wir sollten den Autos folgen. Driver grinste mich an. »Jetzt wird's lustig, Mahoni!« Schließlich setzte sich unsere Kolonne in Bewegung. Vorneweg die Väter und Onkel der kleinen Hosenscheißer, hinten wir.

Wir fuhren zum Proberaum der Gangster-Rapper. Gemütlich schaukelten wir im Caddy durch Neukölln und hielten vor einem alten Fabrikgebäude. Die Herren parkten die Wagen, wir grüßten uns kurz, dann setzten sie finstere Mienen auf und wir stiegen hinter ihnen einige Treppen rauf. Der Vater des Möchtegerngangsters auf dem Foto polterte gegen eine kleine Eisentür. Nach einiger Zeit öffnete sich ein winziger Spalt, sofort stieß der Mann mit aller Macht die Tür auf.

»Papa!« Die Makro-G.-Posse chillte in dem relativ großen Raum herum und sprang irritiert aus ihren Sofas. Und nun wurde es köstlich. Die ganze Väter- und Onkelschar stürmte in die Halle, und es hagelte Ohrfeigen. Saftige, klatschende Ohrfeigen. Links eine, rechts eine, klatsch, klatsch, klatsch. Die Herren schrien und schimpften. Schade dass die Bengels schon zu groß waren, um ihnen den Hintern zu versohlen. Driver und ich betrachteten das Schauspiel und es fiel uns schwer, uns nicht bei den Händen zu fassen und einen kleinen Freudentanz aufzuführen. Alle diskutierten jetzt wild durcheinander, zwischendurch wurde das Ganze von weiteren scheppernden Ohrfeigen untermalt. Wir sahen uns in der Halle nach Ivory um. Driver fand sie etwas abseits in einer Kiste. Sie sah jämmerlich aus. Mit durchsichtigem Klebeband gefesselt, lag sie traurig auf der Seite. Ivi!

Vorsichtig nahm Driver sein Hühnchen aus dem Karton. Wir knieten uns über Ivory und entfernten behutsam das Klebeband. Einige Federn musste sie dabei lassen, sie hackte missmutig nach unseren Fingern. Dann war sie befreit. Sie plusterte sich auf und schimpfte. Dann pickte sie auf dem Boden rum, schüttelte sich ausgiebig, pickte und schüttelte sich wieder. Driver lächelte sie an. Er nahm Ivory auf den Arm und wir gingen in den Raum hinein zu den strafenden Vätern. Die kleinen Hühnerdiebe standen belämmert herum, einige Herren hatten sich bereits gesetzt, rauchten und schrien zwischendurch immer wieder anklagende Worte in die Menge. Der Vater mit dem karierten Hemd trat zu uns und hob entschuldigend die Arme. Tut mir leid, tut mir leid! Er tätschelte Ivory das Köpfchen, die vergeblich nach seiner Hand hackte. »Schaden von Büro müssen aufschreiben und geben, ja? Keine Polizei, alles bezahlen. Unter Freunden. Gut?«

Alles klar. Driver und ich schüttelten dem Vater die Hand, dann drehte sich mein Freund noch einmal zu den rotgesichtigen Hosenscheißern um und tippte grüßend an seine Mütze.

Wir liefen mit der befreiten Ivory zum Caddy und düsten in Richtung Prenzlauer Allee. Wir waren völlig albern, prusteten den ganzen Rückweg vor Lachen. Wie kleine Kinder hatten sie dagestanden und sich ohrfeigen lassen. Die Väter waren echt klasse.

Driver brachte mich dann nach Hause, und ich bekam einen Kuss und endlich meinen verdienten Schlaf.

Eine endlose Liste mit den zerstörten Sachen wurde an die Väter von Makro G. überreicht, die zahlten gleich in bar, obwohl es ein paar tausend Euro waren. Da gab's wohl erst mal auf absehbare Zeit kein Taschengeld mehr für die Jungs. Von der Kohle kauften wir Material für ein neues, noch schickeres Hühnerhaus. Eine neue Bank, neue Pflanzen wurden angeschafft und einige Kleinigkeiten, die im Büro zu Bruch gegangen waren. Da dennoch etwas Geld übrig blieb, betrachtete Driver das als seine Bezahlung für die Takes der kleinen Rapper. Mit diesem Gedanken setzte er sich in sein Studio, um noch einige Feinschliffe vorzunehmen. Das Ergebnis konnte sich hören lassen!

Er pickte alles, was bei den Aufnahmen als Schrott angefallen war, heraus: die schiefsten Töne und dämlichsten Versprecher schnitt er zu einem sinnfreien Kauderwelsch aus Gestotter und falschem Gejaule zusammen, nahm die Beats, die er eigentlich für die Kids gebastelt hatte, wieder heraus und ersetzte sie einfach durch eine Endlosschleife von Ivorys verschlafenem Geschnatter. Man konnte sich das Zeug nur unter lautem Gelächter anhören. Mir liefen die Tränen über die Wangen, als ich die Tracks hörte. Ivory gluckste manchmal so schön im Rhythmus mit, die Makro-G.-Jungs versprachen sich bei jedem zweiten Wort, und »Ey, Scheiße, falsch – noch mal!«, war die häufigste Zeile in allen Takes. »Das ist so gut, hoffentlich ist das kein Hit«, sagten wir und steckten die Aufnahmen in einen Briefumschlag, adressiert an die Kids. Absender: Drivory.

Rom

Gibt's im Leben große Fälle
Übertrittst du eine Schwelle
Wirst verarscht noch auf der Stelle
Merkst es nicht, so auf die Schnelle.

Am Strand spielten kleine Burschen Krieg. Zwei waren Bomber-
flieger und zwei weitere offensichtlich Raketenabwehrsysteme.
Sie machten Knatter- und Ballergeräusche und ich hatte nicht übel
Lust, Atombombe zu spielen und den Krach zu beenden. Warum
spielten sie nicht einfach Fangen? Oder meinetwegen Cowboy
und Indianer? Ich wälzte mich auf meinem winzigen Handtuch
herum, um die kleinen, fetten Kriegstreiber nicht mehr sehen zu
müssen. Die enorme Hitze hatte mich dazu gebracht, ein Freibad
aufzusuchen, und nun hing ich hier am Strand des Weißen Sees
herum. Der See war herrlich kalt, der Sand heiß und ich hatte mir
sogar ein Eis geholt, obwohl Eis meistens nicht schmeckt. Der
nächste fremde Bademensch lag ungefähr siebzig Zentimeter ne-

ben mir, ein sonnenverbrannter Alter mit Minibadehose, immer
darauf bedacht, wie ein gutes Grillhähnchen rundherum knusprig zu werden. Zu meinen Füßen rekelten sich zwei junge Leute,
die sich befummelten, daneben drei dünne Frauen mit Sonnenbrille, die sich die Fummelnden ansahen. Auf der anderen Seite
war Krieg, und wenn ich gerade über mein Kopfende blicken
würde, was ich aber nicht tat, dann hätte ich direkt zwischen die
gespreizten Beine einer mächtig dicken Oma geglotzt. Ihre Füße
hätte ich mit ausgestrecktem Arm berühren können.

Irgendwie war mir der ganze Badespaß vergangen, es war einfach
zu eng. Ich platschte noch mal in den See, schwamm zum Springbrunnen in der Mitte und zurück. Zwei dümmlich aussehende
Sonnenbrillenträger mit Bierflaschen hatten sich zu den dünnen
Frauen gestellt und pöbelten ihre Baggersprüche runter. Das war
mir zu viel des Schauspiels, ich beschloss den Ort zu verlassen.
Die Sachen waren flink zusammengestopft, dann kämpfte ich
mich durch den Krieg der Kinder zum Ausgang. Scheiß auf die
vier Euro Eintritt.
    Ich fuhr mit dem Fahrrad nach Hause, auf dem Weg bemerkte
ich erste Zeichen von Hunger. Oder so eine Art Appetit. Mir
war nach was Knusprigem zumute, aber nicht zu fettig! Wegen
der Hitze.
    Ich überlegte, was das wohl sein könnte, aber mir wollte ein-
fach nichts einfallen. War ich jetzt zu verwöhnt? Es kam mir so
vor. Genervt hatte ich ein ganz normal gefülltes Stadtbad verlassen, um dann in diese Appetitquengelei zu verfallen. Also
entweder war ich verweichlicht oder das waren die ersten Symp-
tome einer Sommerdepression. Zum zwanzigsten Mal hielt
ich an einer roten Ampel, die man tatsächlich nicht überqueren
konnte, weil die stinkenden Autos darüber wie bescheuert hin-
wegrasten. Ich überlegte, ob ich einen kurzen Beitrag fürs Internet darüber drehen sollte, um Dampf abzulassen, doch ich
wusste, das würde nicht reichen. Stattdessen entschloss ich mich
zur Flucht. Warum nicht? Ich hatte rund fünfhundert Euro für
schwere Zeiten zurückgelegt.
    Daheim schlich ich mich in Pierres Zimmer und checkte dort

meine E-Mails, die nur so starrten vor Spam. Eine Sache jedoch war interessant:

Mit der Lufthansa nach Rom und zurück für unglaubliche 19,99 Euro? Ich überprüfte das Angebot von vorn bis hinten, da schien nichts Verdächtiges dran zu sein. Da brauchte man ja gar nicht lange weitersuchen.

Ich machte mir eine Tiefkühlpizza heiß und schon stand das Fluchtziel fest. Endlich mal 'ne richtige Pizza essen! Kein Chef in Sicht, der etwas dagegen haben könnte, also ab nach Rom! Ich kaufte den Flug für den nächsten Tag.

Peggy wütete. Sie wollte mitkommen, aber nicht so. Wie sie sagte. So nicht und nicht jetzt. Sie betrieb gerade einen riesigen Aufwand, um an einem Wettbewerb teilzunehmen, es ging um eine Ausstellung vor der Hedwigskathedrale. Sie rannte ständig in der Welt herum, sie hatte einfach zu tun. Dann bekam ich einen Vortrag zum Thema Billigflieger und CO_2-Ausstoß zu hören. Ich nickte dazu und war ganz ihrer Meinung. Wir machten uns dennoch einen verliebten Abschiedsabend, wir hatten die Wohnung für uns allein, denn keiner unserer Mitbewohner war im Haus. Memo-Mike war zu einem Vortrag über statistische Dinge nach Heidelberg gefahren und Pierre hatte gesagt, er müsse seine Oma besuchen.

Am nächsten Morgen ließ ich Berlin hinter mir, nebst all den überfüllten Bädern und Appetit verderbenden Fettbrätereien. Peggy hatte zähneknirschend eine gute Reise gewünscht.

Im Flugzeug schlief ich bequem und sabberte wohl auch ein bisschen meine Nachbarin an, denn die weckte mich empört und wies heftig palavernd auf einen so gearteten Fleck an ihrer Schulter. Ich entschuldigte mich und starrte dann lieber noch ein bisschen auf die Wolken über der Schweiz. Schön, schön.

Von Rom hatte ich absolut keine Ahnung. Das war ein herrliches Gefühl. Unvergleichbar mit anderen Dingen. Ich hatte Rom bisher eigentlich nur in den Asterix-Comics gesehen. Die einzige Adresse, die mir wirklich was sagte, war der Vatikan. Da wollte ich unbedingt hin. Und baden. Und Pizza essen.

Ich hatte nur einen kleinen Rucksack mit, kein schweres Gepäck, keinen Fotoapparat, keine zweite Hose, keinen Pullover, nichts, was einen irgendwie belasten konnte. Nur ein paar Schlüpper und T-Shirts, eine Badehose, ein kleines Handtuch, ein Buch und eine Zahnbürste. Mehr braucht man eigentlich nicht, wenn man mal ehrlich ist.

Ich stapfte aus dem Flughafengebäude und nahm den Expressbus in die Innenstadt. Ha! Roma, du alte Tussi, jetzt komm ick! Mal sehen, ob wir was miteinander anfangen können. Ich schaute nicht aus dem Fenster, denn der Weg von einem Flughafen in die Stadt ist meist das Schlimmste, was diese zu bieten hat und kann einem die Laune verderben, wenn nicht gar die Stimmung komplett zerstören. Also sah ich mir lieber die Leute an, die es falsch machten, und freute mich, dass ich so schlau war. Dann sah ich Pierre. Pierre Robert, mein WG-Mitbewohner. Pierre aus meiner Band. DER Pierre. Er saß mir zwei Reihen entfernt gegenüber und starrte missmutig aus dem Fenster. Benommen und ferngesteuert stand ich von meinem Sitz auf und wankte durch den Gang zu ihm.

»Guten Tach, die Fahrausweise bitte!«, sagte ich zu meinem lieben Mitbewohner.

Pierre sah gar nicht erst auf, sondern kramte sogleich in seinen Taschen nach seinem Billett, dann stockte er und sah mich an. Seine Augen weiteten sich zu einem Ausdruck des Schreckens. »Mahoni!«

Ich setzte mich zu ihm und grinste ihn an. »Staunste, wa?« Pierre nickte. »Wat machste denn hier in Roma della Koma? Haste ja gar nich erzählt! Da hätten wa doch gleich zusammen fahren können.«

»Ja, dit kann ick dich ja wohl genauso fragen, Mahoni!«

»Klar, mach doch!«

»Nee.«

»Aha.«

Pierre deutete mit dem Kinn zur Scheibe und meinte: »Ziemlich hässlich allet da draußen bis jetzt, wa?« Wir fuhren gerade an einem endlosen, graufleckigen Fabrikgebäude entlang, auf der anderen Seite reihten sich eintönige Betonwohnklötzer aneinander.

»Ja, man darf erst in der City die Augen öffnen. Wir fahren

sozusagen durch den Hintern ins Herz der Stadt!« Ich kam mir reiseerfahren und weltmännisch vor. »Und, wat treibste nun hier?«, fragte ich Pierre.

»Na ja, so mal die Stadt ansehen, mal 'n bisschen Kultur und so.«

»Aha, aha! Bei mir is es ähnlich, ick war jestern so gestresst von allem, da wollt ick mal 'n Wechsel. Also eigentlich Flucht. Aber is dit nich krass, dass wir uns jetzt hier treffen? Ick meine … wir! Vastehste? Wo wir doch ständig, also täglich …!«

»Ja, mir jeht's genauso«, sagte Pierre und sah wieder raus.

»Warst du nich gestern bei deiner Oma?«

»Ja, da war ich.« Pierre sah mich nicht mal an.

Pierre konnte aber auch seltsam stur sein. Er freute sich gar nicht, mich zu treffen. Vielleicht nicht ganz unverständlich, dennoch: Eigentlich müsste er völlig aus dem Häuschen sein, denn so ein herrlicher Zufall konnte doch einfach nur gefeiert werden! Zwei ausgefranste WG-Typen, die sich jeden Tag in den eigenen vier Wänden begegnen, treffen sich plötzlich in Rom und keiner weiß vom anderen! Ich war ganz aufgedreht. Doch Pierre schmollte die Busscheibe an und ich spürte, es wäre keine gute Idee, ihn jetzt weiter auszufragen.

Wir hielten auf einer riesigen Straße und stiegen aus. Ich stand mit Pierre ein bisschen rum, der kuckte irgendwie verzweifelt und ich wollte ihm schon sagen »Na dann, vielleicht treffen wa uns ja mal«, da schlug Pierre vor, hier erst mal einen Kaffee trinken zu gehen. Wir setzten uns draußen ins erstbeste Café und bestellten Espresso und Cappuccino. Ach, war der lecker. Kein Vergleich, kein Vergleich. Ich säuselte herum, lobte den Hintern der Kellnerin, breitete noch mal aus, was für ein verrückter Zufall das jetzt war, er und ich, wir beide! Kurzentschlossen unabhängig voneinander am selben Tag nach Rom! Krass. Aber Pierre staunte gar nicht mit, er wirkte nur bedrückt. »Mann, Pierre, wat is denn los? Irgendwat haste doch! Nu raus mitta Sprache, bringt do nüscht, ick frag dich doch sonst sowieso jeden weiteren Tach des Lebens, wat damals los war in Roma della Oma!«

»Tja, also, muss wohl sein, Mahoni. Aber vorher versprichst de mir …« Er sah mich ernst an. »Ach ejal, pass uff:«

Pierre Robert beugte sich vor und tischte mir Folgendes auf.

Pierres Großvater war als junger Mann mit 22 Jahren in Deutschland eingezogen worden und war 40 dabei, als die Wehrmacht in Paris einzog. Als Mann mit französischen Wurzeln konnte er das nicht ertragen, er desertierte und verkleidete sich als Priester. Da sein Französisch exzellent und der Krieg in Frankreich noch nicht so schlimm wütete, schaffte er es, damit durchzukommen. Er fälschte seine Papiere (ein Talent, das Pierre geerbt hat), trat irgendeinem Orden bei und machte in Windeseile Karriere in der kleinen, aber feinen katholischen Elite Frankreichs. Er strebte es an, in den Machtbereich Roms zu gelangen, um von dort aus unter falschem Namen nach Deutschland zu seiner Familie einreisen zu können. All dies gelang ihm auch, und als der Krieg zu Ende war, hatte Pierres Opa nicht nur seine Familie schützen und heil aus dem Krieg kommen können, er hatte sich auch einen Posten im Vatikan ergaunert.

»Moment mal!«, rief ich dazwischen. »Ich dachte, ihr stammt irgendwie von den Hugenotten ab, die sind doch protestantisch!«

»Ja, na und?« Pierre sah mich verständnislos an. »Is doch scheißegal, es war Krieg und er hat sich halt als katholischer Typ verkleidet!« Ich schüttelte den Kopf über so viele Neuigkeiten aus Pierres Familie und er fuhr fort.

Kurz nach der Geburt von Pierres Vater 1949 trennte sich sein Großvater jedoch von seiner Familie und blieb von nun an ganz im Gottesstaat. Er schickte zunächst regelmäßig Geld, Pierres Großmutter aber fand einen neuen Mann, den sie zwar nie ehelichte, der aber die Almosen nicht annehmen wollte, und seit dem Tag, da der Großvater ein ungeöffnetes Paket zurückbekam, stellte er seinen Kontakt zur Familie ganz ein. All das hatte Pierre auch erst gestern erfahren, nachdem seine Oma ihn dringend zu sich gebeten hatte. Sie hatte einen Brief von Kardinal Robert in ihren Händen gehalten, in dem der nunmehr altersschwache Großvater sie bat, sie möge ihm seine Kinder entsenden, denn er werde bald sterben und sehne sich nach seiner Familie. Die Großmutter aber hatte ihre beiden Söhne nie über deren leiblichen Vater aufgeklärt und in ihrer Not schickte sie nun ihren liebsten Enkel Pierre zum Großvater. Für Pierre war es nur ein Familiengeheimnis, für seinen Vater würde eine Welt zusammenbrechen. Meinte die alte Frau. Also hatte Pierre den Brief genommen und das nächste Flugzeug nach Rom. Der Brief enthielt außerdem eine Adresse, eine Wohnung, in der Pierre während seines Aufenthaltes unterkommen sollte.

Ich saß da und staunte. Ich bestellte uns zwei Grappa, die ich aber beide selber trank, da Pierre nicht wollte.

»Kardinal Robert«, sagte ich feierlich. »Dein echter Opa sitzt also hier im Vatikan rum und is eigentlich 'n protestantischer Wehrmachtsdeserteur, ja? Und du gehst jetzt mal vorbei und sagst: ›Hallo, ick bin dein Enkelchen, Papa weiß nix von all dem Zeug, da hat die Oma mich geschickt‹?«

Pierre verdrehte die Augen. »Ja, in geheimer Mission sozusagen. Und wat passiert? Ick treffe Mahoni im Bus in Rom. Bisschen viel allet. Vastehste?«

»Ja, na, mach dir ma keene Sorgen, Pierre! Ick werd schon keen Buch drüber schreiben!«

»Hast ja recht, aber man weeß nie!«

Wir planten nun, zusammen zu bleiben. Jetzt, da ich eingeweiht war, konnte ich ihm auch Gesellschaft leisten. Wir ergatterten ein Taxi und ließen uns zu der Adresse aus Kardinal Roberts Brief bringen. Es stellte sich heraus, dass es ein altehrwürdiges Haus in der Altstadt war, ein riesiger, dunkler, verzierter Kasten in einer kleinen Gasse. Wir standen vor einer messingbeschlagenen, schwarzen Eichentür ohne Klingelschilder und rätselten herum, wie wir hineingelangen sollten. Dann fasste ich mir ein Herz, stemmte den schweren Messingring, der als Türklopfer diente, hoch und knallte ihn dreimal gegen das Portal. Wir warteten nicht lange, da erschien ein hutzeliges Männlein am Fenster und quakte italienisch. Dass Pierre fließend Französisch sprach, half uns hierbei nicht sonderlich; er sah auch nicht schlauer aus als ich.

»Roberto!«, rief ich dem Männlein zu. »Kardinale Roberto! Pierre Roberto! Familia! Familia!«

Die Tür knarrte und das hutzelige Männlein steckte seinen Kopf durch den Spalt. »Ah. ſie sin Familia von Cardinale Roberto? Wie heißen?«

»Pierre Robert«, sagte Pierre.

»Toni Mahoni«, sagte ich.

Der Hutzlige betrachtete uns kritisch, dann meinte er:

»Na komme ßie, kommen!«

Er führte uns durch einen prächtigen, aber dunklen Haus-flur, Marmor, edles Holz, weicher Teppich. In der dritten Etage schloss er eine schwer verrammelte Tür auf, stieß sie auf und reichte uns den Schlüssel. »Alle dran. Oben, unten! Überall!« Er wies auf den Schlüssel und die Umgebung und verabschiedete sich dann mit einem »Arrivederci, Signori!«

Wir betraten die Wohnung, in der es kühl und dunkel war, und standen zunächst etwas eingeschüchtert herum. Ich öffnete eine Tür, dahinter war eine kleine Küche, schön gefliest und hell erleuchtet. Dann drückten wir die Flügeltüren zu einem großen Arbeitszimmer auf. Hier waren die Fensterläden verschlossen, doch nachdem wir das geändert hatten, war es auch hier sehr freundlich. Wir ließen uns in die breiten Sessel fallen und ich entdeckte eine kleine Bar mit wenigen, aber guten Tröpfchen. »Ob ich …?«

»Warum nicht«, sagte Pierre und so öffnete ich mit einem »Plop« eine verstaubte Whiskyflasche und goss uns zwei große Gläser ein.

»Is ja fett!«, freute ich mich. Wir lagen fast im weichen Leder der Sessel und sahen uns im Zimmer um. Bücher über Bücher, Bilder von irgendwelchen Leuten, ein Schreibtisch, ein kleines Lesepult. »Ob man hier rauchen kann?« Pierre sah sich um. »Ja, da stehen Aschenbecher!« Ich holte uns einen schönen Marmor-aschenbecher, der fast zwei Kilo wog, und stellte ihn zwischen uns auf den Rauchertisch. Dann pafften wir und unterhielten uns. Das hatte schon was, das Zimmer von Pierres Opa. Die Zeit war stehen geblieben hier, alles sah wertvoll und erlesen aus. Pierre sah sich die Bücher an und murmelte deren Titel.

»Hört sich allet italienisch an«, meinte ich.

»Ach«, sagte Pierre.

»Und wat is nu mit deinem Opa?«

»Tja, ick weeß nich. Vielleicht hat er ja hier irgendwo 'n Zettel für mich hinterlassen, oder er kommt noch rum, oder wat?«

»Na, ick hab jetzt jedenfalls Hunger. Lass mal wat essen jehn, der Grappa und der Whisky knallen mich sonst völlig weg.«

»Also gut«, sagte Pierre und wir begaben uns wieder auf die Straße.

Auf einem halbwegs ruhigen Platz entschieden wir uns für eine kleine Take-away-Pizzeria, aus der eine mächtige Menschenschlange zu quellen schien. Pierre war niemand, der sich gerne anstellte, also übernahm ich die Aufgabe, während er sich nach einem schattigen Plätzchen umsah.

In der Pizzeria herrschte Hochbetrieb. Ein Pärchen ackerte sich mit den Blechen vor dem heißen Ofen ab, kaum war eine Ladung Pizza fertig, war sie schon zerteilt und verkauft. Es gab nur eine Sorte: Margarita. Ich bestellte drei Stück für jeden, ließ mir noch zwei Colas geben und schlenderte zu Pierre rüber. Ab dem ersten Biss brachen wir in Lobgesänge aus und priesen die Kunst der Einfachheit. Was braucht man Artischocken, Champignons, Salami, Schinken, Fischabfälle? Eine Margarita! Knusprig dünner Teig, Tomate und Mozarella! Fertig ist die perfekte Pizza. Beim dritten Stück wünschte ich mir allerdings schon etwas Abwechslung, aber ich sagte nichts und spülte mit Cola nach. Satt hingen wir anschließend auf der von einem Bäumchen beschatteten Bank und Pierre gab von seinen selbst gestopften Kippen aus. Es sah so aus, als ob er sich ein wenig entspannte, und wenn Pierre sich mal entspannt, dann ist das sehr ansteckend. Kurz bevor wir dort sanft entschlummerten, beschlossen wir, eine Siesta in der Wohnung abzuhalten, und machten uns schlurfend auf den Weg. Piano, piano.

Im Hausflur wurden wir allerdings von dem hutzeligen Männlein abgefangen. Mit allerlei Worten, die wir nicht verstanden, drückte er Pierre verschwörerisch einen Brief in die Hand. »Stefane Cardinale Roberto!«, sprach's und verschwand in seinem Kabuff.

Oben angelangt, setzten wir uns zusammen ins Arbeitszimmer und Pierre betrachtete den Brief. Er war auf altmodische Art versiegelt. Es könnte sich um das Wappen des Vatikans gehandelt haben oder auch nicht, wir hatten beide keine Ahnung, wie es aussah. Dann öffnete er den Brief und meinte die Handschrift seines Großvaters darin zu erkennen. Die Schrift war geschwungen und einheitlich und machte allerlei altmodische Kringel und Schnörkel, genau wie im ersten Brief, den er am Vortag bei seiner Oma gelesen hatte. Mann, war das ein Krimi. Ich war aufgeregt wie Bolle und triezte Pierre: »Nu lies domma vor! Wat schreibt denn dein Opa jetzt schon wieder?«

»Ja, langsam, Mahoni, ick kiek erstma.« In meinen Sessel gelehnt sah ich ihm zu, wie er den Text zweimal studierte, dann reichte er mir den Brief. Ich las.

Lieber Pierre, mein Enkel.

Monsignore Puccito, der Herr, der Euch die Schlüssel zu meiner alten Wohnung gab, unterrichtete mich über Dein Eintreffen und das Deines Freundes Mahoni. Ich hoffe, Euch stören nicht all die verstaubten Dinge, die ein alter Mann im Laufe seines Lebens so angesammelt hat; fühlt Euch willkommen und daheim!

Mit meiner Gesundheit ist es nicht mehr weit her, ich lebe seit einigen Jahren nur noch in den Unterkünften des heiligen Vatikans und bin leider nicht mehr in der Lage, diese Mauern zu verlassen. Das Leben draußen interessiert mich nicht mehr, ich habe meine Ruhe und meinen Trost gefunden. Dennoch bat ich Deine Großmutter, mir jemanden von meiner Familie zu entsenden, denn ich spüre den Herrn mit jeder Stunde näher bei mir und es ist mir ein letzter Wille geworden, mein eigen Fleisch und Blut zu sehen, um mich zu verabschieden. Ich wünsche mir sehnlich, reinen Herzens von der Welt zu scheiden. Mein eigener Weg war nicht frei von Sünde und in den letzten Jahren brannte mir die Verantwortung, die ich meinte, abgeben zu können, als steter Schmerz im Herzen. Ich danke Dir, dass Du einem alten Mann eine Bitte nicht ausschlägst und Dich auf den weiten Weg begeben hast.

Monsignore Puccito wird Dich morgen um 9 Uhr zu mir führen, gern bringe auch Deinen Freund mit, sofern Dir das lieber ist.

Es grüßt Dich herzlich
Dein Großvater
Stefan Robert

»Mann, Mann, Mann! Da ist wat los!«, rief ich unpassenderweise.

Pierre rauchte und sah den Qualmwölkchen hinterher. »Tja«, murmelte er. »Wat soll man davon halten.«

»Aber komisch is dit schon«, sagte ich. »Dassa all die Jahre nüscht gesacht hat und nu uff een mal kommt er und will dich sehn, oder wat.«

»Er will ja nicht unbedingt mich sehen, sondern einfach irgendwen aus seiner Familie. Da hätte jetz ooch sonstwer kommen können. Meen Bruder, oder meen Cousin zum Beispiel.« Pierre sah ein bisschen deprimiert aus. Ich fand das alles so spannend, ich wäre am liebsten laut schreiend durch die Bude getobt, um mich abzureagieren. Stattdessen blieb ich schön ruhig und redete auf Pierre ein: »Klar will er dich sehen, und zwar jenau dich! Wat denkste denn, warum deine Oma gerade dich jeschickt hat? Weil du der Typ überhaupt bist, Mann!« Bei den letzten Worten hatte ich theatralisch auf die Tischplatte geklopft. »Kiek doch mal, wat du für'n Typ bist! Du kannst allet machen, watte willst, obet nu Computaprogrammiern is oder Klavier spielen. Du kannst Leute zu den verrücktesten Sachen überreden und wenn es hart uff hart kommt, denn kann man mit dir Pferde klauen.«

Pierre nickte nachdenklich.

»Wahrscheinlee isset ja ooch einfa ma so, dass deine Oma in dir so 'ne Art Reinkarnation von ihr'n alten Mann sieht? Dass du ihm wie ausm Gesicht geschnitten bist oder so. Oder Sachen sagst, die er ooch sagen würde. Also ick schätze ma, er will genau den sehn, den deine Oma schickt, und dit bist du! So siehts aus.«

Fand ich mich toll. Ich schätzte aber auch, dass ich recht hatte damit und wurde immer zufriedener mit der Situation. Siesta brauchten wir nun nicht mehr zu machen, stattdessen dösten wir rum und machten uns locker. Am Abend gingen wir in ein Ristorante und aßen Cozze, was Miesmuscheln sind. Dann gab's Nudeln mit komplizierten Namen und am Ende ein schönes Stück Kalb, alles sehr formidabel. Gott sei Dank durfte man draußen rauchen, sonst wäre der Spaß nur halb so schön gewesen. Im Winter nach Italien muss die Hölle sein.

Im Schlafgemach fand sich ein riesiges, frisch gemachtes Bett,

Pierre stürmte sofort hinein und ich machte es mir auf der Couch im Arbeitszimmer bequem. An Schlafen war nicht zu denken, aber wie es halt immer so ist. Man schlief ja doch irgendwann ein.

Um sieben am Morgen klingelte es energisch an der Wohnungstür, Pierre öffnete und sprach kurz mit Monsignore Puccito. Er hatte uns Espresso und süße Brötchen gebracht. Dann machten wir uns ein bisschen frisch, frühstückten und rauchten.

»Und?«, fragte Pierre.

»Ja, was und?«

»Na kommste mit?«

»Na logisch komm ick mit!«

So war das auch geklärt und wir warteten bis der Monsignore uns abholte.

Der kleine Mann hatte einen zackigen Schritt drauf. Er führte unsere Truppe an und bahnte uns den Weg zu einer der Brücken, die über den Tiber zur Vatikanstadt führten. Riesig lag der Petersdom vor uns, wir hatten auf unserem Gang einen prächtigen Blick auf die Kuppel und den Platz mit dem Obelisken. Langsam merkte ich eine seltsame Erregung in mir aufsteigen, mein erster Rombesuch und schon ging's ab in die heiligen Hallen des heiligsten Heiligtums der Christenheit! Da ich nur eine kurze Hose mithatte, die nicht bis über die Knie reichte, hatte ich sie mir so weit runtergezogen, dass nun mein Hintern freilag, der seinerseits aber glücklicherweise durch mein langes T-Shirt bedeckt wurde. Der Monsignore deutete an, dass es so in Ordnung sei, no problemo!

Vor dem Petersdom lungerten Tausende bunt angezogene Leutchen herum, die meisten hatten sich vor den Sicherheitskontrollen zu einer gigantischen Schlange geformt und warteten auf Einlass in den heiligen Dom. Der Monsignore schleuste uns an den Menschen vorbei, zu einer kleinen Absperrung und wedelte den Securityleuten kurz mit einem Papierchen unter der Nase herum. Dann wurden wir gescannt, durchsucht und streng angesehen, aber schließlich eingelassen. Weiter ging es durch einen kühlen Gang, dann wieder ins Freie und plötzlich standen wir in einem lieblichen Park.

Eine Miniaturlandschaft aus sanften Hügeln mit englischem Rasen, gepflegten Hecken, Pavillons und Springbrunnen empfing uns. Dazwischen trabten Mönche oder so herum und ließen sich nicht stören. Obwohl der Ort doch sehr zum Verweilen einlud, lockte uns der Monsignore weiter und führte uns zu einem frei stehenden Haus am Ende des Parks.

Am Eingang angekommen, warteten wiederum Securityleute auf uns, diesmal waren Sie aber lustig angezogen, wie Harlekins mit Strumpfhöschen und Puffröckchen, eisernen Helmchen und Schwertern. Das war also die berühmte Schweizergarde. »Servus!«, grüßte ich die Jungs, aber der Job verbot ihnen anscheinend, zurückzugrüßen. Nachdem wir auch diesmal für ungefährlich befunden worden waren, durften wir eintreten. Wenn ich katholischen Prunk und Pomp erwartet hatte, so wurde ich enttäuscht. Sicher, die Wände waren getäfelt, der Boden war aus Marmor, aber außer ein paar alten Schinken hing nichts in der Eingangshalle. Eine breite Treppe führte in das nächste Stockwerk. Monsignore Puccito watschelte den Gang entlang, hielt dann vor einer der mächtigen Holztüren, klopfte kurz an und trat ein. Kurz darauf erschien sein verhutzeltes Köpfchen wieder und wir wurden hineingewunken.

Pierre ging voran. In dem kahlen Zimmer duftete es leicht nach Krankenhaus und die halb aufgezogenen Vorhänge tauchten alles in ein weiches, fahles Licht. Am letzten Fenster lag ein greiser Mann in einem Holzbett und wackelte freundlich mit einem Arm. Neben ihm, auf einem Stuhl, saß ein Geistlicher in schlichtem, weißem Gewand und hielt den anderen Arm des Alten. Das war also Cardinale Roberto, Pierres Opa. Wir traten näher und der knittrige Monsignore huschte aus der Tür nach draußen.

»Hallo, guten Tag«, sagte Pierre. Artig traten wir ans Bett und schüttelten dem Kardinal die Hand. Der Geistliche neben dem Krankenlager erhob sich von seinem Stuhl, um uns zu begrüßen, und uns stockte der Atem. Vor uns stand der Papst. Benedikt XVI. Der Pi-pa-papst. Der Oberobertyp überhaupt. Stand da so und gab uns die Hand. Wie begrüßt man einen Papst? Darüber hatten weder ich noch Pierre je nachgedacht. Das war ganz offensichtlich. Ich drückte ihm also die Hand, machte einen ulkigen Knicks und sagte meinen Namen. »Toni Mahoni, guten Tag, eure Oberhoheit!« Ich überlegte kurz, ob man jetzt irgendeinen Ring küssen sollte, aber das ging mir dann doch zu weit. Pierre machte auch einen Knicks und dann standen wir kurz blöde rum.

Der Papst nickte dem Kardinal kurz zu und der zwinkerte geheimnisvoll zurück. Dann legte Benedikt den Kopf schief, sah mich an und sagte: »So, Herr Mahoni, dann wollen wir die Familie einmal unter sich lassen. Kommen Sie doch mit und nehmen sie einen Kaffee mit mir. Der ist ausgezeichnet, das können Sie mir glauben.« Auch er zwinkerte jetzt eigenartig und schob mich sanft Richtung Tür.

»Äh, ja klar, gern …«, murmelte ich und: »Tschüs, Pierre, bis gleich dann, tschüs, Herr Kardinal, äh und so weiter …!«

Verwirrt trat ich mit dem Papst auf den Flur, sogleich eilten zwei bunte Harlekinschweizer hinzu, doch er winkte milde ab und so folgten sie uns in einiger Entfernung. Auf dem Gang klopfte der Papst an eine kleine Klappe, die sich sogleich öffnete, und dort bestellte er zwei Espressi.

Wir stiefelten um eine Ecke in einen großen, aber gemütlichen Raum, und Benedikt steuerte auf eine Sitzgruppe zu und ließ sich auf einem Canapé nieder. Mein Herz schlug bis zum Hals, ich wusste auch nicht, warum, schließlich hatte ich nichts Schlimmes getan. Ich setzte mich ihm gegenüber auf einen Sessel, schlug die Beine übereinander und wusste nicht, wo ich hinsehen sollte.

Wenn mich Peggy doch jetzt bloß sehen könnte! Wie würde sie sich amüsieren! Der Papst sah mich seinerseits ganz friedlich und gütig an und so wurde ich etwas ruhiger. »Schön haben Sie es hier«, sagte ich. Das stimmte ja auch. »Schön, schön.« Unsere Espressi und zwei Gläser Wasser kamen, serviert von einem älteren Herrn.

»Möchten Sie rauchen, Herr Mahoni?«

»Ach? Äh nein, ja, also warum nicht, nicht wahr?« Fangfrage? Schabernack? Egal, ich packte die Gelegenheit beim Schopf. Dann quarze ich halt mal eine mit dem Papst. Der nickte dem Diener zu und schon hatten wir einen Aschenbecher auf dem Tisch stehen. »Nur zu, Herr Mahoni, rauchen Sie nur. Ich habe früher auch einmal ganz gern geraucht, aber gewisse Dinge erübrigen sich dann einfach«, sagte er mit leiser Stimme.

Ich nickte und rollte mir eine Kippe.

»Wissen Sie, Herr Mahoni, ich kenne Ihre Arbeit ein wenig. Ab und zu habe ich mir Ihre kleinen Filmchen im Internet angeschaut und hin und wieder habe ich mich auch ganz nett dabei unterhalten.«

Ach Gott! In Windeseile durchratterte ich den Inhalt meiner Beiträge auf der Suche nach irgendwelchen papstfeindlichen Äußerungen. Mir fiel nichts ein, aber was heißt das schon!

»Ach!« Ich schaute in ein durchweg mildes Gesicht. »Na dit is ja 'n Ding. Dass der Papst, also Sie … dann doch … so mit Internet und so … Hätte man jetzt nich unbedingt erwartet!«

»Nein, nein, im Gegenteil! Die Kirche ist moderner denn je! Natürlich haben wir Internet hier. Haben Sie sich noch nie die Webseite des Vatikan angesehen?« Ich nickte, obwohl ich die Seite nie gesehen hatte, und nahm einen winzigen Schluck Espresso. Die Aufregung war mir auf den Darm geschlagen und ich befürchtete Schlimmes, wenn ich jetzt auch noch Kaffee …

»Mir hat ja eine Folge besonders gut gefallen, ich glaube, es war Nummer 34. Sie sprechen dort von einer verlassenen Kirche in ihrer Straße und machen sich Gedanken über deren Leerstand. In der Tat ein großes Problem.«

»Ja. Das ist schon traurig, die Kirche is sehr schön, wirklich!« Ich wischte eine winzige Schweißperle von meiner Stirn und der Papst sprach weiter:

»Gefallen hat mir auch, dass sie eigene Ideen hatten, wie man die Kirche wieder mit Leben füllen könnte. Sie sprachen von einer Bowlingbahn, wenn ich mich recht erinnere, und auch von einer Bar, die Sie dort einrichten würden.«

»Na ja, ich, also, mehr so als Gedankenspiel … Nicht wirklich!« Puh, das war jetzt aber krass.

»Nein, nein, ich finde die Idee gar nicht so schlecht. Das mit der Bar ist natürlich übertrieben, auch als Bowlingbahn ist eine Kirche nicht geeignet. Aber der Grundgedanke ist gut! Man sollte das verfolgen. Leerstehende Kirchen auf eine nützliche und gesellschaftsfördernde Weise wieder in die Gemeinde einbinden. Das ist gut.«

»Ja?« Nach meinem Feuerzeug suchend, wurde mir wieder bewusst, in welch jämmerlichen Klamotten ich dem Papst gegenübersaß. Meine Hose war von Brandlöchern übersät und hing auf halb acht. Ich zündelte an der Kippe herum, in der Aufregung hatte ich sie viel zu fest gedreht und musste nun enorme Saugkräfte entwickeln, um da was zum Glimmen zu bringen.

»Ach wissen Sie, Herr Papst äh, Benedikt, also mit diesem Filmchen, das ist nicht böse gemeint oder so. Ich dachte nur: Schade um das schöne Gebäude, niemand braucht dit mehr …«

»Meine Worte, Herr Mahoni! Mich interessiert natürlich, wie die Leute in Ihrer Straße, in Ihrem Bezirk an eine solche Sache herangehen. Gibt es erwägenswerte Nutzungsvorschläge? Kann man eventuell einen Neuanfang mit der Kirche und anderen zusammen machen? Gibt es die Möglichkeit, die leeren Kirchen ins Leben zurückzuholen, ohne sie gänzlich zu entweihen? Was meinen Sie?«

Meine Kippe war schon wieder aus, ich zündete sie erneut an. Ich blies den Rauch von Benedikt weg und sagte: »Also ich glaube eigentlich nich. Also weil allet, wat so Spaß macht, is doch im Grunde dit Gegenteil von so religiöser Ruhe oder Andacht und so. Und die Leute kommen da nich hin, wenn man da 'ne Bastelwerkstatt reinbaut oder 'ne Begegnungsstätte … Da muss wat mit Pfiff rein, also eigentlich je mehr Kontrast zur Kirche, desto besser! Ein Casino wär bestimmt der Oberrenner! Da würden se Schlange stehen wie hier vorm Vatikan. Aber da macht ihr ja wieder nich mit, oder?«

Benedikt kicherte. »Das wäre schon amüsant. Allerdings nicht denkbar. Wollen Sie übrigens noch einen Espresso?«

Mein Magen gluckste gefährlich, auch er hatte die Frage gehört. Andererseits konnte ich dem Oberoberpapst ja schlecht einen Espresso ausschlagen. »Ja, dann nehmen wa doch noch einen!«, rief ich.

Benedikt winkte mit der Hand und kurze Zeit später standen zwei neue Tässchen auf dem Tisch. »Herrlich, der Vatikanespresso, oder?«

»Absolut! Schön stark und die Crema – ein Gedicht!«, rief ich. Wir tranken unsere Tassen in einem Zug aus, dann erhob sich Benedikt und ich schnellte automatisch auch aus meinem Sitz hoch.

»War sehr nett, mal mit Ihnen zu plaudern, Herr Mahoni. Wie gesagt, wenn Ihnen noch etwas einfällt, schreiben Sie mir ruhig eine E-Mail.«

»Alles klar, Herr Papst! E-Mail. Ich fand's auch äußerst erhebend so. Aber ehrlich jesagt, würd ick jern mal kurz verschwinden. Also uff 'n stilles Örtchen so. Gibt's hier sowat überhaupt?« Ich sah mich zweifelnd um.

»Natürlich. Ich lasse es Ihnen zeigen. Und viele Grüße an Ihre Freundin, Peggy, wenn ich mich nicht täusche?«

»Ja, ganz genau, richt ich aus, danke, ne! Bis dann!« Ich knickste noch mal, dann zeigte mir der Kaffeediener das Klo.

Erleichtert wartete ich vor der Tür des Kardinals auf Pierre, immer beäugt von den Schweizer Kostümierten. Das wird mir niemand glauben! Kaffeetrinken mit dem Papst. Egal, ich hatte es erlebt, jetzt konnte ich unbeschwert durchs Leben gehen. Sollte mir was Interessantes einfallen, dann würde ich dem Stellvertreter Gottes eine E-Mail schicken. Aber woher wusste er nur von Peggy? Was war das doch für ein durchtriebener Geheimdienstapparat! War das vielleicht eine Drohung? Hatte mir der Papst sagen wollen, ich solle aufhören, mich über die Kirche auszulassen, denn schließlich wüsste er auch, wer meine Freundin sei? Ich fand das Gebäude plötzlich sehr unheimlich und wollte schnell fort. Durch die Tür drang immer öfter Pierres Lachen, anscheinend erzählten sie sich drinnen Witze. Es dauerte noch eine ganze Weile, bis Pierre rauskam, er winkte zum Abschied seinem Opa zu und rief: »O. k. dann mach's gut!«

Eigenartige Verabschiedung vom sterbenden Großvater, dachte ich noch. Doch Pierre hat schließlich auch so seine Art.

Dann liefen wir zusammen aus dem Haus. Der Monsignore brachte uns wieder raus und verließ uns dann auf dem Petersplatz.

»Und? Wie wart?«, fragte ich Pierre.

»Echt jut. Hat voll meinen Humor, der Alte!«

»Ick hab mir mit'n Papst solang die Zeit vertrieben. Is ooch janz jut druff, der Kollege.«

»Na siehste«, sagte Pierre. »War doch halb so schlimm allet, oder?«

»Na sag ick doch! War dufte jewesen mit Benedetto!«

»Ich muss dir was erzählen, Mahoni.«

»Na, dann schieß los!«

»Nee, du solltest dabei sitzen, einen Schnaps in den Händen halten und keine gefährlichen Gegenstände in der Nähe haben.«

»Aha. Dann setzen wa uns doch irgendwo rin hier, oder?«

Nachdem mir Pierre tatsächlich einen Grappa bestellt hatte, es war wohlgemerkt erst so zehn Uhr am Vormittag, begann er mich drucksend aufzuklären.

»Also pass uff, Mahoni. Du darfst nich sauer sein jetze, o. k.?«

»Ja, wie? Kommt ja wohl druff an!«

»Nee, kommt nich druff an. Versprich mir, dass de nich sauer bist, sonst erzähl ick's dir nich.«

»Puh!«, rief ich aus, »hör zu, Pierre. Ick verspreche dir, nich

handgreiflich zu werden und ansonsten bin ick absolut entspannt, also raus mit deiner Jeschichte!«

»Also jut! Dieser Kardinal Roberto, ja?«

»Ja?«

»Also, der is nich mein Großvater.«

»Ach wat! Wat denn nu schon wieder! Wer denn dann? Oder
wer is dit denn dann nu, hä?«

»Mahoni. Wat denkste denn, warum der Papst in dem Zimmer
saß?«

»Na, weil er Händchen jehalten hat, mit seinem dahinsiechen-
den Kollegen. Wat denn sonst?«

»Falsch, Mahoni. Der Papst hat da gesessen, weil er wusste, dass
du dahin kommst. Er wollte einfach mal mit dir quatschen!«

»Jut, Pierre. Jutet Ding. Komma uffn Punkt.«

»Na warum biste denn nach Rom jefahrn?«

»Weil ick mal raus musste und Pizza essen wollte und der janze
Quatsch, weeßte doch!«

Ich begann mich aufzuregen, gleichzeitig beschlich mich ein
seltsames Gefühl: Da Pierre so ernst tat und ich gerade vom
Papst kam, schien auf einmal so viel möglich, dass mir schwind-
lig wurde.

»Nee, Mahoni! Du bist nach Rom jefahrn, weil de 'ne E-Mail
bekommen hast! Ein Lufthansaflug für 19,99! Wo gibt's denn
sowat! Die janze Sache is von langer Hand jeplant! Ick war
darin involviert seit 'n paar Monaten. Immer bereit mit meiner
Jeschichte vom Kardinalsopa. Die haben die janze Zeit druff je-
wartet, dass du endlich mal die Scheiß-E-Mail vonna Lufthansa
bemerkst und denn mal nach Rom fliegst! Vastehste nich? Der
Papst wollte dich sehen und steht uff so 'ne Spielchen. Dit is 'n
Schlauer, der wollte, dass du denkst, du seiest ma janz zufällig
dem Padre begegnet! So macht der dit ständig! Sonst kacken sich
doch alle ein, wenn sie et vorher wissen!«

Ich musste an meine erhöhte Darmtätigkeit während der
Unterhaltung mit Benedikt denken und nickte. Dann griff ich
mir den Grappa und spülte ihn runter, während Pierre weiter-
quatschte. Ich hörte gar nicht mehr richtig zu und drehte mir
eine Kippe.

»Samma, Pierre, entschuldje, wenn ick dich unterbreche bei deinem Agententhriller! Aber kannst du mir ma bitte verraten, warum du da mitgespielt haben sollst? Hab ick dir irgendwat jetan?«

»Mahoni, nu hör aber uff! Dit is der Vatikan, Alter! Die sind uff mich zu und haben jesagt so und so. Der Papst will den Mahoni treffen und mit ihm quatschen. Klar, hab ick ooch erst jedacht: Spinnen die jetz alle? Wat will er denn von Mahoni, der Papst? Und wenn, dann soll er ihn doch einladen und fertig. Aber nee, so läuft dit nich. Dann haben se sich diese Jeschichte um meinen angeblichen Opa ausgedacht, damit es irgendeinen plausiblen Grund gibt, warum du in den Vatikan musst. Und ick hab halt mitgemacht. Weil so schlimm war dit ja nun ooch wieder nich. Außerdem war ja ooch 'ne Romreise drin, oder nich?«

»Puh!« Ich schaute in mein leeres Glas. »Pierre, bestell ma noch 'n Grappa, bitte!« Ich war völlig verwirrt. Und natürlich geschmeichelt. Der Papst hatte einen Heidenaufwand betrieben, nur um mal ein Viertelstündchen mit mir über die Kirche in meiner Straße zu quatschen! Andererseits war ich auch enttäuscht von der ganzen Hinterfotzigkeit und ich war blöd wie ein Hund auf alles angesprungen.

Der Grappa kam und ich nippte ihn zur Hälfte weg.

»Und dit gloobst du jetz oder wat?«, fragte mich Pierre grinsend.

»Wie? Wat gloob ick?«

»Na dass der Papst dit Treffen mit dir arrangiert hat.«

»Ja, wie, du hastet mir doch grad erzählt.«

»Ja, um dich zu verarschen, Mahoni! Denkste, der Papst hat Zeit für so 'n Quatsch, Alter? Dit war 'n Spaß! Klar ist der Kardinal mein Opa! Mann, bist du einjebildet, Mahoni!«

Ich sagte und dachte gar nichts mehr. In meinem Kopf tanzte der Papst mit lauter schwarz gekleideten Geheimagenten einen Reigen, Pierre dirigierte und ich saß in der Mitte auf einem Kackhaus und heulte.

»Mahoni, du hast ma so oft verarscht, dit war jetz einfach zu günstig! Is ja nur, dass de keen Höhenflug bekommst von deiner Papstaudienz! Na nimm mal noch 'n Schluck, siehst ja völlee fertig aus!« Dann platzte Pierre mit einem lauten Lachen und Kichern heraus, welches mehrere Minuten andauerte. Komischer Kauz.

Später fuhren wir an die Küste und badeten an einem überfüllten Strand, gegen den jedes Berliner Freibad ein Ort der Ruhe war, und langsam konnte auch ich über Pierres kleinen Scherz schmunzeln.

Er erzählte mir später, dass sein Großvater ihm die Eingebung zu der Geschichte gegeben hatte. Da kann man mal sehen, wie die Familie Robert so tickt. Aber es gibt Vorbereitungen. Gründliche Vorbereitungen zu einem lustigen Gegenschlag. Pierre, der Tag der Abrechnung wird kommen!

Blumen

Zwischen alten Männern ließen
Alle bald die Blüten fallen
Lasst die Frauen rein zum Gießen
Lüftet diese toten Hallen

Beim Milchholen für den Kaffee war's. Ich wartete geduldig auf das Ende der dicht fahrenden Autoschlange, um den Mittelstreifen der Frankfurter Allee zu erreichen, da fiel mein Blick auf den winzigen Aushang des Blumenladens. Ich ließ die Autos in Ruhe und sah mir das Zettelchen an. »Ab sofort Aushilfe gesucht.« Mein letzter Job war schon eine Weile her und seit meiner Flucht nach Rom hatten meine Geschäfte völlig brachgelegen. Also reinspaziert und nachgehakt. Die Blumenverkäuferin sah nett aus, ein wenig hart, ein wenig verträumt, insgesamt freundlich. Ich durchwandelte den kleinen Laden mit wenigen Schritten und winkte der Frau zu.

»Tachchen! Sie suchen eine Aushilfe?«

Die Frau musterte mich gutgelaunt und zog dann eine bejahende Schnute. Geschickt wickelte sie gerade ein Sträußchen zurecht. »Irgendwelche Erfahrung?«

In der Tat hatte ich einst in der Ukraine einen Blumenstand führen müssen, allerdings nur zur Attrappe und ohne nennenswerte floristische Kenntnisse. Deswegen sagte ich: »Nein. Aber Blumen werden von mir stets gut behandelt.« Die Frau nickte misstrauisch.

»Na, wir können es versuchen, falls sich niemand anderes meldet, es ist ja eh nur für ein paar Wochen.« Sie nahm die Schere und schnippte den Faden durch. »Ab wann könntest du denn?«

»Ab jetze«, sagte ich.

»Auch gut. Dann komm mal nachher mit deinen Papieren, dann kannste morgen mal 'n Tag reinschnuppern!«

»Danke!« Da freut man sich doch!

»Dann nehm ick gleich noch 'n Strauß von den Weißen da mit!«

»Lilien!«, sagte die Frau skeptisch.

»Mahoni!«, stellte ich mich vor.

»Nein, die Blumen heißen Lilien, mein Name ist Skowetschnaja. Oder einfach Jessi.«

»Ach so. Ja super. Dann einen Strauß Lilien bitte, Jessi!« Sie erleichterte mich um den Vorzugspreis von fünf Euro, ich holte noch die Milch und rannte die Treppen hoch zur Wohnung. Peggy saß gähnend im Bett und hielt mir ihre Tasse mit schwarzem Kaffee hin.

»Milch!«, sagte sie wie ein Baby.

»Und Blumen«, antwortete ich in Kleinkindslang und präsentierte die Lilien.

»Und Milch!« – »Und Blumen!« So ging das eine Weile.

»Mann, die stinken aber, die Blumen«, sagte Peggy dann.

»Schön, dass du dich freust!« Ich holte meinen Kaffee und begann am Schreibtisch meine Unterlagen zu suchen.

»Vielleicht hab ick 'n Job am Start, im Blumenladen unten, weeßte.«

»Echt?« Peggy sah interessiert rüber und schlürfte an ihrem Heißgetränk. »Willste nicht lieber deinen neuen Freund Benedikt nach 'nem Job fragen? Goldene Kreuze putzen oder 'n paar Hexen grillen?« Sie grinste mich über beide Ohren an. Ständig musste ich mich jetzt wegen meiner angeblichen Freundschaft zum Papst rechtfertigen. Ich ging nicht weiter darauf ein.

»Ick bring bloß mal schnell meene Papiere zum Laden runter.«

Jessi durchforstete die paar Zettel und nickte dann.

»Arbeitslos biste nich jemeldet?«

»Jott behüte, ick bin freischaffend. Allet Mögliche so.«

»Ja, man hat's nich einfach. Denn kommste morgen um fünf spätestens zum Laden bitte, zieh dir wat Ordentliches an oder 'n Kittel, wenn de hast.«

»Um fünf, ja?«, fragte ich unsicher.

»Ja, wir fahren zum Markt morgen.«

»Und wat verdien ick bei dir?« Eine nicht ganz unwichtige Frage.

»Stunde sechs Euro plus Steuer.«

»Alles klar!« Ich tapste wieder nach oben und war froh, dass mein neuer Job nicht in fernen Bezirken lag. Um fünf! Peggy stand im Bademantel im Flur und rief fröhliche Gluckser in den Telefonhörer.

»Na is ja Hammer! Na dit nenn ick Bombe! Hat allet jeklappt! Supergeil!«

Ich trottete um sie herum und klopfte an Pierres Zimmertür. Der wollte mal vor zwölf geweckt werden, denn es ging auf nach Frankreich. Es hatte sich herausgestellt, dass Pierre noch Familie in Frankreich hatte. Sein Großvater, der Kardinal, hatte ihm dort überraschend ein paar heimlich gezeugte Tanten beschert. Er hatte das damals mit dem Zölibat anscheinend nicht so ernst genommen. Die Familie einer dieser Tanten hatte Pierre aufs Land in die Provence eingeladen und er hatte seine Semesterferien bisher nur zum Weinkonsum genutzt. Bald waren die Ferien wieder um, und er hatte nichts erlebt, außer saurem Geschmack im Mund. Also packte er, nach langem Zureden, sein Leben am Schopf und überwand seine schreckliche Reiseunlust. Er musste den Flieger um 15 Uhr schaffen, deswegen sein frühes Aufstehen.

»Pierre, wach uff, is schon dreie durch!«, rief ich aufgelöst in sein Zimmer.

»Hör uff, Mahoni!«, murmelte der kleine Franzose und drehte sich um. Ich ließ seine Zimmertür einfach offen, drehte das Küchenradio auf und ging mit Peggy zu mir rüber. Das wirkte immer. Pierre hasste Radio.

»Wat war los am Telefon?«, fragte ich Peggy, die freudig durch unser Zimmer hüpfte.

»Dit mit der Ausstellung hat jeklappt, Mahoni! Wir sind drin! Das is so traumhaft! Fünfzigtausend können wir verbraten!«

»Wow! Schön! Na denn wird dit ja noch 'n aufregender Sommer!« Lauter gute Nachrichten. Die Kanarienvögel freuten sich mit uns.

»Hilfste mir, Mahoni? Wir brauchen auf jeden Fall deine Hilfe, dit wird 'n Riesenprojekt!« Peggy tanzte wankend auf der Stelle herum.

»Klar, ick bin dabei. Janz große Kunst!«

Später teilte uns Memo-Mike mit, dass sein Bruder Mommsen endlich 'nen Job in Berlin gefunden hatte, heute am Abend ankommen würde und 'ne riesige Kneipenrunde plante.

»Der hat jetzt ooch 'n Job? Mann, wat is denn los?« Wir freuten uns, nur Pierre war geknickt, weil er lieber in die Kneipe mitkommen wollte, statt jetzt zur Tante nach Frankreich zu fliegen. Mommsen kehrte heim! Das musste natürlich gefeiert werden: Zu lange schon war er in Frankfurt am Main verschollen gewesen, schwimmend in Kohle, doch geplagt von Heimweh. Memo-Mike und ich hängten uns in die Leitung und trommelten das komplette Personal für den Abend zusammen. Peggy klinkte sich ein und holte ihre Ausstellungsmädels zum Feiern ran. Fast alle hatten Zeit, nur Driver war nicht zu erreichen. Sein Mitbewohner Poldi machte geheimnisvolle Andeutungen über eine weite Reise, jedoch war nichts weiter aus ihm herauszukriegen. Peggy machte sich fertig und fuhr in ihr Uni-Atelier, Memo-Mike hatte frei und entspannte sich mit mir beim Backgammon, Pierre kraxelte bepackt und schmollend in Richtung Flughafen.

»Wat is denn dit für 'ne Ausstellung, die Peggy da jetzt macht?«, fragte Memo-Mike beim Spiel.

»Voll die kranke Sache.«

»Echt?« Memo schaute ängstlich auf.

»Na ja … Die Kirche hatte 'nen Wettbewerb ausjeschrieben für 'ne Freiluftausstellung da vor der Hedwigskathedrale. Und die Mädels haben sich beworben mit 'nem total hirnverbrannten Konzept à la »Wahre Engel – Helden der Kirchengeschichte, vastehste?«

Memo schüttelte den Kopf.

»Na so Mutter Teresa und Albert Schweitzer oder so. Eben so Samaritertypen. Dazu haben se 'ne Bühne, auf der so kinderprogrammmäßig die Schlüsselszenen von sowat nachgestellt werden sollen …«

Memo-Mike stutzte. »Sowat macht Peggy? Is die inna Kirche?«

Ich lachte. »Nee, eben nich, dit war nur zum Abgeben, dit Konzept. Nur 'n Köder. Wat die jetzt da abziehen werden, is 'ne janz andere Jeschichte. Kannste dir ja vorstellen.«

Mike nickte heftig.

»Unterdrückung der Frau inna Kirche, Jewaltherrschaft, Mord und Dootschlag, und natürlich wird's viel um pädophile Pfaffen jehn. Kannst dir ja vorstellen, wat da denn wirklee uff de Bühne läuft ...«

»O Mann, die is krass!«

»Dit sag ick dir!«, schwärmte ich.

Wir trafen uns gegen neun am Abend im Minki, ein lauschiger Biergarten im Norden Kreuzbergs ohne viel Klimbim. Mommsen ließ sich von allen Seiten schön feiern. Von seinem Job allerdings erzählte er nichts Erfreuliches. Was er da genau tun würde, blieb uns schleierhaft. Er wiederholte nur immer, er sei jetzt Seelenhändler und arbeite beim Teufel. Der Teufel war ein Typ mit Büro, die Seelenhändler mussten zunächst erst mal 4000 Euro im Voraus Büromiete abdrücken und durften sich dafür an einem gewissen Teil Spekulationsmasse bedienen, alles mit der Börsenlizenz des Teufels. Von den Gewinnen bekam der Teufel die Hälfte ab, die Seelenhändler mussten also mindestens 10 000 monatlich erzocken, damit sie wenigstens 1000 Euro mit nach Hause brachten. Wer Geld aus dem Pool verzockte, flog sofort raus. Wer die 4000 am Monatsanfang nicht aufbringen konnte, ebenfalls. Natürlich alles auf selbstständiger Basis und ohne jegliche Absicherung.

»Haste nix Besseres jefunden?« Ich staunte, dass Mommsen dafür tatsächlich seinen Top-Job in Frankfurt aufgegeben hatte.

»Ach, Mahoni, als Banker biste grade wie 'n Metzger im Gammelfleischskandal, da musste jeden Scheiß versuchen. Is die verdammte Krise! Wat denkste, wat in Frankfurt jetz am Ende los war? Jeden Tach is da eener gegangen. Bevor ick ma rausschmeißen lasse, versuch ick lieber selber wat.«

»Na denn prost!« Peggys trinkfeste Weiberkameraden tauchten auf und verwickelten meine Freunde in grundlegende Diskussionen. Das Bier schmeckte allen an diesem Abend. Es war kühl und frisch, Lichterketten blinkten durch die laue Spätsommernacht. Nach und nach waren alle da, ich schlenderte zwischen den Tischen herum und quatschte mit diesem und jenem, auch mit Poldi. Sogleich löcherte ich ihn, was mit Driver los war, was für eine große Reise das sein sollte, die er angetreten hatte. Poldi druckste herum, ich spendierte ihm ein Bier und er versprach, dass er es erzählen würde, »wenn er sich danach fühle«. Ein weiteres Bier war nötig und dann fühlte er sich bereit. Er berichtete: Driver hatte versäumt, seine Steuern in voller Höhe zu begleichen. Das Finanzamt hatte ihn darauf aufmerksam gemacht. Er hatte den Brief weggeschmissen, nach dem guten, alten Prinzip: du siehst mich nicht, ich sehe dich nicht! Die sahen ihn aber und schickten weiter Post, Mahnungen, Drohungen, Anweisungen. Schließlich sollte er sich bei der Polizei melden, dann in Moabit. Als Driver alle Briefe nach seinem Prinzip vernichtet hatte, hatten sie ihn eben einfach abgeholt. Alle Fristen waren verstrichen, fünfzig Tage Knast waren abzusitzen. Dahin war die Reise gegangen. Ich holte weiteres Bier und wir stießen auf Driver an. Hatte er tatsächlich seine Freiheit verzockt! Und das wollte er jetzt zwei Monate geheimhalten? Poldi bejahte. Aha. Dann war es natürlich ungünstig, dass ausgerechnet ich es wusste und mich gerade inmitten sämtlicher Freunde zu fortgeschrittener Stunde in einem Biergarten befand. Wir feierten weiter und ein paar Stunden später bedauerten wir alle den armen Driver. Was sollte Ivory jetzt ohne ihn machen? Was war mit seinen Aufträgen im Studio, wo blieben jetzt die Grillpartys und Hoffeste in der Prenzlauer? Wer kutschierte nun die Feierbagage durch die Stadt? Es war gemein. Wir wollten schon sammeln, jeder schnell 'n Fuffi, aber Poldi winkte ab. Die Maßnahme war angeordnet, nicht das Absitzen eines Tagessatzes, sondern simple Strafe. Unbezahlbar. Abwarten, eben. Ich saß mit Mommsen, Memo und Peggy zusammen, wir bestellten Schnaps und kippten auf den Freund in Gefangenschaft, dann auf den Heimgekehrten, später einfach auf alle. So lustig es auch war, ich machte trotzdem 'nen Polnischen und ging, ohne mich zu verabschieden, mit Peggy zum Taxistand. Nie böse gemeint, einfach zeitsparender, als fünfzig Leuten brav Aufwiedersehen zu sagen.

Der Blick auf die Küchenuhr mahnte mich, lieber gleich in Klamotten zu schlafen. Es war nach drei und es würden keine zwei Stunden Schlaf mehr herausspringen. Ich bediente mich reichlich an der Wasserleitung und stopfte noch schnell einen

Haufen salziger Dinge in mich rein, dann streckte ich mich auf der Couch aus und rief ein klägliches »Gute Nacht« durch die Wohnung. Ich verlor das Bewusstsein und fast im selben Augenblick klingelte mein Handywecker. Es wurde für ein paar Minuten schwierig, dann stand ich Punkt fünf Uhr vor dem Blumenladen. Mein erster Arbeitstag.

»Ach Gott, alles in Ordnung?«, wurde ich von Jessi begrüßt.

»Ja, klar, is nur noch früh.« Wir luden leere Kisten und Kartons in ihren Transporter und tuckerten dann gen Osten zum Blumengroßhandel an der B1, weit im Lande Brandenburg. Die Fahrt nutzte ich für ein Nickerchen. Dann hieß es warten und zwischen lauten Menschen und bunten Blumen herumstolpern. Ich lud allerlei Pflanzen auf einen riesigen Wagen, dann bestückte ich damit das Auto und wir fuhren wieder in die Stadt. Das hätte mir als Arbeitstag vollkommen ausgereicht, aber es ging weiter. Ich stapelte, kramte, sortierte in dem winzigen Hinterraum, stellte ins Wasser, füllte mit Erde, schmiss weg, lagerte und rauchte dann erst mal eine.

Es war noch nicht um neun, ich überlegte, ob ich mich krank melden sollte. Es half nichts. Der Laden öffnete, die ersten Kunden kamen rein. Erstaunlicherweise lief das Morgengeschäft hervorragend, unzählige Herren hatten anscheinend vor der Arbeit noch den nächtlichen Streit zu schlichten. Dann kam die Vormittagsflaute, dann die Mittagsflaute und Jessi schickte mich gütig für zwei Stunden in die Pause. Ich stolperte nach oben und eroberte die Couch. Mein Handy klingelte mit unterdrückter Rufnummer, es war Driver.

»Mahoni, icke bins.«

»Hey Driver, alter Knacki!«, murmelte ich schlaftrunken. »Wat machst du denn bloß?«

»Knacki? Scheiße, weeßt du dit etwa schon?« Driver klang erwischt.

»Na wat gloobst du denn? Alle wissen's, wir waren doch jestern alle mit Poldi inna Kneipe.«

»Na jut, denn brauch ick dir ja nich erzählen, dass ick 'ne spontane Schiffsreise angetreten habe …«

»Nee, brauchste nich. Jehts dir jut, haste allet?«

»Na ja, ick konnte nich so richtig packen, als ick gefangen genommen wurde.«

»Ick komm nach der Arbeit rum und bring dir watte brauchst. Saach an!«

Aber Poldi war schon instruiert und hatte alles im Griff. Das Wichtigste war erst mal sein Schnuffelkissen, seine unverzichtbare Einschlafhilfe, denn er brauchte dringend ein zweites Kissen, sonst war an Schlaf überhaupt nicht zu denken. Driver erzählte, er dürfe erst in zwei Wochen seinen ersten Besuch empfangen, aber Klamotten könne man jederzeit beim Pförtner für ihn abgeben.

Ich schlief noch ein Stündchen und kochte mir dann einen mörderischen, hochverzuckerten Kaffee. Aufgeputscht trat ich wieder den Dienst an und ging Jessi zur Hand. Sie brachte mir zunächst einige der gängigsten Blumennamen bei: Stiefmütterchen, Geranien, Astern. Hauptsächlich waren es Balkon- und Gartenpflanzen, denn Schnittblumen reduzierte man im Sommer auf ein Minimum. Dann zeigte sie mir die Funktionsweise der alten Registrierkasse und im Nu war ich ein ausgebildeter, ungelernter Blumenhändler. Um 18 Uhr war Schluss, ich konnte gehen.

»Morgen wieder um fünf?«, fragte ich ungläubig.

Jessi lachte. »Nein, nein, Mahoni! Um neun. Neun reicht völlig!«

In der Wohnung überraschte ich Peggy beim Kampfjetfliegen auf dem Computer.

»Hunger!«, sagte ich zu meinem Weib.

»Durst!«, sagte mein Weib zu mir.

»Mann gehen arbeiten. Frau kochen Essen!«, argumentierte ich.

»Hm, lecker Reis!«, rief Peggy.

»Ach Scheiße, ick hol mir 'n Döner.« Peggy freute sich. Später fanden wir heraus, dass man das Kampfjetspiel auch zu zweit zocken konnte, und vergeudeten so siegreich unsere knappe Erdenzeit.

In den nächsten Tagen verdiente ich mir eine goldene Nase, jedenfalls eine mit Blattgold, und lernte viel über die verschiedenen Qualitäten von Blumenerde. Blumenerde ist nämlich absolut nicht gleich Blumenerde! Ich machte Ableger, düngte, goss, bediente die Kasse und stapelte leere Kisten, um neuen Platz in der Kammer zu schaffen. Der Laden war beliebt, die Qualität der Pflanzen durchweg gut und Jessi hatte für jeden ein freundliches Wort oder einen kleinen Rabatt übrig. Peggy profitierte ebenfalls und bekam jeden Tag einen frischen Strauß Blumen. Mal stanken die Dinger, mal waren sie ganz hübsch. Alles in allem ein lockerer Job im Kiez. Nur die Markttage waren hart, aber ich war Gott sei Dank nicht jedes Mal so besoffen wie am ersten Tag.

Der erstmögliche Besuchstermin für Driver rückte heran. Da stets nur zwei Leute zugelassen wurden, hatte er ein Problem. Alle wollten gern kommen und Driver war komplett überfordert. Er wollte niemandem den Vorzug gewähren, da er niemanden verletzen wollte. Er hatte eine riesige Schar Freunde zu bespaßen, da galt es stets das Gleichgewicht auszutarieren, niemand sollte sich übervorteilt fühlen. Es war, als hätte der König nur zwei Karten für die Megaparty. Seine Majestät gewährte Audienz. Doch wer sollten die Glücklichen sein? Er zierte sich und druckste herum. Schließlich informierte uns Poldi, dass Driver sich, um alle Missgunst zwischen den Höflingen auszuschließen, für ein Spiel entschieden hatte. Die Gewinner dieses Spiels sollten die Erwählten sein. Alle, die ihn besuchen wollten, sollten sich bei Poldi melden. Also trafen wir uns ganz einfach auf Drivers Hof und veranstalteten ein Tischtennisturnier. 18 Teilnehmer wurden registriert, dann spielten wir chinesisch in drei Gruppen, die drei Sieger machten ein kleines Match und dann standen die beiden Besucher fest. Leider war ich nicht dabei. Mo durfte und Jenne. Wir gratulierten. Sie sollten die letzten zwei Ausgaben seines Gala-Abos mitbringen, damit er erführe, was draußen in der Welt so geschehen war. Ich fuhr mit Peggy nach Hause und wir genossen die sommerliche Straßenbahnfahrt durchs prächtige Berlin. Die Stadt füllte sich zwar langsam wieder mit Menschen, die über die Ferien ihre Muttis besucht hatten, doch war es immer noch angenehm leer auf den Straßen.

»Und wie laufen die Vorbereitungen?«, fragte ich Peggy.

»Ach, is anstrengend! Ständig kommen Typen von der Hedwigsgemeinde und möchten am liebsten persönliche Führungen durch die ganze, verdammte Uni! Dann müssen wir immer unsern ganzen Kram wegräumen und die Attrappen aufstellen. Das is immer so peinlich, weil wir die Dinger nur so hingeschustert haben, also total blöd. Aber dann freuen die sich und geben uns tolle Ratschläge … na ja!«

Peggy trug einen neuen Bademantel, der aus leichtem, seidigem Material war und wunderschön an ihr aussah. Bis auf die kleinen Schafe mit Zipfelmützen.

»Und wir haben noch viel zu wenig Leute, fast keiner von den Schauspielern will mitmachen, alle haben nur Angst. Und auch beim Aufstellen nachher brauchen wir jede Hand.«

»Ach, dit wird schon, Peggy, wir können ja ooch mal bei mir rumfragen!«

Peggy winkte ab.

»Zum Aufbauen vielleicht. Aber für das Stück, das wir geschrieben haben, brauchen wir keine Laien, vastehste? Das wird sonst einfach nur albern.«

Wir tuckerten weiter und ich versuchte mir vorzustellen, auf welche Weise es Peggy gelingen mochte, die Aktion als »nicht albern« erscheinen zu lassen. Für mich hatte die Sache so viel Spaßpotenzial wie eine Jackassfolge. Wer weiß, ob über den Schock noch ein Restchen Botschaft bleiben würde.

Als wir zu Hause ankamen, war Pierre heimgekehrt. Braungebrannt, bärtig und hervorragend gekleidet, saß er in der Küche und trank Wein. Wir freuten uns und ließen uns von seinem Urlaub berichten. Er hatte die ganze Zeit auf dem Gut verbracht, war seiner Familie bei der Arbeit zur Hand gegangen und hatte bereits zur Mittagszeit immer schon mit einem Glas Wein begonnen. Hauptsächlich schilderte er uns den guten Einfluss dieser neuen Gewohnheit auf seine Wahrnehmung. Es war also alles beim Alten. Dann packte er die verrücktesten Käse- und Wurstsorten aus und wir schlemmten vornehm bis in die tiefe Nacht hinein.

Am nächsten Tag erzählte ich Jessi im Blumenladen nebenbei, dass meine Freundin Peggy kein Blumenmensch zu sein schien. Entweder fand sie, die Flora stinkt, oder sie nahm sie gar nicht erst wahr. Ihre Dankesbekundungen sahen mir eher wie Höflichkeit aus und selbst die schiere Masse der Glocken-, Maul- und Schmetterlingsblütler, die sich mittlerweile in unserer Wohnung staute, schien sie nicht zu beeindrucken.

Jessi schüttelte den Kopf. »Dann hast du bloß die richtige Blume noch nicht gefunden«, meinte sie. »Du musst dranbleiben. Jeder Frauentyp hat seine Blume, auch wenn sie es nicht weiß!«

»Na, vielleicht sollte ich es mal mit Brennnesseln versuchen!«, mutmaßte ich.

Jessi verneinte. Ich probierte es an diesem Abend mit einem wunderschönen Strauß blühender Disteln, umwirkt mit Schneidegras. Aber die Feldblumenpracht wurde artig zu den anderen Blumen gestellt, ohne sonderliche Regung. Musste ich eben weitersuchen.

Mo und Jenne hatten Driver besucht und wurden von allen bestürmt, über ihre Knasteindrücke Bericht zu erstatten. Driver hatte sie im gerippten Unterhemd empfangen, die Haare zurückgegelt, ein Goldkettchen tragend. Wir lachten uns kaputt. Kaum war der im Bau, spielte er schon den Don! Wahnsinn. Er hatte bereits kleine Geschäfte am Laufen, wie immer lief es einfach und die Sympathien waren auf seiner Seite. Statt Knast sagte er Hotel und in der Hauptsache ging es ihm um die Verbesserung seines Essens. Deswegen hatte er auch einen neuen Wettbewerb ausgerufen. Wer ihm als erster Hot Shot besorgen könne, wäre der nächste Besuchskandidat und dürfe einen weiteren Besucher frei wählen. Hot Shot war Drivers Lieblingswürze, eine nur in den USA erhältliche Pfefferpaste, krebserregend und in Deutschland nicht gestattet. Ich rief sofort Mommsen an.

»Mommsen«, meldete er sich kurz.

»Ey Mommsen! Samma, du hast doch bestimmt 'n Kontakt zu wem auch immer in den Staaten, oder?«

»Klar, wieso?« Mommsen stand unter Strom.

»Ick brauch so schnell es geht 'ne Familienpackung Hot Shot, is so 'ne Würzpaste.«

»So jemanden kenn ick nich«, sagte er.

»Es geht um 'nen echt wichtigen Wettbewerb, bitte! Irgendwer wird doch mal kurz in'n Supermarkt und dit Zeug schicken können?«

»Toni, dit sind allet Geschäftsleute, Broker, Bankiers, Mafiosis, die jehn nich in Supermärkte!«

»Ach komm schon, sag einfach, du brauchst dit, und mach einen uff Kumpel!«

»Na jut, ick denk mir wat aus. An deine Adresse?«

»Jo!«

»O. k., hau rin, ick hab zu tun!« Mommsen legte auf.

So kam es, dass irgendein feiner Pinkel noch am selben Tag in den Staaten die Riesenpackung Pfeffermixwürzpaste kaufen ging, sie verpackte, an mich adressierte und zur Post brachte, damit ich Driver in Moabit besuchen konnte.

Peggy war derweil megagestresst. Nichts klappte, ständig kamen Kontrolleure von der Kirche und kaum einer wollte oder konnte bei der großen Eröffnungsshow mitwirken. Um die Schnüffler zu beruhigen, mussten Peggy und ihre Girls zusätz-

lich auch an der Fake-Ausstellung weiterarbeiten, damit es so aussah, als kämen sie voran. Wann immer ich nach der Arbeit Zeit hatte, fuhr ich nun raus nach Weißensee zur Uni und half beim Bauen der Exponate und Ausstellungsvitrinen. Gruseliges Kernstück war eine Skulpturenreihe: Drei gekreuzigten Frauen, die verkehrt herum und also breitbeinig an das Kreuz genagelt waren, das Geschlechtsteil anklagend zum Himmel geöffnet. Eine hochbegabte Figurenbildnerin feilte seit Wochen an den lebensecht wirkenden Puppen und ich half ihr, die Damen zu kreuzigen.

Aber auch kleinere Dinge waren zu tun, es gab unendlich viele Fotos, die Auswahl stand noch nicht ganz fest und ständig mussten neue Schaukästen gebaut, gestrichen und bestückt werden. Es gab eine imaginäre Namensliste, die die Zahl der Opfer pädophiler Pfaffen in den letzten fünfzig Jahren darstellen sollte. Ein Team von Zeichnerinnen gestaltete die Listen mit Hunderten trauriger Kindergesichter. Irgendwie ging es voran und alle arbeiteten, bis sie umfielen. Wenn ich sie sah, war ich froh über meinen recht anspruchslosen Blumen-Job direkt neben meinem Bett. Als Hauptproblem entpuppte sich das Stück für die Bühne vor der Kathedrale. Es war nicht besonders lang, vielleicht fünf Minuten, aber es fand sich niemand, der fähig war, den Bischof zu spielen. Auch für die anderen Rollen, einen Haufen Kinder und ein paar Pfaffen, waren nicht genug Schauspieler am Start. Die Proben scheiterten an der katastrophalen Unterbesetzung. Ein paarmal schon hatten die Mädels an den Schauspielschulen Berlins inseriert, doch wollte niemand der jungen Träumer seinen Namen mit dieser Guerillaaktion verderben. Ich selbst hatte mich bereit erklärt, den Bischof oder einen Pfaffen zu spielen, da wiederum scheiterte es an den Ansprüchen der Mädels.

Dann kam das Paket mit Hot Shot an. Sofort alarmierte ich alle potenziellen Besuchswilligen: Ich hab den Scheiß! Wer sich vergewissern möchte: herzlich willkommen! Ich dankte Mommsen und benachrichtigte Poldi, unseren Verbindungsmann zur Unterwelt. Natürlich wählte ich als Begleitung Peggy, die mir schon seit Tagen in den Ohren lag. Einen echten Knast von innen sehen! Zum Besuchstag schnürten wir unser Päckchen mit dem Zeug, den letzten Gala-Ausgaben und ein paar Autozeitschriften und begaben uns zum Gefängnis. Als Erstes wurde uns das Paket abgenommen, nichts wandert unkontrolliert in den Knast. Nach gründlicher Untersuchung wurden wir in einen Gemeinschaftsraum entlassen. An mehreren festgeschraubten Metalltischen konnten die Besucher Platz nehmen, dann wurden die Häftlinge hereingeführt. Driver schritt voran und klopfte seinen neuen Kumpels kameradschaftlich auf die Schultern, als sich diese zu ihren Leuten begaben. Dann schlenderte er zu unserem Tisch und begrüßte uns mit seltsamen Handschlägen. Der Gruß wollte kein Ende finden, endlich setzte er sich schnaufend und obercool hin.

»Mahoni und seine Braut. Sieh an, sieh an …«

»Driver, komm runter! Die Hälfte haste, du musst dich hier nich wie 'n Lebenslänglicher aufführen!« Peggy nannte es beim Namen. Driver zog eine Schnute und schmollte.

»Hey, is gut! Wir haben deine Paste und noch 'n paar Sachen mitgebracht, wie geht's dir?« Wir ließen uns seinen Tagesablauf erzählen und dass die Räuber und Mörder den Betrügern vorzuziehen waren. Die Diebe waren eher eine Sache für sich, trauen sollte man auch den Dealern nur bedingt. Die Junkies waren die ganz armen Hunde und Kapitalverbrecher wie er (wir staunten) wurden eher als politische Häftlinge betrachtet und galten als potenziell unschuldig. Er hatte sich für so ziemlich alle Aktivitäten eingeschrieben und war jetzt erst mal in die Schauspielgruppe aufgenommen worden. Peggy horchte auf. »Ihr habt hier 'ne eigene Schauspielgruppe?«

»Klar!«, antwortete Driver, der alte Knasthase. »Jeden zweiten Tag Probe. Allerdings dürfen die Neuen nur bei den Übungen mitmachen. Für das Stück, das sie gerade proben, sind ja auch schon alle Rollen vergeben.«

Peggy grübelte. Dann erzählte sie Driver von ihrem Dilemma, dass sie dringend Schauspieler bräuchte und niemand mitmachen wollte. Driver lachte.

»Wir sind hier weggesperrt, Baby! Liebend gern würden die Jungs dir draußen helfen, egal was sie spielen sollen. Aber man lässt uns hier nicht einfach rausspazieren, um irgendwo auf 'ne Bühne zu springen!« Driver grinste ein wissendes Knastgrinsen.

»O Gott, ich hab 'ne Idee!« Peggy schlug mir aufgeregt auf den Arm.

»Driver, Driver, kannst du das klarmachen? Ich meine, den Regisseur oder wen auch immer fragen, also mal die Bereitschaft abchecken, nur so, also damit die Bescheid wissen.« Peggy überschlug sich vor Aufregung, die Wachmänner sahen schon skeptisch zu uns herüber.

186

Driver hob lachend die Schultern. »Klar, kann ich alles machen, aber was soll das nützen? Wir sind hier drin, ihr seid da draußen!« Er schien sich pudelwohl zu fühlen. Sicher war er richtig in der Schauspieltruppe.

»Ja, ja!«, rief Peggy. »Du sollst nur die Bereitschaft ausloten, den Rest mach ich schon!« Wir vertieften das Thema noch, bis Driver rundherum instruiert war, dann zogen wir ihm Kippen und Süßigkeiten aus den bereitstehenden Automaten im Besucherraum. Der Gesamtwert durfte 20 Euro nicht überschreiten, also musste man genau aufpassen, was man wählte. Peggy drückte den dicken Boss, ich wurde wieder mit der komplizierten Handbewegung verabschiedet.

»Die nächsten Besucher sollen einfach losen oder so. Wenn die Hot Shot ankommt, hab ick allet hier!« Dann beugte er sich noch einmal zu mir und flüsterte: »Und grüß mir Ivory, mein armes Hühnchen!«

Auf dem Heimweg erklärte mir Peggy, dass sie wirklich versuchen wolle, die Knastschauspieler für ihr Kirchentheater heranzubekommen. Ich konnte mir nicht vorstellen, wie das gehen sollte, aber Peggy war sich sicher.

»Du glaubst nicht, was mein Vater für Verbindungen hat!« Die Sonne warf noch immer ein paar warme Strahlen auf Berlin, wir schlenderten zum angeblichen Hauptbahnhof, dem alten Lehrter Stadtbahnhof. Irgendwie schien es auch mir möglich zu sein. Es gibt einfach so Momente, da geht alles. Weltfrieden, Schlaraffenland, freie Liebe, sprechende Tiere. Herr Maschke war ein sprachgewandter Weltmann, warum sollte er nicht ein paar Theaterknackis für ein paar Stunden auf eine Freiluftbühne boxen können! Wir fuhren nicht gleich nach Hause, sondern nutzten die warme Nacht für einen langen Spaziergang durch den Friedrichshain, bis sich am Park die Mücken auf uns stürzten.

Die nächsten beiden Wochen wurden äußerst turbulent. Mommsen bangte jeden Tag aufs Neue um seinen Arbeitsplatz, Pierre versuchte jeden Abend weniger zu trinken als in der vorangegangenen Nacht, ein Vorhaben mit nur mäßigem Erfolg. Driver hatte fast allen eine Postkarte aus der Gefangenschaft geschickt, mit

Motiven der Knast-Zeichengruppe. Jessi gab mir jeden Tag eine neue Blumenkombination mit auf den Weg, die Sache forderte ihren floristischen Ehrgeiz heraus. Peggy nickte zu den Sträußen und versank dann wieder völlig in ihrer Unternehmung Hedwigskathedrale. Herr Maschke hatte tatsächlich die Gefängnisleitung überzeugt, einen Feldversuch der Sozialisierung zu unternehmen, das Ganze kombiniert mit der fördernden Einwilligung des obersten Kirchenrates, selbstverständlich. So wurde in Moabit schon fleißig an dem Fünfminüter geprobt. Wie immer funktionierte so was ausschließlich durch Klüngelei und langjährige Beziehungen. Entscheidungsträger unterschrieben, Geldgeber nickten. Ein karitatives Reingewissen beflügelte nun auch die Kirchenleute so sehr, dass sie ihre Kontrollen im Atelier ausdünnten.

Am Vorabend der Eröffnungsfeier begannen wir mit dem Aufbau der Aufsteller und Schaukästen auf dem Vorplatz der Kathedrale, bauten die verhüllte Skulpturengruppe auf und begannen mit dem Bühnenbau. Die Firma, die die Teile lieferte, hatte auch zwei tatkräftige Techniker mitgeschickt, die hurtig wie Zirkusaffen ihr Handwerk verrichteten. Gegen zwei Uhr war alles fertig: Die Bühne, sämtliche Figuren und Kästen standen still und verhangen auf dem Platz. Ein eigens bestelltes Wachschutzkommando patrouillierte schläfrig um die Kunststücke. Todmüde und dabei gleichzeitig aufgeregt wie zwei Kolibris fielen wir ins Bett.

Am nächsten Morgen war es noch schlimmer mit meiner Aufregung, Peggy hingegen wirkte locker. Es war ja nicht ihre erste Aktion. Sie telefonierte den gesamten Vormittag mit allen möglichen Ämtern, Vertretern und Verantwortungsträgern, dann fuhren wir Richtung Hedwigskathedrale. Gegen zwölf bahnte sich ein bewachter Gefangenentransport den Weg durch die bereits zahlreich versammelten Schaulustigen. Vierzehn Insassen in ganz normaler Alltagskleidung entstiegen dem Bus und sahen sich um. Die meisten waren muskulöse Typen, einige tätowiert bis zum Hals, ein stämmiger Dicker war darunter. Es war Driver. Lässig winkte er uns zu und ließ sich dann von seinen Bewachern zu unserem Zelt hinter der Bühne führen. Ich schüttelte fassungslos den Kopf.

»Driver, wie haste dit denn nun schon wieder jemacht?« Er zuckte cool mit den Schultern.

»Wer, wenn nich ein Mann meiner Statur, soll denn hier den Bischof spielen, Mahoni!« Da hatte er recht. Die Vollzugsbeamten sahen nicht viel anders aus als ihre Zöglinge, nur die Tätowierungen fehlten. Rauchend und lässig umstellten sie das Zelt, mehrere Posten wurden vor der Bühne aufgestellt. Die Sache war in der letzten Woche heiß diskutiert durch die Presse gegangen, und so sammelten sich immer mehr Spazierfreudige und Neugierige auf dem Platz. Auch eine Gruppe protestierender Opferschützer stand am Rand, wurde aber von Polizisten auf das in Deutschland herrschende Demonstrations- und Versammlungsverbot aufmerksam gemacht. Ja, so was gibt's.

Peggys Freundin Ella verteilte die Kostüme an die Schauspieler und gab allen Helfern eine Kuratorenkarte am Bändchen. Viele der Männer waren furchtbar aufgeregt und versuchten, sich mit den bereitgestellten Softdrinks zu beruhigen. Ich hielt es kaum noch aus und wanderte rüber zu den Zuschauern. Ich fand Memo-Mike, Mommsen, Pierre und Mo und schloss mich meinen Freunden an. Peggy wuselte über den Platz und prüfte irgendetwas längst Überprüftes zum zehnten Mal.

Dann ging es los. Ein untersetzter, freundlicher Kirchenmann erklomm die Bühne und eröffnete die Ausstellung mit einer ziemlich langen Laudatio. Sein freundliches Gesicht konnte nicht allzu viel an seiner langatmigen Rede wettmachen. Nervös beobachtete ich das Publikum. Erste Zuhörer wandten sich ab, hier und da entstanden Gespräche. Aber der Kirchenmann kramte weitere, eckige Sätze hervor und ließ sich über die Rolle der Kirche im 21. Jahrhundert aus. Endlich war er fertig, verhaltener Applaus, dann gab's einen heftigen Tusch aus den Boxen. Irgendwer rief »Wir wollen die Knackis sehen!«, dann hechtete Peggy in ihrem roten Bademantel auf die Bühne.

»Liebe Leute!«, rief sie, »wahre Engel, Helden der Kirchengeschichte! Das ist natürlich kompletter Schwachsinn!« Peggy riss beide Arme hoch und drehte sich einmal im Kreis.

»O Gott!«, entfuhr es mir.

»Wahre Kirchengeschichte! Engel in Ketten!«, schrie Peggy und drohte der Kathedrale mit der geballten Faust.

»Die jahrtausendelange Unterdrückung der Frau, unterstützt von der katholischen Kirche! Hexenverbrennung, Bildungsverbot, Zwangsprostitution! Wir wollen endlich eine Stellungnahme!«

Einige Zuschauer lachten entgeistert und verblüfft, andere suchten, Schlimmes ahnend, sofort das Weite, manche applaudierten. Hinter mir gerieten einige Kirchenoffizielle in Aufregung und rannten hilflos herum.

»Die katholische Kirche verbietet immer noch weibliche Priesterinnen, sie tabuisiert Sexualität und geißelt die Menschheit mit ihren tausend Jahre alten Moralvorstellungen! Und hinten herum häufen sich die nie geklärten Fälle von Kindesmissbrauch und Misshandlung! Die katholische Kirche ist ein Tummelplatz für pädophile Pfaffen, die ungestört ihr Teufelswerk begehen! Kein Held weit und breit! Die Ausstellung ist eröffnet!«

Wilder Applaus, die Leute standen unter Schock und Sensationsgeilheit. In nicht ganz feierlicher Eile wurden die Figuren und Schaukästen enthüllt. Aufschreie gingen durch die Kirchenelite, als die drei lebensgroßen, gekreuzigten Frauen zum Vorschein kamen. Regelrechter Tumult entstand, ich sah bereits die ersten Kirchendiener vor den Polizisten gestikulieren. Von deren Seite aber hatten wir anscheinend zunächst nichts zu befürchten. Die Massen strömten zu den Ausstellungsstücken, die viel aufregender waren, als sie erwartet hatten. Die Leute begriffen, dass sie tatsächlich auf einer politischen No-Go-Veranstaltung waren, und rannten aufgewühlt zwischen den Exponaten umher. Dann ertönte wieder ein brutaler Tusch und die Theatergruppe stapfte geschlossen auf die Bühne.

»Die Knackis kommen! Die Knastbrüder sind da«, raunte es durch die Menge und viele strömten wieder zurück vor die große Bühne.

Die meisten der Schauspieler waren mit Schuljungenkleidung angetan, zwei trugen schwarze Priesterroben und in deren Mitte stand prächtig behangen und geschmückt Driver als Bischof.

Ich hielt den Atem an und starrte nach vorn. Peggy kämpfte sich durch die Massen zu uns und stieß atemlos hervor: »Läuft prima, die lassen uns einfach machen, noch keine Bullen! Noch fünf Minuten, noch fünf Minuten …!«

Der untersetzte Kirchenmann, der die Laudatio gehalten hatte, entdeckte Peggy bei mir und stürzte auf sie los.

»Oh! Muss weiter. Bis nachher!« Peggy flüchtete sich hinter die Bühne zu den streng blickenden Vollzugsbeamten. Dort sah ich sie die Aufpasser instruieren, sie zeigte auf den schnell näher kommenden Verfolger und schlüpfte dann durch die Reihen. Anschließend hatte der Kirchenmann seine liebe Müh, sich einer Verhaftung zu entziehen, und stapfte schimpfend und kopfschüttelnd von dannen.

»Das hat ein Nachspiel! Ihr werdet euch umsehen!«, zischte er mir wütend zu, als er an mir vorbeilief. Das Stück hatte derweil begonnen, der Bischof stand in der Mitte und segnete die vorbeiziehenden Jungs. Einen nach dem anderen. Dabei murmelte er immer nur: »Ja, meine kleinen Schäfchen, ja, meine kleinen Schäfchen, ja, meine kleinen Schäfchen!« Dann traten die schwarzen Priester aus dem Hintergrund, stellten sich zu beiden Seiten des Bischofs gebückt auf und begannen ebenfalls im Rhythmus »Ja, meine kleinen Schäfchen!« zu murmeln. Die Schuljungen liefen in großem Kreis, einer Endlosschleife um die drei Prediger und nickten mit ernsten Gesichtern bei jedem Schritt. Dann wurde das Murmeln heftiger, wilder, nach einer Weile stöhnten die Priester den Satz und begannen an der Kleidung der Vorbeigehenden zu zerren. Der dicke Bischof hob die Arme und schloss die Augen, schwankte ergriffen zum Kanon hin und her. Die Schäfchenschreie wurden immer heftiger, gepresst kreischten die Priester die Worte hervor, dann stürzten sie sich plötzlich auf einige der Jungen und begannen sie mit wilden Fickbewegungen zu attackieren. Die anderen Jungen stellten sich mit dem Gesicht zur Bühnenwand und hielten sich die Ohren zu. Im sonnenbeschienenen Publikum herrschte erschrockene Stille. Plötzlich ließen die Priester von ihren Opfern ab, halfen ihnen auf und strichen ihnen übers Haar, alles synchron.

»Nun gehe dahin und preise den Herrn!«, riefen die beiden.

Anschließend stolzierten sie umher, fröhlich erst, dann immer gedrückter, langsamer. Dann brachen sie zusammen, heulten und flehten um Vergebung, krochen auf der Bühne herum und schließlich vor die Füße des immer noch in Ekstase wankenden Bischofs.

Dort schrien sie heulend »Die lieben Schäfchen! Die lieben Schäfchen!«

Der große Kirchenmann half ihnen auf, segnete sie, vergab ihnen, mahnte sie mit einer Geste zu schweigen und nahm ihre Hände. Zusammen traten sie wieder in die Mitte der Bühne und der Bischof begann zu murmeln: »Ja, meine kleinen Schäfchen! Ja, meine kleinen Schäfchen!« Die Reihe der Jungen setzte sich wieder in Bewegung und der Kreis begann sich erneut um die segnenden Pfaffen zu schließen. Dann gab es einen gewaltigen Knall, alle stürzten mit einem Mal um und eine Frau erschien auf der Bühne. Es war Ella.

»Dieser Haufen braucht Frauen!«, schrie sie. »Weibliche Regeln, natürliches Leben!«

Die Zuschauer erwachten aus ihrer Schockstarre und johlten. Einige nickten mit großen Augen.

»Die Kirche erkrankt, wenn sie die Frauen ausschließt!! Umdenken! Handeln! Nieder mit der Männerkirche!« Ein weiterer, etwas alberner Tusch dröhnte, die Schauspieler erhoben sich, um sich zu verbeugen, und gingen dann ab. Tosender Beifall begleitete die Knackis von der Bühne. Sie stiegen, gleich nachdem sie sich umgezogen hatten, zurück in den Bus und rollten stockend vom menschenüberlaufenen Gelände. Driver winkte aus den winzigen Fenstern und ergötzte sich an der allgemeinen Begeisterung. Vor der Bühne standen nun keine Aufpasser mehr, Leute der Kirche waren hinter die Bühne gedrungen und schimpften und drohten. Ich zwängte mich dazwischen und drängelte mich zu Peggy durch. Die saß friedlich auf einem Klappstuhl und lächelte verzückt, als ob sie in einer anderen Welt wäre.

»Ach Mahoni!« Sie nahm meine Hand und machte eine wegwerfende Geste zum krakeelenden Pulk der Glaubensmänner. Polizisten kamen ins Zelt und versuchten sich ein Bild zu machen, aber die Situation war ihnen zu komplex, sie hatten keine

Formulare für derartige Verbrechen dabei und verwiesen die aufgeregten Kirchenleute ans Präsidium. Langsam leerte sich der Backstage und Peggys Mädels waren wieder unter sich. Es wurde Sekt geöffnet, Gratulationen wurden ausgesprochen, wie auf einer Vernissage eben. Wir hingen auf dem Gelände herum und beobachteten die Besucher, ich rauchte in der Sonne und ein feiner Frieden kam über uns. Am Abend kamen die Bühnenbauer und nahmen ihre Anlage und den ganzen Krempel mit. Peggy und die Mädels schalteten die Beleuchtung der Schaukästen an, die Figurengruppen erstrahlten im Scheinwerferlicht. Ein Blick noch zurück, dann schlenderten wir zu Fuß langsam Richtung Friedrichshain.

Es dauerte geschlagene vier Tage, bis das Kirchenamt die Räumung der Ausstellung erzwingen konnte. Peggy war der glücklichste Mensch der Welt, denn eine solche Zeitspanne hatte sie nie erwartet. Wir holten alle Exponate wieder ab und transportierten sie zurück ins Atelier. In der Woche, in der Driver rauskam, flatterte das erste Anwaltsschreiben ins Haus. Natürlich wurden die 50 000 Euro Fördergeld, die für das Projekt ausgeschrieben und gezahlt worden waren, zurückverlangt, des Weiteren eine Klage auf Schadensersatz wegen Rufschädigung und arglistiger Täuschung. Zunächst aber war Drivers Heimkehr zu feiern, ein buntgeschmücktes Hoffest in der Prenzlauer, der Don war zurück! Es gab Gurken und Schwarzbrot, Grillfleisch und Bier, dazu jede Menge Hot Shot, eine in der Tat eher mittelmäßige Würzpaste. Mommsen kam nicht mehr aus dem Grinsen heraus. Er hatte gleich zu Anfang seines zweiten Monats beim Teufel rund 80 000 Euro eingestrichen und feierte, wie nur ein echter Seelenhändler feiern kann. Im Rausch des Geldes, in der ungetrübten Hoffnung, bald zu den Millionären zu gehören, befreite Mommsen die Mädels von ihren Schulden. Er beschloss kurzerhand, dem Projekt die Skulpturengruppe mit den gekreuzigten Frauen abzukaufen, Kunst für sein zukünftiges Loft. Er zahlte 50 000 Euro dafür und rettete die Situation. Klar, dass er der Held des Abends war, der sogar Driver noch überstrahlte. Peggys Girls zahlten den Betrag an die Kirchenstiftung zurück und machten sich keine weiteren Sorgen.

Ich schrieb eine E-Mail an meinen alten Kumpel Papst Bene, den Sechzehnten, in der ich erläuterte, wie sich die Mädels für Gleichberechtigung in der Kirche eingesetzt hatten. Ich versuchte ihm nahezulegen, dass ich das für eine gute Sache hielt, und bat ihn, ein gutes Wort für uns einzulegen. Zwar erhielt ich keine Antwort, es gab aber auch keinen weiteren Brief vom Anwalt der Kirchenleute.

Dann eröffnete mir Jessi, dass mein Job nun leider auslaufen würde, da ihre dauerhafte Hilfskraft aus dem fernen Südostasien zurückgekommen war: eine nette Vietnamesin, die ihre Familie für zwei Monate besucht hatte. Ich fand's in Ordnung. Wir verabschiedeten uns freundschaftlich und dann gab sie mir noch eine letzte blühende Besonderheit für Peggy mit.

Ich übergab meiner Freundin das Töpfchen und sie wickelte skeptisch das Papier davon ab.

»Oh!«, entfuhr es ihr. »Was ist das denn Schönes?«

Vor Peggy stand in all ihrer seltsamen Pracht eine Venusfliegenfalle. Eine fleischfressende Pflanze.

Urlaubsgeld

Zeit ist alles, was ich habe
Stippvisite auf der Erde
Kohle ist's, nach der ich grabe
Bis ich selbst begraben werde

Ich stand in der Küche und wusch eine Poularde. Poularden bekommt man eigentlich gar nicht, deswegen war es höchstens fast eine. 21 Euro hatte das kräftige Hähnchen gekostet. Ich war dementsprechend vorsichtig. Ich hatte einen großen Batzen Kohle und machte mächtig einen auf Lord Mahoni. Eben war ich mit Peggy braungebrannt von den griechischen Inseln heimgekehrt, ein neues Fahrrad war drin gewesen, ich hatte endlich einen Plattenspieler. Ich hatte sogar Pierre das Geld von unserem Rügenurlaub zurückgezahlt. Ich war schuldenfrei und reich. Die etwa 3000 Euro, die jetzt noch übrig waren, hätten mich direkt veranlasst zu kündigen, wenn ich noch einen Job gehabt hätte. Es ist so herrlich, selber zu kündigen. Allein dafür schon lohnt sich Arbeit. Ich trug ein Hemd, in der Tasche baumelte eine Sonnenbrille. Die Poularde wurde abgetrocknet und mit einem Haufen Speck umwickelt. Ich schmunzelte vor mich hin. Hatte ich doch tatsächlich frech 6000 verlangt für die sechs Knetfiguren. Ich war schon ein Fuchs! Ein kleiner Geschäftemacher! Ich würde es noch zu was bringen! Die Leute von der IFA hatten Budgets! Sechs Pokale hatten sie bei mir bestellt. Auszeichnungen für irgendwelche Innovationswettbewerbe. Neue Medien blabla. Ich malte ein paar schrumpelige Skizzen von gewagt posierenden Miniaturen und forderte 1000 Euro pro Figur. Schließlich bin ich Künstler. Wer hätte gedacht, dass das zieht? Ohne mit der Wimper zu zucken! Der Auftrag wurde eins, zwei, fix offiziell, mit Auftragsnummer und hin und her und dann hatte ich nur zehn Tage gebraucht, um die Dinger zu basteln! Klar, waren sie herrlich anzusehen und wie immer formschön und vollendet, aber es war eben Knete. Pupi-Kacki Kinderknete. Schnullibulli. Kikifax.

Ich freute mich immer noch. Ach, die Füllung! Das Hähnchen musste wieder aus seinem Speckmantel entwickelt werden, um mit Äpfeln, Zwiebeln und Liebstöckel gefüllt zu werden. Nachdem ich es wieder fertig angezogen hatte, schob ich es in den heiß wartenden Backofen.

Die Küche sah im Übrigen blendend aus. Seit ich ein freier, reicher Mann war, kümmerte ich mich jeden Tag um ihr Wohlergehen. Blitzblank, selbst in den Problemecken. Frische Kräutertöpfe aus Jessis Blumenladen zierten die Fensterbank. Zwei Kochbücher hatte ich gekauft. Eine neue Pfanne aus Gusseisen und ein paar Töpfe. Ich setzte mich an den Tisch und betrachtete rauchend die heimelige Idylle. Ließ meinen Blick über das Olivenöl und die Walnuss-, Trüffel- und Rapsöle gleiten, rüber zu den beiden Essigsorten. Ach, es war schon mal ganz angenehm, reich zu sein. Zwar bereitete ich bislang nichts weiter als mein immer wieder gern gegessenes Speckhühnchen zu, aber es gab doch eine eindeutige Steigerung der Möglichkeiten. Man hätte auch was anderes machen können. Was mit Walnussöl. Was macht man eigentlich mit Walnussöl? Ich beschloss, zum Essen mal keinen von Pierres Weinen zu benutzen, sondern selber welchen zu kaufen. Nahm ich also mein Portemonnaie vom Flurschränkchen. Ach, mein schönes, prallgefülltes, liebes Portemonnaie! Gemütlich spazierte ich durch die lauschigen Straßen im Kiez, kaufte mir vor dem Edeka eine Motz, wollte sie aber nicht haben und ließ sie beim Verkäufer. Den Weinladen fand ich wie immer nicht auf Anhieb, da ich eine topografische Niete bin und äußerst selten dort war. Eigentlich erst ein einziges Mal. Ich fragte mich durch. Der feine Herr ließ sich vom Volk den Weg zeigen.

Dann stand ich im Laden und hörte mit an, was der Verkäufer einer dicken Schwäbin über verschiedene Rieslingsorten zu erzählen hatte. Anschließend kaufte ich dieselben beiden Weine wie die dicke Frau und war's zufrieden. Schön kalten Weißwein bei der Hitze. Sicher fast so erfrischend wie ein eiskaltes Bier. Ahhh Bier! Schnell entschloss ich mich, noch ein paar von den braunen Glasflaschen anzuschaffen. Man kommt eben nicht raus aus seiner Schicht.

Pünktlich nach einer halben Stunde war ich wieder in der Wohnung, um nach dem Hähnchen zu sehen. Es ging ihm gut, ich machte mir ein kaltes Bier auf. Dann rief ich Mommsen an und lud ihn zum Essen ein. Um acht machte er Schluss, um halb neun könne er kommen. Ach, der Biosalat! Und die Biogurken! Biotomaten, Biozwiebeln, Bioradieschen! Wer Kohle hat, kauft Bio. Ich machte mich daran, für Peggy einen Salat zu basteln. Gott sei Dank muss man Bio nicht waschen. Ist ja ungespritzt. Eigentlich sollte man den Zusatz Bio weglassen und dafür bei den Nicht-Bio-Lebensmitteln einen Zusatz ranschreiben. Zum Beispiel Industrie. Oder Chemo. Zwei Industrieschnitzel und vier Chemotomaten bitte! Dann könnte die Biogurke endlich wieder so heißen, wie sie war: Gurke. Ich schnippelte und hackte alles in Stücke und stellte den Salat abgedeckt auf den Kühlschrank. Es war bereits Viertel neun, Zeit, um die Biokartoffeln zu schälen! Ja, mein Leben war gemütlich. Ob es einen Tabak gibt, der noch besser ist als meiner? Einen teuren, wohlriechenden Biotabak, reine Sorte? Singlesmoke quasi? Ich griff zunächst auf den Altbewährten zurück.

Es klingelte, Mommsen kam. In feinem Anzug. Er schleuderte sein Jackett durch den Flur und riss sich die Krawatte runter. Das Hemd segelte durch die Luft, dann saß er im Wifebeater am Küchentisch und verlangte mit trockener Kehle Bier.

»Ick hab ooch 'nen feinen Riesling, wenn de willst!«

»Bier!«, rief Mommsen. Es wurde gereicht und durstig gluckste er die halbe Pulle weg.

»Ahhhhhhhh! Der beste Moment in dieser ganzen beschissenen Woche bisher, Mahoni!« Er steckte sich eine an und paffte.

»Mommsen, wat los, wat macht der Teufel?«

»Na nüscht macht der, dazu hat er ja seine Seelenverkäufer. Der sitzt nur im Büro und zählt Kohle.«

Mommsen hatte gerade eine Unmenge Kohle eingestrichen, der Junge war wirklich reich. Hatte sich eine stattliche Bude in Kreuzberg direkt am Wasser gekauft, nicht etwa gemietet. Zurzeit richtete er sich mit allerhand Designermöbeln ein.

»Diesen Monat läuft's nich so jut an, hab grad richtig wat in Sand gesetzt!« Er trank sein Bier aus und verlangte ein neues.

»Wat haste denn jemacht? Haste dich verzockt?« Ich ploppte mir auch ein Bier auf und setzte mich zu ihm.

»Ja, Mann, Scheißkrise, verdammt noch mal! Hab 'n Put auf 'ne Scheiß-Ami-Energiekette gemacht und dann steigt die plötzlich. Aber so richtig! Geht voll ab!«

Ich wunderte mich. »Na, is doch jut, wenn deine Aktie steigt! Oder wie?«

»Nee, Mann! 'n Put! Keen Call!«

»Wie bitte?«

»Ein Put. Dit is wie 'ne Wette, dass die Aktie sinkt. Optionsscheine, vastehste? Du setzt Kohle drauf, dass die verdammte Aktie einbricht. Und wat passiert: Die geht voll ab!«

»Ach! Und wie viel hattest de gewettet?« Für Wetten war ich immer zu haben.

»Hundertfünfzich!« Mommsen trank einen langen Schluck aus der Pulle.

»Tausend?«, fragte ich ungläubig. Mommsen nickte leicht.

»Hä? Ey, warum machst 'n sowat?«, fassungslos zerfratzte ich mein Gesicht. Mommsen schniefte. »Wat denkste, wie du die fetten Gewinne machst? Auf jenau die gleiche Weise! Weil dit so läuft. Wat denkste, wo die Kohle herkommt, wenn de Gewinn machst? Jenau so 'n Schwachsinn is dit!«

»Du bist 'n verdammter Spekulant, Alter! Du bist zwar janz cool und meen Freund und allet, aber du bist 'ne Heuschrecke! Ick gloob es nich!«

Der Spekulant im Unterhemd zuckte mit den Schultern. Ich sah nach dem Hühnchen und gab ihm noch eine Viertelstunde. Die Kartoffeln kamen natürlich wieder zu spät auf den Herd, ich fluchte über die vergesslichen Erdäpfel.

Meine 3000 Euro waren ein Nichts gegen die Summen, die Mommsen da verschleuderte! Wo ging die Kohle bloß hin, die er verloren hatte?

»Wo is jetzt die futsche Kohle?«

»Na bei den Banken und bei denen, die die Calls gekauft haben. Allerdings hab ick noch eine winzige Chance: Der Put läuft noch drei Tage. Wenn die Aktie bis dahin noch mal richtig fällt, dann bin ick wieder dabei.«

»Aha. Und nu?«, entgeistert ob der verwirrenden Geschäfte glotzte ich meinen Freund an.

»Nu muss ick zusehn, dass ick 'nen ordentlichen Batzen Knete ranschaffe, sonst bin ick nächsten Monat raus.«

Peggy kam nach Hause und stürzte sich auf den Salat. Wir aßen die Edelpoularde und ergingen uns in Lobeshymnen auf das zauberhaft weiße Fleisch, die knusperzarte Haut und überhaupt, das ganze gute Gefühl, das man hatte, wenn man ein teures Huhn isst. Nicht so einen 3-Euro-Hahn, den sie mit dem letzten Abfall gefüttert, in einem vollgekackten Käfig gehalten und dann von einer blutrünstigen Maschine haben abschlachten lassen! Peggy verdrehte die Augen und meinte, der Salat schmecke ihr zu bio.

»Wieso?«, fragte ich entsetzt.

»Weil da 'n Haufen Sand drin is und lauter kleine Steine!« Peggy spuckte klimpernd ein paar winzige Kiesel auf den Teller.

»Haste dit Zeug nich gewaschen?«

»Nee. Ick dachte, is doch Bio, unbehandelt!«

»Na, nächstes Mal!«, sagte Peggy, gab mir einen Kuss und ging rüber zu ihrem zweiten Freund, dem Fernseher. Ich saß wieder mit Mommsen allein in der Küche. »Also wenn's diesen Monat nich läuft, dann muss ick die Figurengruppe wieder verkaufen! Vielleicht kann ick denn ooch gleich wieder ausziehen aus meiner schicken Bude.« Er seufzte. Ich auch. Die drei gekreuzigten Grazien hatte er eben erst Peggys Guerilla-Kunst-Truppe abgekauft, um sie vor der fürchterlichen Rache der katholischen Kirche zu retten. Ich sah sie mir gern an in seinem kargen und modern eingerichteten Wohnraum, das wäre wirklich schade. »Na dann streng dich mal an, Mommsen! Ick drück die Daumen, dass die

Aktien fallen!« Wir tranken noch ein Bier, dann ging Mommsen seiner Wege.

Eine Woche später bemerkte ich bei einem Blick auf meinen Kontostand, dass die Tage meines Reichtums gezählt waren. Keine Ahnung, wie ich das hinbekommen hatte, aber es waren nur noch eins fünf übrig. Schnell verwandelte ich mich vom Lebemann zum Sparfuchs und machte wieder einen Bogen um Biotheken und Neulandfleisch. Statt Kino – Videothek, statt eigenem Wein – den von Pierre. Taxi fahren war auch nicht mehr drin, eine Sache, die mir unglaublichen Spaß bereitet hatte.

Mommsen rief an und meinte, er sei wieder bei null, und den Rest des Monats würde er nun für die richtig fetten Geschäfte nutzen. Ich stöhnte. Mann, der hatte Nerven! Hundert Prozent Stahlseil! Was musste es für ein Gefühl sein, mit solchen Summen zu hantieren. Hundertfünfzigtausend! Hätte ich eine solche Summe an Land gezogen, würde ich im Voraus bei allen potenziellen Arbeitgebern anrufen und schon mal für die Zukunft kündigen! Mommsen jedoch brauchte jenen Betrag ausschließlich, um ein Loch zu stopfen. Ein imaginäres Loch in einer fremden Welt aus Zahlen. Ach, scheiß Kohle! Reich sein ist auch nur ein Gefühl! Ich schüttelte die Sparsamkeit wie eine hässliche Motte ab. Dann schnappte ich mir Peggy und wir übernachteten übers Wochenende auf einem Schlösschen in der Nähe der Müritz. So was machte man mit Geld! Ausgeben eben. Zurück von der Reise, waren mir noch achthundert Euro geblieben, etwas legte ich vorsichtshalber für die Miete beiseite.

Mommsen brauchte Hilfe beim Möbelrücken in seinem Loft und so fuhr ich am Abend hin. Nachdem wir vorsichtig einige teure Stücke umplatziert hatten, machten wir es uns auf der gefliesten Terrasse bequem. Vom vierten Stock aus ist der Blick über die Spree fantastisch. Drüben an der bekloppten O_2-Arena sammelte sich Volk, um sich im Sitzen ein Rockkonzert reinzuziehen. Links der Fernsehturm, rechts die Oberbaumbrücke, wahrlich ein königlicher Ausguck. Mommsen warf den Grill an und ich aß zum allerersten Mal mariniertes Känguru.

»Mommsen, wie is et so, richtig reich zu sein?«, fragte ich meinen alten Freund.

»Na ja. Is allet nur 'ne Momentaufnahme. Man muss es genießen, kann morgen wieder weg sein«, antwortete er Känguru kauend.

»Und samma ...«, ich überlegte, ob ich das wirklich fragen sollte. Ich sah zu meinem gemütlich schmatzenden Kumpan rüber.

»Und meinst du, ick könnte dit ooch? So 'n Job wie du machst?«

»Jeder kann dit. Nerven brauchste. Und natürlich musste dich mit Bloomberg auskennen, 'n paar Leute kennen und auf jeden Fall musste den Betrieb verstehen!«

Weise nickte ich von meinem gepolsterten Korbstuhl in die Umgebung.

»Und wenn man nur so tut?«, fragte Mahoni, der schlaue Igel.

»Wie, nur so tut?«, fragte Mommsen, der begriffsstutzige Bär.

»Na, angenommen, ick bewerb mich bei deinem Teufel, da ...«

»Nein!« Mommsen schüttelte den Kopf.

»Ach Mann! Nur mal angenommen!«

»Nein, Toni. Man bewirbt sich nicht beim Teufel. Der Teufel kommt dich holen. Und wenn du so weit bist, dann gehst du mit.«

Ich schüttelte mein Haupt.

»Es gibt Headhunter in dieser Branche. Die checken alle Leute, die irgendwas mit Aktien machen. Die sehen sich nicht nur die Lebensläufe an, die rufen auch bei dir an, checken deine Privatsphäre aus, allet! Quasi 'ne unerwünschte Jobbörse. Der Teufel kauft sich dann von den Headhuntern die Daten. Und wen er haben will, den holt er sich.«

Ich staunte nicht schlecht. Was für eine schäbige Welt!

Mommsen grinste. »Wenn du dich beim Teufel bewirbst, dann lacht der dich einfach aus.«

»Aber warum? Vielleicht gibt er mir ja 'ne Chance!«

»Mahoni!«, mahnte Mommsen. »Wir reden nicht von irgendeinem Büroblutsauger, der Typ heißt Der Teufel!«

Ich kaute weiter mein Känguru und schmollte. »Wenn du mir hilfst? Ick will's doch nur versuchen!«

»Haste denn vier Mille für die Bürokosten?«

»Ja, wenn du mir hilfst, schon.« Ich zwinkerte ein charmantes Zwinkern.

»Ach Toni. Zu gefährlich. Wat is, wenn de da 'ne Viertel Million verzockst, dann wirst du nich mehr glücklich.«

»Ach Mommsen, nu sei doch nich so! Wird schon nich so schlimm sein, ick bin vorsichtig! Leg doch mal 'n gutes Wort für mich ein beim Teufel. Nur für 'n Probemonat.«

»Na ja. Aber das ist rausgeschmissenes Geld. Ich werd dort auch keine Zeit haben, dir zu helfen. Im Büro stehen alle unter Starkstrom, da gibt's kein freundliches Wort, nix! Nur Einzelkämpfer mit riesigen, kaputten Egos!« Mommsen sah mich ernst an. »Eigentlich hab ick keen Bock darauf!«

Ich hielt ihm meine Bierflasche hin und sagte: »Also jut! Stoßen wir auf den Versuch an! Mahoni wird Seelenhändler!«

Mommsen zuckte mit den Schultern und stand auf. Er schlenderte zum Geländer seiner Terrasse und schaute missmutig gen Alexanderplatz.

»Tja, wenn de unbedingt willst. Versuchen kann man es. Mach dir lieber keine Hoffnung!«

Zwei Tage später war ich Seelenhändler. Den guten Beerdigungsanzug tragend, hatte ich dem Teufel meine geborgten viertausend Euro »Büromiete« auf den Tisch gelegt. Er hatte sie gezählt, gegrinst und dann durfte ich mit meinem geborgten Laptop ins Netzwerk. Ich hatte mir den Teufel klein, verschwitzt und hässlich vorgestellt. Er war jedoch ein grobschlächtiger Mittfünfziger mit Boxergesicht im feinsten Zwirn. Er hätte sehr gut den Mörder spielen können. Seine Hände waren behaart und riesig, er trug einen dicken Ehering am Finger. Dennoch war sein Büro mit Bildern nackter Weiber tapeziert, ein Ventilator summte durch die Umkleidekabinenstimmung. Im großen Büro arbeiteten grau wirkende Leute fieberhaft an ihren Rechnern. Mein Blick fiel auf eine Kaffeemaschine. Eine simple, billige Kaffeemaschine. Bei so viel Kohle hatte ich eher mit einer High-End-Espressomaschine gerechnet, doch ich war schließlich in der Hölle. Mommsen saß schon vor seiner Rechnerburg und tackerte darauf herum. Ich suchte und fand eine Tasse und goss mir einen Schluck von dem jämmerlichen Gesöff ein.

»Pfoten weg von meinem Kaffee!«, schrie plötzlich hinter mir ein rotgesichtiger Glatzkopf.

»Immer dieselbe Scheiße! Lass dir gar nicht einfallen, davon zu trinken, stell die Tasse zurück!« Er meinte es ernst. Er sah mich fies an und wartete, dass ich die Tasse zurückstellte. Mommsen hatte mich instruiert, dass hier ein paar obergemeine Hackfressen ihr Unwesen treiben und ich mich auf gar keinen Fall herumkommandieren lassen sollte. Also lehnte ich mich mit pochendem Herzen so lässig wie ich konnte an einen Küchenschrank und trank in scheinbarer Ruhe aus meiner Tasse. Dabei ließ ich den Typen nicht aus den Augen. Dann stellte ich langsam die Tasse ab.

»Scheißkaffee hier«, sagte ich und lief direkt am Rotgesichtigen vorbei zu meinem winzigen Platz.

»Schlampe!«, zischte er mir doch tatsächlich hinterher. Super erste Arbeitsminute, schwärmte ich innerlich. Wo so viel Kohle gemacht wird, vergaßen einfach alle ihr Benehmen. Komisch, dass Mommsen all die Jahre so locker geblieben war. Er schielte zu mir rüber und rief mir zu: »Keine Angst vor Beißer, der macht nur Spaß. Der Kaffee ist für alle, o. k.?«

»O. k.!«, rief ich und zeigte den aufgerichteten Daumen Richtung Beißer.

»Schlampen!«, schrie der zurück.

Meine Arbeitseinstellung sackte weg, so ein blödes Büro! Schade, dass ich eben viertausend Euro gezahlt hatte, um hier sitzen zu dürfen!

Ich fuhr den Laptop hoch, loggte mich ins Netz, meldete mich zwei Stunden lang irgendwo an. Dann öffnete ich Bloomberg, die heilige Halle der Investmentbanker, Broker und anderen

Spinner. Der Teufel hatte mir ein Konto eingerichtet, dort fand ich den mir zugewiesenen Spekulationsbetrag. Es waren die viertausend Euro, die ich ihm gerade selber gegeben hatte. »Viel Vergnügen!«, stand im Betreff.

Wow! Ich war gerührt. War ja klar, dass es so abläuft. Das hätte ich auch allein gekonnt. Ich klickte zwischen den Seiten in Bloomberg herum und starrte hochkonzentriert auf die Zahlen. Mommsen hackte die ganze Zeit auf seinem Rechner rum, zwischendurch sah er Nachrichten und war einfach ununterbrochen dabei.

Nun gut. Ich hielt mich eine Weile bei Warentermingeschäften auf und beschäftigte mich dann mit den Devisen. Der Dollar! Dachte ich. Der gute alte Dollar: Ich kaufte für viertausend Euro Dollar, wartete eine Stunde und schon hatte ich fünfzig Euro verdient. Schick! Ich kaufte mir Yen und nach einer Stunde waren meine 4050 Euro nur noch 3980 wert. Halten? Oder den Zwanni Verlust hinnehmen? Scheiß drauf. Ich stieg aus, kaufte mir von der Kohle Optionsscheine: Put auf Thailändische Baht. Los, sinke, Währung! Ich stöberte ein bisschen bei den großen Ölmultis rum, alle waren gerade auf ihrem Jahreshöchstlevel oder wie das heißt. Überall konnte man sich nette Kurven ansehen und auch die hübschen Törtchendiagramme. Ein weiterer Kaffee wurde nötig, ich ging auf den Flur, eine rauchen. Total unspektakulär, der Job. Wie bitte machte Mommsen hier seine Hunderttausender-Geschäfte? Ich latschte zurück an meinen Platz und checkte die Thais. Na bitte! Ich grinste Mommsen an. »Was?«, rief er rüber. Ich zuckte mit den Schultern und verkaufte meine Optionsscheine. Knappe zwölftausend Euro leuchteten auf meinem Konto. Dann schnupperte ich beim Nachrichtenticker rein. Natürlich wieder fette Flughafenbesetzung in Bangkok! Mann, wenn ich jetzt 'ne Ecke mehr Startkapital gehabt hätte! Puts gefielen mir. Hinter mir schrien meine neuen Kollegen wild herum, Flüche und Verwünschungen hagelten auf die Computer ein. Gerade steckte ich die komplette Summe in ein neues Optionsgeschäft. »Sinkt, ihr Ölaktien«, zauberte ich vor dem Bloomberg-Bildschirm, da kam der Teufel brüllend aus seinem Büro.

»Der Grüne hat hier grad dreihundert Prozent geschossen, ihr Vögel! Hört auf zu trödeln und scheißt Kohle, ihr Esel!«

»Weiter so, du Küken!«, rief der Teufel in meine Richtung und knallte seine Glastür hinter sich zu. Nicht schlecht. Da war mir also was Tolles gelungen. Und er, Teufel, hatte es mit Tiernamen für seine Untergebenen. Mein Magen knurrte, ich fragte Mommsen, ob er mit mir Mittag essen wolle, aber der sah nicht mal auf. »Nicht jetzt!«, rief er nur. Beim Essen einer mittelmäßigen Bockwurst mit sehr annehmbaren Pommes rechnete ich mir aus, dass ich bereits etwa 4000 Euro Reingewinn hatte. Zwölf minus vier durch zwei. Super! Die Kohle konnte ich direkt Mommsen zurückgeben. Ich war also bei null. Wieder am Arbeitsplatz, checkte ich die Ölaktie, sie war leicht gestiegen. Das war schlecht. Ich sah auf die Uhr, noch zwei Stunden, bis meine Option auslief. Konnte man die Aktie vielleicht manipulieren? Einfach mal ins Büro brüllen: Ölpreise sinken! Alle Mann von Bord? Ich war beunruhigt. Drehte mir eine Kippe. Dann sank die Aktie klack, klack, zwei Punkte. Klack, klack, noch mal zwei. Dann klackerte es plötzlich sehr schnell. Ich rutschte aufgeregt auf meinem Stuhl herum. Das Klackern stoppte für einen Moment. Zögernd starrte ich auf die Zahlen. Zack, verkaufen, zwanzigtausend Euro im Sack. Ha! Es war eigentlich wie im Casino. Wenn ich jetzt aufhörte, würden mir volle viertausend Tacken gehören. Ein bisschen Günther-Jauch-Stimmung kam auf. Allerdings gab es keine Frage mehr. Ich war heiß. Die zwanzigtausend wieder in irgendwas reinstecken? Selber zum richtig reichen Mann werden? Mal 'ne Villa kaufen. Maserati fahren. Mit Koks backen, statt mit Mehl. Diamantenbehängte Bademäntel für Peggy? Eigentlich war mein Leben zu schön für zu viel Geld. Ach, was soll's! Ich knipste den Rechner aus und zog mich aus dem Netzwerk. »Feierabend!«, rief ich in die verstörte Runde und klopfte beim Teufel an die Tür.

Der Teufel sah mich böse an. »Was?«, fragte er unfreundlich.

»Ich bin raus!«, sagte ich zu ihm. »Wenn Sie mich freundlicherweise auszahlen könnten!«

»Wieso? Was ist?«

»Ich kündige! Mir behagt das Arbeitsklima nicht.«

Der Teufel sah mich durchdringend an. »So eine Chance be-kommst du nie wieder. Bleib hier, werd reich!«

»Nee, der Kaffee lässt ooch zu wünschen übrig, außerdem bin ick ja jetzt reich.«

»Schwachkopf!«, sagte der Teufel zu mir. Ich sagte lieber nichts, denn noch hatte ich mein Geld nicht. Der Teufel klickte mit seiner Mouse herum.

»Achttausend bekommst du.«

»O. k.«, sagte ich und feierte einen Megafasching mit meinem Dopaminhaushalt.

»Kontonummer?« Ich sagte ihm, was er wissen wollte.

»Sparkasse?«, fragte er ungläubig und schüttelte den Kopf. »So. Ist drauf. Aber du bist ein Idiot. Hättest was werden können.«

»Lieber nicht. Hab Glück gehabt heute. Rinjehaun!« Ich trat aus seiner kleinen Hölle.

»Verpiss dich bloß«, hörte ich ihn noch murmeln. Ich winkte Mommsen und zwinkerte dem Beißer zu. Dann war ich wieder frei.

Es war fast noch mitten am Tag. So schnell ich konnte, radelte ich nach Friedrichshain zurück. Was für eine eigenartige Parallel-welt! Nix für Mahoni. Zu Hause stürmte ich wie ein Berserker in die Wohnung. »Peggy, Peggy!«, rief ich durch die Bude.

Sie stand in der Küche und sortierte leere Bierflaschen in einen Beutel.

»… achtunzwanzee, neununzwanzee …«, brabbelte sie vor sich hin.

»Peggy, wie lange hast du noch Ferien?«

»Wieso?«

»Wie lange?« Ich strahlte sie an.

»Bis 12. Oktober … Mist, wo war ich stehen geblieben?« Mit gerunzelter Stirn beäugte Peggy die Flaschen. 12. Oktober, das hieß, noch vier Wochen!

»Peggy, los, wir hauen ab. Ick hab heut richtig viel Kohle ver-dient!«

»Wirklich?« Sie sah mich ungläubig an.

»Komm, wir buchen Flüge. Komm, wir fahrn sonst wohin!« Ich hüpfte auf der Stelle.

»Lass die Scheißflaschen, wir haun ab!« Sosehr man Berlin auch lieben mochte, wenn Kohle da war, dann musste man fort. Weit fort, sofort! Warum nicht nach Bangkok, der Kurs war ja, wie ich wusste, gerade supergünstig. Mussten bloß die Flughäfen wieder öffnen. Peggy gluckste fröhlich.

»Ab nach Thailand, Peggy! Wir holen uns 'nen zweiten Sommer ab!«

Dann sah sie mich traurig an. »Ich kann aber gar nichts beisteuern …«

Ich sah sie in Gedanken ihre Bademanteltaschen umstülpen. Das gute, alte Gleichberechtigungsspielchen. Immer müssen alle gleich sein. Gleich klug, gleich reich, gleich geil. Um sie zu ärgern, umarmte ich sie und säuselte: »Ich hau alles rein! Besser kann's einem Mann kaum ergehen, als wenn er seine Frau aushalten darf!«

Peggy schubste mich weg und zog einen Schmollmund. »Na, du wirst jedenfalls dein Geld für eine gute Sache ausgeben, denn du finanzierst eine Mission in Sachen Feminismus! Räumen wir mit dem verdammten Buddhismus auf!«

»Yeah!«, rief ich und wir klatschten unsere Hände zusammen, wie wir es als Kinder aus den amerikanischen Filmen gelernt hatten.

Dann flogen wir nach Thailand und diskutierten mit Mönchen über Frauen, Biogemüse und die Sinnlosigkeit alles Materiellen.

Stanislaw

Satt hab ich schon oft geschlafen
Und geträumt von süßen Dingen
Doch nur hungrig kann man's schaffen
Sie sich zu Genuss zu bringen

Nach dem Urlaub war die Kohle wirklich richtig alle, die Miete war seit einem Monat überfällig, der Termin für die zweite Miete rückte leider näher, ich war kurz davor, mir Geld zu borgen, um mein süßes Leben weiterzuführen. Aber ich sah ein, dass es dann leicht einen bitteren Beigeschmack bekommen könnte.

Ich telefonierte mit allen Bekannten und Freunden, aber niemand konnte was für mich tun, kein noch so winzig kleiner Job war zu erledigen in jenem Frühherbst. Mir blieb nichts weiter übrig, als mich bei einer Zeitarbeitsfirma zu melden. Um mich dort vorzustellen, fuhr ich zum Bundesplatz, einem kahlen, lauten Platz zwischen zwei Stadtautobahnstraßen. Die Frau war nett, sie fragte mich, was ich so kann, und erklärte auch gleich, dass all die guten Jobs schon längst vergeben seien.

»Was wären denn gute Jobs gewesen?«

»Arbeit in Redaktionen, auf Friedhöfen, in Supermärkten ist sehr beliebt.«

»Und was bleibt?«

»Schrottplatz, Abriss, Bau.«

»Gut«, sagte ich.

»Wir melden uns«, sagte sie.

Zwei Tage später stand ich um 5:30 Uhr auf dem Abrissfuhrpark von Vattenfall und suchte nach einem Herrn Bendel, der hier der Chef war. Ich fand ihn zusammen mit seinen Kollegen in einem winzigen, fensterlosen Räumchen beim Frühstück.

»Hallo, ich bin Toni Mahoni von der Zeitarbeit.« Die Kollegen blickten nicht von ihren bunten Tageszeitungen auf, aber Herr Bendel sah mich aus einem Auge an. Er hatte nur ein Auge, das andere war weg. Gut, setz dich. Ich hatte mir meine schäbigsten und dreckigsten Klamotten angezogen. Das war ein Fehler, wie ich sogleich bemerkte. Die anderen Kerle trugen alle saubere Blaumänner und mehr als die Hälfte hatte blank polierte Glatzen. Kaffee? Gerne! Ich nippte an meiner Tasse und studierte ein wenig die Tischplatte. Ein bisschen muffig rochen sie schon, die Jungs, die sich nur durch gelegentliches Räuspern und Umblättern bemerkbar machten.

Ich hatte ziemliches Herzklopfen beim Anblick meiner neuen Kollegen, denn mit meinen langen Haaren und dünnen Ärmchen wollte ich nicht so recht reinpassen in den muskelbepackten Nazihaufen, der hier frühstückte. Ich sah mich schon gedrillt und gedemütigt an einer rostigen Kette hängen, wenn der Arbeitstag zu Ende sein würde. Langsam kam dann doch so etwas wie ein Gespräch in Gang, zu dem ich als Neuer natürlich ehrfürchtig schwieg. Es waren Fetzen zu hören wie: »Na dit is ja ma wieda typisch. Jetz wolln se schon wieda de Kippen teura machen.«

»Wen sachste dit?«

»Dir sag ick's.«

»Benzin wird ooch nee mehr billja.«

»Meine Worte.«

»Wat machen wa'n heute.«

»Kommt noch. Wartma ab. Ersma Kaffee.«

Ich fragte, ob man rauchen darf. »Kann man hier eigentlich rauchen?«

»Man kann. Ob du et kannst, weeß man nich.«

Aha. Der erste Test. Ich holte mein Equipment raus und begann mir eine zu drehen. »Wat wird'n dit? Willste hier kiffen oder wie?«, fragte mich ein dicker Typ mit gruseligen, rot unterlaufenen Augen.

»Nee, dit is nur Tabak. Kannst ja ma probiern«, sagte ich. Und als kleinen Anreiz für den starken Mann: »Is aber stark.«

»Na, denn reich rüber!«

Ich rauchte und die anderen zogen allesamt ebenfalls ihre Zigarettenpäckchen raus und begannen zu paffen.

»Und?«, fragte ich den dicken Nazi, der meinen Tabak probierte.

»Jeht so.«

Na wenigstens ein Anfang. Das Rauchen hatte tatsächlich für ein paar Minuten aus uns eine Mannschaft gemacht. Eine erste Form der in Konzernen so beliebten Morgenandacht.

»So«, sagte Herr Bendel.

»Jim Beam, Schulle und Drechsler, ihr fahrt Alt-Glienicke, fertisch machen! Der Dicke, Heinze und Polski, ihr macht nach Mitte, Torstraße! Sancho, du bleibst hier mit dem Neuen und zeigst ihm den Schrädda! Neumann und Köpke, ihr helft mir in Johannisthal mit dem beschissenen Dach!« Neumann und Köpke schmollten. Alle standen auf und ich fragte mich, wer Sancho war, aber da kam schon einer der Glatzen auf mich zu und quetschte mir die Hand.

»Sancho, wie heißte nommal?«

»Toni. Toni Mahoni.«

»Jut, Locke. Denn komm mal mit.«

Hinter dem Fuhrpark erstreckte sich ein riesiger Schrottplatz mit Hunderten von Containern, gefüllt mit unübersichtlichem Kram: Elektroschrott, Bauschutt, Asbest, Glas, Plaste, und vor allem Kabel. Millionen Meter dicke Kabel, die einst in der Berliner Erde vergraben waren und aus irgendwelchen Gründen wieder ausgebuddelt worden und hier gelandet waren.

Sancho führte mich zu einem riesigen Radlader. STANISLAW prangte in fetten, schwarzen Lettern auf der gelben Baumaschine. Sancho war groß, breit und drahtig, er sprang wie eine Katze über die großen Räder in das Führerhaus und winkte mich ran.

»Als Erstet: Montachs werden de Maschinen jetankt! Der Radlader hundertfünfzig, der Bagger zweihundert, die Stapler jeweils hundert Liter. Ick zeig da jetz, wie de dit machst, und ab denn machste dit alleene. Allet klar, Locke?«

»Allet klar, Sancho«, sagte ich. Irgendwie war der Typ in Ordnung, das heißt, er wirkte nicht gefährlich. So was wie eine gute Arbeitslaune ging von ihm aus. Ich hätte sicher schlechter fahren können, wenn Herr Bendel mich beispielsweise dem fetten Nazi Drechsler als Vorarbeiter unterstellt hätte.

Ich kletterte auch ins Führerhaus und Sancho machte Platz. Dann fuhren wir hinter eine kleine Hütte, aus der ich riesige Fässer mit Diesel rollen musste, während Sancho die Bagger und

Stapler nacheinander ranholte. Sancho zeigte mir, wie man per Handkurbel die Maschinen betankt und als ich es raushatte, setzte er sich daneben und rauchte. Mir wurde ein bisschen mulmig, ihn mit seiner Kippe rumspielen zu sehen, aber das war wohl der Zweck der Übung.

»Is nur Diesel, mach da nich ins Hemd!«

Ich brauchte eine Stunde, um alle Wagen zu betanken, dann zeigte mir Sancho den Schredder.

»Bei dem Schrädda musste uffpassen wie Sau, vastehste? Jim Beam hat sich schon zwee Finger abjetrennt und Köpke hat mal fast den janzen Arm verloren. Also uffpassen! Allet klar?«

Alles war klar. Vor der Schreddermaschine lagen mehrere Haufen Kupferkabel, zwei bis fünf Meter lang und armdick. Sancho zeigte mir, wie man sie in den Schredder spannt und dann durchzieht, um die schwarze Gummiummantelung zu lösen. Er arbeitete superschnell und geschickt, dann war ich an der Reihe. Es war eigentlich recht einfach, man musste nur zusehen, dass man nicht wie das Kabel in die scharfen Messer gezogen wurde. Nachdem mir Sancho ein paar Minuten zugesehen hatte, ließ er mich allein und ich schredderte und schredderte. Eine kleine Weile und alles lief wie geschmiert, das blanke Kupfer erfreute mich sogar. Nach vielen Jahren unter der Erde glänzte es nun wieder im Sonnenschein. Zum Mittag erschien Sancho und sagte: »Mittach. Schalt ab.«

Wir gingen über die Straße zu einem Imbissstand, aßen Hackbrötchen und Currywurst, Sancho kaufte sich zwei Büchsen Bier und trank sie in zehn Minuten aus. Ich hatte eine Menge Fragen. Wozu schredderte ich den ganzen Tag Kupfer? Was machten sie anschließend mit dem Zeug? Warum hieß Jim Beam Jim Beam? Aber ich spürte, dass ich noch nicht berechtigt war, die Geheimnisse des Kollektivs zu erfahren, ich arbeitete ja gerade erst mal einen Vormittag hier, also hielt ich den Mund und kaute mein Schweinehackbrötchen.

Den Nachmittag über schredderte ich wie der Teufel, ich arbeitete schnell und flüssig und als am Abend die Werkstute ertönte, hatte ich den gesamten Kupferkabelhaufen entmantelt.

Ich war dreckig wie ein Bergarbeiter, irgendeine rötliche,

schmierige Masse klebte an den Kabeln und nun auch überall an mir. Meine Arme taten weh, und furchtbar müde versuchte ich, der Reihenfolge von Peggys Tageserlebnissen zu folgen, doch nach einer Dusche und einem Feierabendbier fiel ich in einen tiefen, sich verdient anfühlenden Schlaf.

Das war auch gut so, denn um fünf Uhr bestieg ich bereits wieder mein Fahrrad und sauste zum Schrottplatz. Ich wurde heute bereits mit einem Nicken begrüßt und erhielt dann vom Chef meine Karte.

»Die lässte jetzt jeden Morgen und Abend stempeln, jeh ma glei zum Pförtner und lass dir dit machen!«

So war ich jemand mit einer Stempelkarte geworden. Die Stempelkarte hatte absolute Priorität und wer beim Stempeln von fremden Karten erwischt wurde, der fliegt raus – so hieß es.

Den zweiten Tag verbrachte ich damit, einen riesigen Haufen Kabel zu sortieren: links Kupferkabel, rechts Aluminiumkabel. Kupper, Alu, Kupper, Alu. Ich dichtete, sang alle möglichen Reime zu dem Thema und vertrieb mir die Zeit mit braun werden, denn ich ackerte in der warmen Herbstsonne und hatte mein Shirt ausgezogen. Ich kam mir toll vor. Ein richtiger, schmutziger, braungebrannter Arbeiter würde ich werden. Meinen Freunden würde ich in der Stampe von den Vorzügen des Kuppers gegenüber dem Alu berichten und jeder würde mir ansehen, dass ich hart arbeitete für mein Geld.

So vergingen einige Tage. Langsam gewöhnte ich mich an den Müdigkeitsschock nach der Arbeit, ich stellte fest, dass man nicht nachgeben durfte, sondern nur eine Weile abwarten musste, dann kehrten die Kräfte zurück. Das war auch notwendig, denn Peggy war der ganzen Ackerei gegenüber sehr skeptisch eingestellt. Sie hielt es für reine Zeitverschwendung, für die paar Euro den ganzen Tag im Müll zu wühlen, und erwartete, dass ich mich nach der Arbeit den wichtigen Dingen des Lebens, also ihr, widmete.

»Warum gehste nich wieder kurz für 'nen Tag zum Teufel?«
»Weil man da nichts lernt!«
»Dann studier doch wat, wenn de wat lernen willst!«
»Dich studier ick, Peggy! Dit reicht mir völlig!«
Am Freitag war die Müdigkeitsphase schon dermaßen ver-

kürzt, dass ich locker direkt in die Kneipe, danach zu einer Party und anschließend in einen Klub rannte, in dem Driver auflegte. Lange schon war ein Wochenende kein echtes Wochenende mehr gewesen. Ich genoss jede freie Stunde, feierte wie ein Bräutigam und entspannte mich wie ein libanesischer Hanfbauer.

Der Montag war dafür brutal. Es regnete dicke Herbstgewittertropfen, durchnässt schredderte ich in der winzigen Werkstatt Kupperkabel. Mittagspause, Hackbrötchen, ich dachte an Peggy, die jetzt vielleicht gerade aufstehen würde, um den Tag im Bademantel zu verbringen, schon überfiel mich die Sehnsucht nach dem Wochenende. Miefige Gedanken kamen daher, Geld, Geld, Geld, Scheißgeld!

Doch die Sonne kam, goldenes Licht fiel über die nassen, rostigen Container, in der Ferne leuchteten die Pappeln, schon lohnte sich alles wegen dieses kurzen Anblicks.

Ich tankte die Karren voll und dann machten wir eine Spritztour über das Gelände mit dem STANISLAW Radlader. Das Ding brachte es auf eine enorme Geschwindigkeit und Sancho preschte wie ein Rennfahrer zwischen den Containern hindurch. Ich jauchzte und freute mich, anschließend versteckten wir uns hinter einem Berg, geschützt vor dem Auge des Chefs, und rauchten Kippen. Sancho erklärte mir, er sei gar kein Nazi mehr, das war früher, er renne jetzt nur noch so rum, weil er es nicht anders kenne. Ich nickte verständnisvoll und sagte ihm, ich sei auch kein echter Hippie, das machen bloß die Haare. Außerdem verriet er mir, dass man für ein Kilo Kupper fünf Euro und für ein Kilo Alu einen Euro bekam. Mit den vielen Tonnen, die wir tagein, tagaus schredderten, konnte man also einiges verdienen.

Wenn man von den Containern mit all ihren menschengemachten Abfällen absah, dann war das Gelände eigentlich ganz schön. Meterhoch wucherten Beifuß und Wermut aus allen Ritzen; wilde Blumen und Gräser bewuchsen ein altes, rostiges Gleis; ein Teppich aus duftenden, noch nicht verblühten Pflanzen erstreckte sich über den schmutzigen Boden. Ein freier Himmel bis zum Horizont, so viel Weitblick hatte man selten in Berlin.

Ich erzählte Peggy stets gern und ausführlich von meinen neuen Kollegen und deren Geschichten, ich war regelrecht euphorisiert vom Schrottplatzleben. Es gab eigentlich nur einen Typen, den ich nicht leiden konnte, und das beruhte auf Gegenseitigkeit. Drechsler hatte einfach immer so beschissene Laune, dass man ihm lieber aus dem Weg ging. Hinter seinem Rücken wurde er immer nur »Papa Puppe« genannt. Er hatte den Fehler begangen, eine Geschichte aus seinem Leben zu erzählen. Einst hatte er sich mit einer Frau verabredet, die prompt ihre kleine Tochter zum Date mitgebracht hatte. Die Frau schien sich sofort in ihn zu verlieben und schnatterte schon über die glorreiche Zukunft einer baldigen Familie Drechsler. Beim Spazierengehen waren sie dann an einem Spielzeugladen vorbeimarschiert. Die Kleine blieb davor stehen und zupfte den fremden Onkel Drechsler am Arm. Sie zeigte auf ein Püppchen im Schaufenster und schrie: »Papa Puppe! Papa Puppe!« Entsetzt über seine plötzliche Vaterrolle, flüchtete Drechsler im nächstbesten Augenblick vor den anhänglichen Frauen und blieb seitdem allein. Solche Geschichten wurden von den Schrottplatzjungs mit Vergnügen aufgesogen und in flotte Spitznamen umgewandelt. Da Papa Puppe viel netter klang als Drechsler, benutzte auch ich diesen Namen und sah ansonsten zu, dass wir uns nicht begegneten.

Von Poldi, Drivers Mitbewohner und passionierter Gerätebastler, erhielt ich den Auftrag, im Elektroschrott nach Laufwerken, CD-Playern und Schalteinheiten zu wühlen. Gern versorgte ich ihn nun wöchentlich mit Schrotthighlights. Poldi baute daraus verrückte, sinnfrei-lustige Instrumente, die allesamt das Gefallen des Rondes gefunden hätten. Peggy hingegen war wieder voll in ihre Projekte verstrickt, die Sache mit der Kathedrale hatte die Mädels Geschmack an der ganz großen Provokation finden lassen. Ich kann nicht verhehlen, dass mich ab und an bohrender Neid befiel, wenn ich von den tollen Ideen meiner bademantel-tragenden Freundin hörte. Ich bekam nicht übel Lust, ebenfalls wegweisende Aktionen zu planen und einfach die Welt zu ne-cken. Aber ich fuhr auf den Schrottplatz und war nur der Rächer des Weggeworfenen.

Dann kam der Tag, an dem ich mir einen Namen bei der Trup-pe verdiente. Es war Mittag, wir saßen gerade mit unseren Hack-brötchen vor dem Hauptgebäude herum. Plötzlich kam Óge, wie die Jungs den einäugigen Bendel nannten, aufgeregt angerannt und rief:

»Wir brauchen hier mal 'nen harten Mann! So eine Sauerei! Los, esst uff und dann kommt mit. Wer die Scheiße wegmacht, darf danach sofort nach Hause!«

Was für ein Angebot! Wenn auch sonst alles ziemlich ent-spannt war, früher gehen war nie drin. Wir aßen also unser Mit-tag auf und schlenderten dann mit dem kopfschüttelnden Óge zum Tatort. Zehn Meter von der großen Containerwaage ent-fernt, hatte Óge gerade einen Lastwagen mit Elektroschrott aus-gekippt. Neben dem Haufen lag ein großer, aufgeplatzter Karton mit aufgeweichtem Boden.

»Nu jeht ma hin und kuckt ma rin!«, rief Óge, der in sicherer Entfernung blieb.

»Wie jesacht: Wer dit wegmacht, ab nach Hause!«

Wir schlenderten zum Karton und ich hoffte, nicht irgend-welche Menschenteile vorzufinden, darum näherte ich mich nur vorsichtig. Die fette Glatze Papa Puppe war als Erster beim Kar-ton und musste sofort kotzen. Er drehte sich weg, kotzte und schnaufte und schrie »Uähr« und »Örchrärr«. Jim Beam sah hin-ein und wandte sich ab, der Dicke sprang umher und rief »Wat is denn dit nu? Wat is denn dit?« Polski und ich traten hinzu und sahen rein. Ich hatte vorsichtshalber die Luft angehalten, Polski anscheinend nicht, denn auch er hielt sich die Hand vor den Mund und rannte davon. Ich beobachtete das Treiben im Karton eine Weile, dann ging ich zu den Männern, die noch nicht reingeschaut hatten und unterrichtete sie.

»Maden. Ick schätze mal hundert Kilo dicke, gelbe Maden, die sich uff Hähnchenknochen tummeln. Stinkt 'n bisschen. Darf ich's wegmachen?«

Ich hatte keine richtige Lust drauf, so wie man keine Lust auf Fingernagelschneiden oder Krankenhausbesuche hat, aber die Tatsache, dass ich mich nicht ekelte, wenn alle anderen kotzen, fand ich erstaunlich genug, um die Sache weiterzutreiben. Eventuell war ich ja ekelfrei. Der Chef nickte jedenfalls und da niemand anderes die Angelegenheit bereinigen wollte, hatte ich den Job. Ich holte mir eine Schaufel, ein paar Handschuhe und eine große, leere Plastiktonne und kehrte zu den Maden zurück. In einiger Entfernung hatte die ganze Mannschaft einen Kreis gebildet, sie rauchten und wollten sich offensichtlich das eklige Schauspiel nicht entgehen lassen. »Biste dir ooch janz sicha?«, fragte Öge mich noch mal, und ich kam mir ein bisschen vor wie ein Kamikazepilot kurz vor dem Einstieg in den Todesbomber. Ich hielt die Luft an, packte den Karton und zog ihn mit einem Ruck hoch. Es schmatzte und der feuchte Boden riss komplett aus. Ich hielt die Kartonwände in den Händen, während die wimmelnde Masse nach allen Seiten wegrutschte, schon stand ich bis zu den Schienbeinen in Maden. Die Kollegen machten Geräusche des Ekels und auch mir wurde ein wenig mulmig. Ich hatte Angst, die Viecher würden in meine Schuhe krabbeln. Ich hüpfte aus dem stinkenden Teig. Es war doch schlimmer, als ich mir vorgestellt hatte. Die Maden waren ziemlich flink. Sie reckten und streckten sich nach allen Richtungen; zwischen ihnen und unter ihnen Hähnchenflügel, Beine, Rippen. Ich stellte mir was Schönes vor und begann zu schippen. Es klatschte jedes Mal, wenn ich eine neue Fuhre in die Tonne schüttete. Unweigerlich musste ich auf den Maden herumtrampeln, sie zerplatzten unter meinen Arbeitsschuhen. Warum waren sie nur so groß? Der Karton musste von einem Hähnchengrill stammen, denn es fanden sich auch Servietten und halb aufgegessene Dönerreste unter dem Gewusel. Mir wurde jetzt doch ein bisschen übel. Die Maden waren dabei nicht das Schlimmste; die Knochen, die waren schlimm. Aber irgendwann war alles in der Tonne, ich kratzte nur noch den letzten Matsch vom Betonboden und ging dann zu den Kollegen rüber. Die wichen fast unmerklich ein Stückchen vor mir zurück, als sei ich selbst eine riesige Made geworden. Klar, meine Klamotten waren voller Spritzer und kleiner undefinierbarer Teile. Aus ihren Augen aber leuchtete neben Ekel auch Anerkennung. Der hält was aus, der Kerl!

»So, ihr Memmen«, sagte ich, »ich werd dann mal nach Hause fahren. War schön mit euch, bis morgen!« Ich wusch mir noch Hände und Gesicht, der Chef persönlich ließ sich meine Stempelkarte geben, um sie um 18:30 Uhr einzulösen.

Der Haken an der Sache war natürlich, dass ich nun an keinem Imbiss mehr vorübergehen konnte, ohne an einen riesigen Haufen Maden zu denken. Ich konnte in der Mittagspause nur noch mitgebrachte Gurkenstullen essen, um unseren Mittagsimbiss mit Hack und Currywurst musste ich einen Bogen machen. Hähnchen, meine Lieblingsspeise, war mir für Monate vergällt, schon der Geruch eines gebratenen Huhns konnte einen Würgereiz auslösen. Außerdem hat mich die Geschichte nicht abgehärtet, sondern empfindlich gemacht. Nicht sofort – aber über die Zeit. Deswegen sage ich seitdem: Heute lustig Madenschippen, morgen aus den Latschen kippen!

Jedenfalls hieß ich von nun an nicht mehr Locke, sondern Made. Und ich hatte mir genug Respekt eingehandelt, um allein den Radlader fahren zu dürfen. Das war nicht nur der Auslöser für den größten Spaß, den ich je bei einer Arbeit hatte, sondern auch der Anfang vom Ende meines Lebens als Schrottmahoni.

Ich fuhr Radlader. Ich war leidenschaftlich bei der Sache. Der Stanislaw war stets gut geölt, alle Betriebsstoffe genau kontrolliert, am liebsten hätte ich ihn geputzt und herausgepellt, aber für die Schrottplatzarbeit musste ein einfaches Abspritzen reichen. Auf geraden Strecken machte ich ordentlich Geschwindigkeit, sanft brachte ich ihn um die Containerecken. Immer geschickter wurde ich mit der Schaufel. Ich hätte mit den Kabelmuffen jonglieren können. Was ebenfalls richtig Spaß machte, war, jemanden vorne mitzunehmen. Manchmal stieg Polski oder sonst wer in die Schaufel und ließ sich so von einem entfernten Container zurück zur Hauptbaracke bringen. Die menschliche Fracht umklammerte dann die Zähne der riesigen Schaufel und jauchzte froh ob meiner flotten Fahrweise.

Peggy wollte nichts mehr davon wissen. Nie sagte sie zärtlich »mein Müllmann!« zu mir. Auch nicht »mein Baggerfahrer«. Sie mochte den Stanislaw nicht und sie hatte keine Lust, mich mal auf meinem Schrottplatz zu besuchen. Sie wurde eine giftige Zicke, die unangebracht früh meine Erzählungen vom Schrottplatz unterbrach. »Ich armer, kleiner Müllmann«, dachte ich, mich selbst tröstend … Den halben Tag im Müll verbringen und dann nicht mal davon erzählen dürfen. Voll ehemäßig. Vierzig Jahre verheiratet. Wie war ich da nur hineingeraten? Oder war ich tatsächlich gerade in meinem Job als Müllmann aufgegangen? Schürte das Angst in Peggys Künstlerinnenhirn? Erstickte der Geruch meiner Arbeitsklamotten unsere zärtlichen Gefühle? Irgendetwas musste unternommen werden, um meine Liebe zum Schrott und meine Liebe zu Peggy zu versöhnen.

Dann kam mir die Idee. Ich bequatschte alles ausführlich mit Pierre, Mädunski und Lofi und schmiedete mit den Jungs von der Band einen feinen Plan. Es war der letzte Freitag im Oktober und schon mächtig kühl; die Mittage waren noch warm, aber die Abende waren schon herbstlich frisch. Nur die Hartgesottenen saßen noch vor den Cafés, und zwar ohne die bescheuerten Heizpilze. Ich wusste, dass ich mit Sancho zu einer der Außenstellen des Geländes fahren musste, wir beluden einige Container am Westtor mit Asbestplatten, Sancho im Bagger, ich im Stanislaw. Freitags gab es geheime Absprachen zwischen den Schrotties, wer diesmal wessen Stempelkarte am Pförtnerhäuschen abknipsen würde, Sancho hatte seine schon dem Dicken gegeben, der letzte Woche früher gegangen war. Ich hatte die Karten von Neumann und Köpke, die waren sogar schon weg. Jim Beam sorgte für Schulle und Papa Puppe war krankgeschrieben. Wahrscheinlich wegen Suff. Die Arbeit ging gut von der Hand, und als Sancho gegangen war, arbeitete ich mit besonders verlangsamtem Tempo weiter, um Zeit zu schinden. Schließlich machte ich mich am Tor zu schaffen. Dem einäugigen Bendel hatte ich aus seinem Büro die Schlüssel für das Westtor geklaut. Das alte Schloss wurde nie benutzt und ließ sich entsetzlich schwer öffnen. Dann war es aber doch geschafft und ich legte nur zum Schein die dicke Kette wieder herum. Den Schlüssel hängte ich wieder an seinen Platz im Büro und trödelte dann auf dem Gelände herum, bis es Zeit war zu gehen. Meinen Stanislaw ließ ich vor dem Tor geparkt. Ich fuhr zu unserem kleinen Proberaum, wo Lofi, Mädunski und Pierre schon warteten, dann packten wir unseren Bandbus mit Instrumenten voll und fuhren zurück in Richtung Rummelsburg, zum Westtor des Schrottplatzes. Es war bereits hübsch dunkel, der Stanislaw stand erhaben und schweigend hinter dem großen Gitter. Ich stieß die Einfahrt auf und ging zögerlich aufs Gelände. Keine Spur vom Wachschutz. Flink kletterte ich in die Maschine und ließ den Motor an. Der Radlader brüllte über den stillen Platz und ich machte, dass ich fortkam. Mädunski schloss das Tor hinter uns und sprang in den Bus. Ich fuhr voran, Richtung Friedrichshain. Mein Herz klopfte irgendwo tief in meiner Hose. Ich hatte mit regelrechtem Brechreiz zu kämpfen, so groß war meine Aufregung. Die Straße war nicht weiter befahren, mit blinkender, orangener Rundumleuchte düste ich durch die Dunkelheit, die Jungs hinterher. Keine Bullen in Sicht. Kein Schrottplatzalarm, nichts. Endlich fuhr ich mit meinem Lieblingsradlader mal auf einer richtigen Straße! Er war frei! All die Jahre eingesperrt auf dem Platz, er kannte ja nur Container und Dreck! Vor der S-Bahnbrücke bogen wir auf ein stilles Gelände ab und parkten die Gefährte nebeneinander. Dann begannen wir mit dem Umbau im Licht der Busscheinwerfer. Auf den Tank am Heck schnallten wir Mädunskis kleinen Generator, Pierre baute sein E-Piano in der Schaufel auf, Lofi nahm mitsamt Gitarre und Verstärker auf dem Dach Platz. Ich bastelte mir mein Mikrofon in die Fahrerkabine. Als alles verkabelt war, sprang Mädunski mit zu Pierre in die Schaufel und hievte seinen dicken Kontrabass hinterher. »Alles klar, Jungs?«

»Ja, nu fahr los!«, kam ein halb euphorisches, halb ängstliches Zischen vom Dach zurück. Ich ließ den Motor wieder an und wir tuckerten, vorsichtig jetzt, mit unserem entführten Stanislaw unter der Brücke hindurch auf die Boxhagener Straße. Die Jungs schmissen die Verstärker an und unser rollender Auftritt begann.

Scheppernd, brummend und klimpernd schlichen wir an den abendlichen Cafés entlang und ich sang das immer gleiche Lied in mein Mikrofon: »Ick hab frei, ick bin frei, ick habe keinen Beutel bei …« Dazu hob und senkte ich meine Musiker in der Schaufel nach Lust und Laune, die frohlockten nicht schlecht auf ihrer Hochbühne. Wir bogen in die touristengeschwängerte Niederbarnimstraße ein und ließen uns von Leuten aus aller Welt feiern und ein Stückchen begleiten. Ja, so ein Stanislaw, das war schon was. »… ick fahr in irgend 'ne schöne Richtung, wenn ick Bock hab, mach ick's glei!«, sang ich im Führerhäuschen und verlangsamte die Fahrt noch ein wenig mehr.

»Gleich kommen die Bullen, gleich sind se hier!«, lautete der innere Text, den mein Hirn mir die ganze Zeit vorsang. Tapfer spielten die Jungs auf ihren Instrumenten und rockten den Friedrichshain. Jedenfalls einen Teil davon. Die Tour ging weiter auf die Frankfurter Allee, die Touristen, die mitgelaufen waren, dünnten aus, sie mussten ja in ihrer Straße bleiben. Ich lenkte den Wagen locker auf den begrünten Mittelstreifen und hielt vor unserem Haus an. Aufgeregt rief ich zu Hause an.

»Peggy? Kiek ma vorne ausm Fenster bitte, los, mach ma!«

Ich stieg aus und kletterte zu Lofi aufs Dach, wir drehten die Anlage noch ein bisschen mehr auf, dann zählte ich ein zu unserem einzigen wahren Liebeslied, welches zufällig auch direkt »Liebe« heißt. Eins zwei drei vier! Bumm, der Bass wobbte schmeichelnd, Pierre streichelte dazu die Luft mit seinem herzzerreißenden Vorspiel. Peggy erschien oben am Balkon, die Gitarre setzte ein und ich sang mein Liebeslied.

»Liebe ist ein schönes Wort und auch ein schwerer Wein, erst biste voll Drogen jepumpt, denn stellt sich der Kater ein, Liebe ist ein Fiebertraum, ein überladner Tisch, nach langer Krankheit wirst du wach, beziehst dein Bett janz frisch …«

Ich sang mir die Seele aus dem Leib und sah zu meiner Freundin hoch. Ich stand auf meinem Radlader und die Band spielte so göttlich und intensiv, als hätten sie heimlich geprobt. Autos wurden langsamer, Passanten blieben stehen und Peggy blickte vom Balkon herunter wie eine frisch verliebte Prinzessin. Ich war ganz der glückliche Müllmann. Peggy und Stanislaw waren ausgesöhnt, gemeinsam hatten sie etwas Erhebendes erlebt.

Als wir fertig waren, applaudierten einige Leute von beiden Straßenseiten, riefen »Zugabe!« und »Geil!«. Ich aber winkte Peggy zu, hüpfte runter in meine Kabine und startete den Stanislaw. Holprige, aber versteckte Seitenstraßen nehmend, rollten wir die Strecke zurück und kamen ohne jeden Zwischenfall am Umladeplatz an, wo unser Bandbus auf uns wartete. Kichernd luden wir unser Equipment um, dann ging's weiter zum Schrottplatz. Ohne die Jungs auf dem Gerät machte ich volle Fahrt und so dauerte es keine zehn Minuten, bis wir wieder vor dem Westtor standen. Auch hier lief alles glatt, der Stanislaw parkte wieder, wie ein großer, braver Radlader nur parken kann, und wir sahen zu, dass wir verschwanden. Alle krakeelten herum und besonders von Pierre fiel die Last des Verbotenen ab. Wir waren kleine Jungs und hatten soeben das perfekte Verbrechen begangen. In aller Öffentlichkeit dazu. Mädunski war wie immer der Coolste, für den alten Gangster war die Sache ein altbekannter Kick gewesen. Glücklich stieg ich anschließend die Treppen zur Wohnung hoch und ließ mich von Peggy stürmisch empfangen. So ein Ständchen vom Radlader mitten auf der Frankfurter Allee erweicht eben auch die härtesten Feministinnenherzen. Mit Wein, Weib und Gesang, wie man so schön sagt, ließen wir die Nacht noch ein wenig klingen.

Am Montagmorgen musste ich dann erfahren, dass unsere kleine Spritztour doch nicht das perfekte Verbrechen gewesen war. Grinsend saß der fette Papa Puppe im kleinen Pausenraum und deutete mit seiner verbeulten Glatze auf Bendels Büro.

»Du sollst mal zu Óge rin, du Made!« Weiter grinsend wandte er sich ab und seinem bunten Zeitungsfetzen zu. Ich stapfte in den beheizten Büroraum und wurde prompt angebrüllt.

»Wat fällt dir ein, du Wicht! Ham se dir ins Hirn jeschissen? Spinnt ihr jetzt alle? Samma, tickst du noch …?«, und so weiter. Drechsler, der dumme Typ, hatte am Freitagabend unseren Liebeskonvoi von seinem Säuferbalkon aus gesehen und fleißig mit seinem Fotohandy Schnappschüsse gemacht. Diese verdammten Fotohandys! Und überhaupt, warum wohnte der gemeine Denunziant im schönen Friedrichshain? Am Morgen hatte er Bendel alles gepetzt und die beiden hatten sich den Radlader am Westtor angesehen. Dabei hatten sie das immer noch unverschlossene Gitter bemerkt. Bendel schrie wie ein wütendes Huhn.

»Das ist Diebstahl! Geiselnahme! Veruntreuung, was weiß ich! Du bist raus, Made! Raus, raus, raus!« Unter weiterem Gekläffe erfuhr ich, dass ich froh sein konnte, ohne Anzeige gefeuert zu werden, und er malte mir aus, welch langjährige Haftstrafen er mir freundlicherweise ersparte. Anschließend rief er bei meiner Zeitarbeitsfirma an und meldete meine Kündigung.

»Und, Made! Her mit deiner Stempelkarte!« So wurde ich meine Stempelkarte wieder los. Ich ging erst mal in den Pausenraum, eine rauchen. Fast alle Kollegen waren schon versammelt und sahen mich fragend und eingeschüchtert an. Der Lärm, den Bendel im Büro veranstaltet hatte, war nicht zu überhören gewesen.

»Tja, dit war't dann, Jungs! Lasst euch am besten von Papa Puppe erzählen, wat los is.« Alle, außer Papa Puppe, zuckten beim Nennen des geheimen Spitznamens. Drechsler selber grinste mich an, dann begann es zu rattern in seinem kleinen Resthirn. »Wat hast du eben jesagt?«, fragte er mich drohend.

»Nüscht«, sagte ich, »ich werd dann ma! Macht's jut und sauft nich so viel!«

Damit radelte ich vom Hof und bemerkte tatsächlich ein leichtes Ziepen in der Magengegend. Die erste Kündigung, die mich wirklich traf. Ein bisschen wehmütig fuhr ich an der Außenmauer des Geländes entlang und dachte an die vielen schönen Schrotthaufen, den besonderen Geruch feuchter Asche und rostigen Metalls, die riesigen, verwitterten Kabelmuffen und natürlich an Stanislaw.

Mops

Ohne Hunde keine Herrchen
Ohne Liebe keine Märchen
Ohne Paarung keine Pärchen
Mit Enthaarung keine Härchen

»Weeßte, ick habit imma janz jern, wenn ick aus den Dingen, die mir jeschehen, irgendwat lernen kann«, sagte Mädunski zu mir. »Aber wat jenau soll ick jetzt aus dieser Sache mit Astrid lernen?«

»Tja, Mädunski. Dazu fällt mir nu ooch nüscht mehr ein.«

Astrid saß zu unseren Füßen, ließ ungeniert die Zunge rausbaumeln und hechelte uns mit schiefem Kopf an. Astrid war eine sechsjährige Mopsdame. Möpse sind diese kleinen Hunde, die dreimal mehr Haut am Leib haben, als sie benötigen, welche dann in wulstigen Falten am Körper klebt. Kurzbeinig und plattnasig mopseln sie ihren Menschen hinterher und ernten lebenslanges Kopfschütteln von allen, denen sie begegnen. Ob Astrid ein besonders hässliches Exemplar war, kann ich schwer sagen, da ich außer ihr keine weitere Bekanntschaft mit Möpsen gemacht habe. Jedenfalls war sie ein hässliches kleines Geschöpf, und die Zuneigung, die man für sie empfand, entsprang mindestens zur Hälfte dem Mitleid. Obwohl man Hunden ja einiges an Intelligenz zuspricht, sah sie nicht so aus, als ob sie das Drama um ihre Wenigkeit mitgenommen hätte. Sie sah im Gegenteil ganz rauflustig aus. Astrid wollte spielen.

Eines vergnüglichen Tages war ich mit Mädunski und Astrid im Volkspark unterwegs gewesen. Dort tummelt sich einiges an Hunden, die Leute sind entspannt, und wir legten uns auf eine Decke und spielten Backgammon, während Astrid den Gerüchen ihrer Artgenossen nachschnüffelte. Mädunski ist ein leidenschaftlicher Backgammonspieler, der sich gern aufregt und in Bedrängnis geraten laut schimpft und stänkert. Deswegen macht es mit Mädunski auch großen Spaß zu spielen, denn nichts ist schlimmer als jemanden zu besiegen, der mit den Schultern zuckt, oder gegen jemanden zu verlieren, der sich nicht freut.

Mädunskis Mops Astrid war während des Spiels nicht aufgetaucht, und nachdem ich die erste Partie gewonnen hatte, rief Mädunski ärgerlich nach ihr. Sie war nirgends zu sehen und daher musste Mädunski mit seinem blöden Hundehaltergetue beginnen und laut rufend über die Wiese stapfen: »Astrid! Kommst du her! Astrid! Astrid! Astrid! Kommst du her! Kommst du her!« Seine zischenden »Astrid, Astrid«-Laute mit ihrem militärischen Gehabe nervten mich und ich stellte mal wieder fest, wie froh ich doch ohne Hund war. Nie war ich gezwungen, mit diesem hässlich-boshaften Ton durch eine friedliche Parklandschaft zu marschieren.

Mädunski entdeckte Astrid dann auf einer Decke mit zwei jungen Frauen, die sich die Haut von der Sommersonne knusprig brennen ließen. Astrid lag zwischen ihnen auf dem Rücken und ließ sich von den beiden kraulen. Die Frauen amüsierten sich gewaltig über das unförmige Köterchen, sie griffen in Astrids dicke Hautwülste und knuddelten und zerrten belustigt an ihr herum. Mädunski trat hinzu, und ich beobachtete, wie er leicht erregt gestikulierte. Die Frauen kicherten und lachten bald laut, dazwischen murmelte Mädunski seine Standardgeschichten aus dem Mopsleben herunter. Irgendwann zeigte er auf mich und winkte mich zu ihnen heran. Die beiden waren hübsche Exemplare aus der Frauenwelt, nicht mehr zu jung für ein Gespräch und trotzdem noch nicht verschrumpelt. Mir war das natürlich wie immer egal, keine konnte je meine bademanteltragende Freundin toppen.

Wir spaßten also auf Astrids Kosten, Mädunski konnte herrlich erzählen, und dann kam die unvermeidbare Frage: »Und was macht ihr so?« Mädunski hatte schon so schön bei den Frauen gepunktet und ich war mir meiner unterstützenden Rolle als Kuppler durchaus bewusst, deshalb störte ich mich nicht weiter an den Geschichten, die er nun erzählte. Seine ehemalige Freizeitbeschäftigung Segeln nahm er als Grundlage, um sich als Segellehrer vorzustellen, wobei er natürlich herausstrich, wie wenig ihn der Job ausfüllte. Es fehlte an intellektueller Auslastung, weswegen er seit einigen Monaten als Freier für das Feuilleton verschiedener Tageszeitungen schrieb. Gerade seine Beschäftigung in der wilden Natur befähigte ihn zu außerordentlichen Stellungnahmen dem Kunstbetrieb gegenüber, da er nicht, wie all die Stadtneurotiker, im ewig gleichen Sumpf herumwatete, sondern den gesunden Blick des Außenstehenden hatte. Die beiden Frauen nickten verständig und angenehm überrascht, was Mädunski, der zweimal für den Sportteil eines regionalen Wochenblattes was gekritzelt hatte, offensichtlich glauben ließ, er sei tatsächlich der, als der er sich vorstellte. Seine Haupteinnahmequellen, Diebstahl und Betrug, erwähnte er nicht. Die Frauen waren beide Medientanten, die eine Mediengestalterin, die andere Kommunikationsdesignerin. Sandra und Melanie. Sandra wollte unbedingt in die Autoindustrie, Melanie wollte ihr Wissen dann lieber gleich wieder teilen und Lehrerin werden. Ich stellte mich als Kleinkünstler und Parkplatzvermieter vor.

Es wurde kurz ruhiger um unsere Gruppe und ich fürchtete schon, die Mädels würden »jetzt mal langsam los« müssen, aber dann begann Astrid zu bellen, denn ein fetter Rottweiler kam schnüffelnd und hinterhältig schielend auf uns zu.

»Astrid aus!«, rief Mädunski, und mich durchzuckte seine ätzende Hundehalterstimme. »Astrid, bleibstuhier! Bleibstuhier!« Die Mädels störten sich aber nicht daran, Astrid sowieso nicht, denn sie stürmte furchtlos auf das riesige Vieh zu und kläffte aus Leibeskräften. Der fette Rottweiler verkrümelte sich zu seinem heruntergekommenen Herrchen, und ich schlug in das allgemeine Stimmungshoch hinein vor, von der Tanke ein paar Bier zu holen, oder Wein, oder was die Mädels sonst so trinken möchten. Sie wollten nur Beck's Gold, klar, sie kamen ja aus der

Beck's-Gold-Branche. Melanie bot sich an, mitzukommen, und Mädunski nickte mir kaum merklich zu. Aha. Sandra also. Den kurzen Weg zur Tanke quasselte Melanie ununterbrochen, und ich weiß wirklich nicht mehr, was. Dennoch war alles ausgesprochen gemütlich und es gab keinen Grund, genervt zu sein, sagte ich mir.

Als wir zurückkamen, waren die beiden so in irgendein Thema vertieft, dass sie nur kurz nickten und sich ein Bier geben ließen. Ich fragte Melanie, ob sie Backgammon spielen wollte, sie wollte aber nicht, dafür hatte sie Badmintonschläger dabei. Ich sagte ihr, dass seien Federballschläger, keine Badmintonschläger, obwohl ich ehrlich gesagt nicht weiß, ob es nicht doch einen Unterschied gibt. Das Wort Badminton kotzt mich einfach an. Melanie verdrehte die Augen und zeigte mir die Aufschrift »Badminton« auf ihren Schlägern, sagte aber, dass wir dennoch gerne Federball damit spielen könnten, was wir dann auch machten.

Astrid ließ nicht lange auf sich warten und so wurden wir drei zum Unterhaltungsprogramm für Mädunski und seine Parkflamme, bis Astrid den Federball oder Badmintonball endlich zerbissen hatte.

»Tja. Ich müsste dann mal langsam …«, war es nun an mir zu sagen. Melanie sah mich schmollend an und ließ mich spüren, dass sie durchaus weniger strenge Vorstellungen von einer Partnerschaft hatte als ich. Auch Mädunski wirkte irritiert, schließlich würde ich nun unser ausgewogenes Quartett auflösen und dann könnte sein zartes Geflecht aus Lüge und Liebe schnell wieder zerfleddern.

»Wie wär's denn, wenn wir einfach ein andermal weitermachen, ihr Süßen?« Ich mahnte Mädunski mit strengem Blick und er regelte dann brav die Sache mit Sandras Telefonnummer. Melanie schmollte weiter, aber ich wollte ihre Nummer nicht haben, was soll's.

Natürlich überschlug sich Mädunski mit Liebesbekundungen. Er plante schnell die Zukunft durch und hätte ich ihn nicht ausgebremst, hätte er sicher auch über die Inschrift für Sandras und sein Gemeinschaftsgrab nachgedacht. Was sollte man bloß schreiben auf den kleinen Grabstein über eine so gewaltige und erfüllte Liebe. Astrid trottete hechelnd hinter uns her und machte sich keine Sorgen.

In den nächsten Wochen traf sich Mädunski fast jeden Tag mit Sandra, sie schlenderten mit Astrid umher oder erzählten sich, auf der Decke liegend, von den Sahnehäubchen ihres Lebens. Anfangs war Melanie noch dabei, aber auch sie musste einsehen, dass sie die Kommunikation der beiden trotz ihres kommunikationswissenschaftlichen Studiums eher behinderte.

Mädunski erzählte mir all die aufregenden Kleinigkeiten, durch die sie sich näherkamen. Wir trafen uns zum Bier oder er rief mich an. Ich fand das prächtig, besonders, dass Astrid die beiden zusammengeführt hatte, und Mädunski sagte dann immer versonnen: »Ja, Astrid, ja.«

Schließlich landeten die beiden in der Kiste und tobten sich dort aus, währen Astrid im Nebenzimmer vor der Glotze saß. Ab dem Tag waren die beiden ein Paar, so läuft das.

Mädunski musste nun nach und nach die Wahrheit in seine Geschichte lassen und so fing er an, tatsächlich Sachen fürs Feuilleton zu schreiben, und siehe da, er hatte sogar ab und zu Glück. Seinen Segellehrerjob »kündigte« er kurzerhand, um mehr Zeit zu haben. Sandra fand das richtig scheiße und rief sogar einmal bei mir an, um mich zu bitten, Mädunski von der Kündigung abzubringen. Was für ein Erlebnis. Ich saß da, mit geschlossenen Augen, um mir ganz deutlich einen segelnden Mädunski vorzustellen, der seinen Job aufgibt. Mit rotem Kopf, ob der Lüge, hockte ich am Telefon und rang nach Argumenten. Das Einzige, was mir einfiel, war Mädunskis andere Lüge, also machte ich ihr klar, wie schwer es war, im Feuilleton einer renommierten Zeitschrift Fuß zu fassen. »Da braucht er jetzt seine janze Kraft für. Gloob ma, dit ist dit Beste!«

Ich hoffte inständig, dass Mädunski seine Post vom Arbeitsamt gründlich vernichtete.

Aber Liebe macht blind. Sandra fand weder Post vom Jobcenter noch entdeckte sie, was er auf seinen nächtlichen Streifzügen trieb. Auch durchsuchte sie nicht erfolglos die großen Feuilletons nach Mädunskis unverwechselbarer Handschrift. Es kam anders.

Mädunski rief mich an und benutzte seit Wochen mal wieder das Wort »Herrenabend«. Ein Abend, der ganz eindeutig nach dem Ausschlussprinzip funktioniert. Es herbstete bereits, eben hatte ich meinen Job als Schrottwühler verloren; wir suchten uns eine gemütliche Ecke in einer Kneipe ohne Touris und steckten die Köpfe zusammen. Mädunski war wie immer mit Sandra nach den Dingen, die sie so trieben, spazieren gegangen, nicht zuletzt auch, um Astrid ihren Auslauf zu gewähren. Astrid tollte also um die beiden rum, pinkelte und schiss mal hier, mal dort und mopste vergnügt vor sich hin. Plötzlich bekam Sandra einen Anfall: »Dein Hund scheißt alles voll und dich kümmert's nicht!« Mädunski fiel natürlich aus allen Wolken, denn erstens kümmerte es ihn tatsächlich nicht und zweitens waren sie schon Dutzende Male zu dritt herumgelaufen und hatten zugesehen, wie Astrid kleine Kackwürste hinterließ.

Ich hörte mir den Fall an und paffte kommissarisch an meiner Kippe. Waren denn schon drei Monate um? Hatte sich die Verliebtheit gelegt und dem tristen Alltag Platz gemacht? Astrid lag friedlich unter unserem Tisch und knabberte an ihrer Leine. Ich probierte, Mädunski die romantische Seite des Streits schmackhaft zu machen. »Dit musste mit Humor nehm, Mädunski! Dit is nur irgend 'n Ventil, wat se sich suchen. Sind halt ooch nur Menschen, die göttlichen Weiber. Kochen ooch nur mit Wasser …« Derlei Weisheiten gab ich zum Besten und hielt die Sache ansonsten für harmlos, eher albern. Doch bei Verliebten muss man vorsichtig sein und die kleinen Streitereien ernster nehmen, als sie sind.

Wir tranken unsere eigene Herrenrunde unter den Tisch und am Ende konnte Mädunski auch mitlachen.

In der Woche darauf trafen Peggy und ich uns zum Brunch mit Mädunski und Sandra und der kleine Streit war natürlich vergessen. Es gab leckeren Brunch. Allerlei für alle Beteiligten, außer für mich, denn ich brunchte nie, ich frühstücke lieber und bin dann satt bis zum Mittag. »Brunch ist für Verliebte, Frühstück für die Liebe oder für ganz normale Spinner«, wie Peggy stets meinte. Astrid schnüffelte gierig zu den schwer beladenen Tellern hoch und ab und zu warf ich ihr eine Salamischeibe hin und stieg in ihrem Ansehen ins Unermessliche. Salamigott Mahoni. Irgendwann aber entfernte sich die Mopsdame und schiss in aller Ruhe auf eine der Blumenrabatten am Rand des Bürgersteigs. Mädunski hatte das gar nicht bemerkt und schmatzte fröhlich weiter, aber ich sah, wie Sandra die Gesichtszüge entglitten und sie angewidert ihr Ciabatta oder was auch immer auf ihren Teller schmiss.

»Was denn …?« Mädunski sah sie irritiert an und folgte dann ihrem Blick zur scheißenden Astrid. Ich spürte ein Ungewitter der Gefühle heraufziehen und versank vorsichtshalber in meinem Stuhl. Mädunski aber griff mit betont guter Laune in seinen Rucksack und zauberte eine kleine Schaufel und eine Plastiktüte hervor. Dann schlenderte er zu Astrid, die bereits fertig war, und bugsierte ihren Kackhaufen in die Tüte. Die landete auch sofort im Abfall und Mädunski wieder an unserem Tisch.

»So«, triumphierte er. »Weg ist das Häufchen!«

»Oh, Mann, geh dir bloß die Hände waschen jetzt!«

»Kein Problem!«, Mädunskis Laune war unerschütterlich und er verschwand im Brunchcafé. Ich bekam einige Blicke von Sandra ab, die nach Bestätigung und gemeinsamem Kopfschütteln heischten, aber ich zuckte nur die Schultern.

Drei Tage später war die Sache mit Sandra aus. Sie sagte, sie wolle mit niemandem zusammen sein, der seinem Köter die

Scheiße hinterherräumt, und in diesem Punkt kann ich sie verstehen. Der Satz könnte sogar von mir sein. Allerdings wollte sie auch niemanden haben, der die Scheiße seines Köters liegen lässt. Womit eigentlich nur noch bleibt, dass sie lieber jemanden ohne Köter hätte.

Das ist aber mein Freund Mädunski nicht. Und so steht er jetzt da und weiß nicht, was er von der Sache mit Astrid halten soll. Und ich, ehrlich gesagt, auch nicht. Aber niedlich, ohne Zweifel, ist Astrid. Und das Ganze eröffnet neue Perspektiven. Jetzt kann Mädunski nämlich im Park neue Geschichten von Astrid, dem Mops, berichten, wenn diese mal wieder auf fremder Frauen Decken rumlümmelt.

Neue Schuhe

Ach wat müssen meine Füße
Leiden unter meiner Last.
Wie ick jeden Tag begrüße,
Wo ihr mich mal liegen lasst.

Meine Adidastreter waren derart ausgelatscht, dass ich es nicht mehr aushielt. Es war höchste Zeit, neue anzuschaffen, doch nicht allein. Irgendwer musste mitkommen. Peggy war nie in Konsumlaune, deswegen sah ich bei Pierre im Zimmer nach. Der lag mit seinem neuen Laptop auf dem Bett und langweilte sich.

»Pierre, ick brauche neue Schuhe. Die alten Dinger sind zwee Jahre alt und stinken janz jemein. Außerdem sehn die schlimm aus mittlerweile. Sogar Peggy hat schon die Nase gerümpft.«

Pierre schnaufte angewidert. »Ja, Mahoni, bei mir is dit jenau-so. Willste nach Schuhe kieken. Kohle haste?«

»Logo. Hab grad 'n dicken Batzen. Könn wa danach direkt noch 'n Bierchen trinken, oda wat?«

Wir rauchten zunächst eine Friedenszigarette zusammen. Er sah total zerzaust aus und hatte auch das ganze Gesicht voller kleiner Haare. Dann entdeckte ich seine Schuhe neben dem Bett. »Mann, Pierre, deine Schuhe sehen ja wirklee mitjenommen aus!«

»Kann ick zurückgeben, dit Ding, Mahoni, deine sind ooch nee besser!« Wir nickten uns entschlossen zu und machten uns in unseren miesen Sohlen auf den Weg. Mein Moped war schon wieder kaputt und beim Driver untergestellt, so mussten wir die Bahn nehmen. Wir fuhren die paar Stationen mit angehalte-nem Atem, irgendetwas stank bestialisch im Fahrgastcontainer. Wahrscheinlich hatten wilde Jugendhorden am Wochenende in den Waggon gekackt und sich dabei die blöden Gesichter der Erwachsenen vorgestellt, die am nächsten Morgen zur Arbeit fuhren. Am Alex hechteten wir auf den Bahnsteig und reihten uns in die Rolltreppe ein. Menschen auf Rolltreppen sind mir ein

Graus. Entweder sie stehen blöde herum, oder sie schubsen und drängeln sich an einem vorbei. Früher gehörte ich eindeutig zu den Schubsern. Immer wenn sich jemand vor mir auf einer leeren Rolltreppe hinfläzte und nicht weiterging, wurde er in meinen Augen zu einem Stück Willenlosem Fleisch auf dem Fließband. Ich drückte mich dann vorbei und sagte so was wie »Blöd bleibt stehen, Schön darf gehen!« oder »Ick glaube, Sie haben oben wat verloren.« »Tatsächlich, was denn?« »Ick weiß es nich, es is ihnen oben runterjefallen.« Aus dem Willenlosen Fleisch wird dann in Windeseile ein flinker Passant, der alles dransetzt, so schnell wie möglich die Treppe runterzurennen, um auf der anderen Seite wieder hochzuflitzen. Ein herrliches Gefühl. Man tut ja auch was für denjenigen. Er treibt ein bisschen Sport, er hat einen feinen Adrenalinschub, und er weiß am Ende ganz genau, was er in den Taschen hat und was nicht.

Diesmal war ich allerdings noch zu betäubt vom Waggongeruch und außerdem standen *alle* wie Fleischpakete auf der Treppe. Ich wollte mich nicht mit hundert Leuten gleichzeitig anlegen. Endlich standen wir auf dem Alex und hatten etwas Luft. Leute rannten um uns herum, während wir noch mal an uns heruntersahen. Kopfschüttelnd betrachteten wir gegenseitig unsere heruntergekommenen Treter und rauchten eine letzte Mut-Zigarette vor unserem Sturm auf die Schuhläden.

Wir machten uns auf den Weg ins neue Mitte, auf in die buntgekühlte Ladenwelt. Im ersten Geschäft gab es nur vier Paar Schuhe, ansonsten führten sie dort Postkarten, Minitaschen und winzige Mädchenschlüpfer. Die Schuhe waren nicht ausgepreist, deshalb musste ich die abweisende Ladentante ansprechen. »Wat kostn denn die Schuhe so?«

Sie sah mich müde und beleidigt an, als hätte ich gefragt, was sie selbst kosten würde. Zum hundertsten Mal würde sie gleich den irrsinnigen Preis sagen und die Fragesteller würden wieder verschwinden. »Die beiden 220, die andern je 270 das Paar.«

»Euro?«, wagte ich noch zu fragen. Sie reagierte aber nicht darauf. »Na ja, is eh nix für uns, rinjehaun!«

Der zweite Laden war vollkommen weiß und hatte schicke weiße Deko-Sockel rumstehen. Auf jedem Türmchen saß ein

Paar Turnschuhe und wartete auf den Betrachter. Eigenartige Formen hatte diese Turnschuhkultur angenommen. Angewidert standen wir vor den hässlichen Gebilden und wunderten uns, wer denn so was trägt. Einige sahen ganz glatt und schlüpfrig aus, die meisten waren weiß. Man konnte Mädchenschuhe nur an ihrer geringeren Größe erahnen, ansonsten wirkten alle Turnuletten wie Mischwesen.

»Habt ihr auch was mit Schnürsenkeln?«, fragte ich mit großer Freundlichkeit. Eine überaus reizende, zarte Frau schlurfte von der Theke zu uns rüber. Bei ihr sahen die neuen Dinger gar nicht übel aus.

»Wir haben nur, was Sie hier sehen«, sprach sie und musterte uns abschätzig. Wir sahen einfach zu abgerissen aus in ihrem Scheißladen.

»Na jut, Schätzchen, denn mach ma schön weiter! Rinjehaun!« Wir schlurften mit dem gleichen gelangweilten Gang, den sie uns präsentiert hatte, aus dem Laden und lächelten dabei überfreundlich.

»Schade um die schöne Frau«, meinte Pierre als wir draußen standen.

Ich nickte traurig. »Ja. Aber ooch schade um die jesamte Schuhkultur an sich! Haste irgendwas Jescheites jesehn? Ick nich! Die Turnschuhe in diesem Bezirk sind alle komplette Scheiße und andre Schuhe kosten so viel wie 'n Auto!«

»Schitt«, sagte Pierre. »Aber ick brauche neue Schuhe!« Er zeigte auf die Fetzen an seinen Füßen. Er hatte recht. Wir mussten jetzt einfach was finden, sonst würden wir spätestens nächsten Monat gar keine Schuhe mehr haben. Sie lösten sich auf.

Also zogen wir noch durch bestimmt fünf weitere Läden, überall überteuerte Szeneturnschuhe, die höchstens in die Läden passten, in denen sie standen. Irgendwann reichte es mir. Ein überrelaxter Typ in einem überstylten Laden quatschte die ganze Zeit mit seiner Schuhtussitante, der Laden war mit bescheuerter Musik beschallt, nirgends waren Preise dran und das einzige Paar Schuhe, dass infrage kam, stand nicht in meiner Größe da.

»Hallo!«, rief ich durch die Beatfetzen. »Hallo, hallo, Schuhverkäufer!« Der Typ rollte mit den Augen und drehte sich halb zu mir um.

»Wat is nu? Machste 'ne Therapie oder verkoofste mir deine Latschen hier?« Ich war leider schon ein bisschen zu aufgeladen, um noch für freundliche Atmosphäre zu sorgen.

»Was willschte denn?«, der Typ stand immer noch halb abgewandt an seiner Quasseltheke.

»Ick will Schuhe kaufen! Aber hier jibt es in dem janzen Bezirk keinen einzjen Menschen, der noch weeß, wie man 'nen Schuhladen führt! Wat kosten diese Schuhe da und jibs die noch in 43?«, fragte ich unfreundlich.

»Immer schön ruhisch bleibe, isch schau mal naach.« Er sah kurz hinter einem winzigen Vorhang nach und drehte sich dann kopfschüttelnd und müde lächelnd zu mir.

»Da mussisch disch enttäusche, die koschte hundertfünfzisch un sinn nisch mehr auf Lagerle.«

»Saftladen«, sagte ich.

»Scheiß Osten«, sagte Pierre, und damit verließen wir die Party.

Wir schlenderten ziellos durch die Straßen und ließen uns von den hippen Schaufenstern nicht mehr reinlocken. Uns war zum Scheibeneinschlagen zumute. »Ach komm, Pierre, dann lassen wa't halt bleiben und jehn schon ma 'n Bier trinken irgendwo hier. Oder besser woanders. Nachher is dit mit dem Bier hier jenau dit Gleiche.« Ich sah mich suchend nach einer Kneipe um.

»Nee, Mahoni, nee. Wir machen weiter! Und wenn wa inne Galeria Kaufhof müssen! Ick jeh nich ohne neuet Schuhwerk nach Hause!«

»Jut, aber denn sofort dahin. Keene Experimente mehr jetze!«

Mit diesen Worten marschierten wir los, zurück zum Alex. Duftender Kaufhausmuff aus der Parfümabteilung schlug uns entgegen, wir sahen zu, dass wir schnell in die vierte Etage zur Sportabteilung kamen. Glitzerwelt, ach Glitzerwelt! Überall gab es schöne neue Sachen und es war unglaublich geheizt in dem Laden. In unseren dicken Winterklamotten kämpften wir uns schwitzend zu den Schuhen durch. Hier war alles ganz anders. Die Turnschuhe waren nach Sportarten geordnet; Basketball und Fußball, Tennis und Sprint. Wir sahen uns bestimmt hundert Paar an und gerieten dann in eine Krise. Wenn alles um einen herum scheiße ist, dann muss man über sich selbst nachdenken. Was war in den letzten zwei Jahren geschehen? Die Mode hatte sich komplett an uns vorbei entwickelt. Und all die Typen mit den hässlichen Turnschuhen, die wir immer belächelt hatten, waren jetzt einfach in der Überzahl. Schlimmer noch: Es gab überhaupt keine Schuhe mehr, wie wir sie wollten. Wir sahen uns an. Vielleicht war für uns die Zeit für Turnschuhe jetzt einfach vorbei. Wir wollten ja eh nicht turnen. Wir wollten rumlaufen damit. Es gab schon immer nur zwei Möglichkeiten für den Herrn: Turnschuh oder Lederschuh. Armeestiefel zähle ich zu den Letzteren.

Schweren Herzens fuhren wir zwei Etagen tiefer in die Herrenschuhabteilung. Es gab drei Sorten Lederschuhe: braune, schwarze und teure. Wir hielten uns an die schwarzen. Auf den ersten Blick sahen sie alle gleich aus, es war verwunderlich, dass es so lange Regalreihen gab. Ganz langsam nahmen die Schuhe eigene Formen an. Manche waren vorne spitz, manche stumpf. Einige hatten keine Schnürsenkel und wirkten sofort unsympathisch. Trotzdem wurde mir übel. So etwas wollte ich nicht tragen. Wie lange man die Dinger tragen müsste, damit sie nicht mehr so geleckt aussehen! Ich wollte meinen Meinungsumschwung gerade Pierre mitteilen, als ich entdeckte, dass er sich für ein Paar interessierte. Ich stellte mich etwas abseits und beobachtete ihn. Er nahm prüfend die Schuhe in die Hand, schnupperte an dem Leder, als wolle er es essen, betrachtete die Sohle und bog sie ein wenig hin und her. Dann befühlte er den Schuh von innen und musterte ihn erneut. Dieser Schuh schien ihm gar nicht so abwegig zu sein. Er pulte einige Seidenpapierknäuel aus der Spitze und setzte sich auf einen der Lederhocker mit angekettetem Schuhanzieher. Er probierte die Teile tatsächlich an! Ich war verblüfft. So weit waren wir heute noch kein einziges Mal gekommen. Ich spazierte aus meiner Ecke und stellte mich zu ihm.

»Kiek ma, Mahoni. Wie findeste die hier?«, fragte er, während er hineinschlüpfte.

»Na ja! Is doch wat!«, sagte ich vorsichtig.

Pierre band die Schnürsenkel fest und stolzierte dann ein paar Schritte auf und ab. »Passen!« Er lächelte ganz leicht. Doch dann runzelte er die Stirn. »Obwohl. Hm. Der eene drückt 'n bisschen. Hm.«

Er trat unsicher von einem Fuß auf den anderen. »Hm, hm, hm.«

Ich sah ihm belustigt zu. »Tja, vielleicht sollteste mal 'ne Nummer größer probiern. Hier!« Ich reichte ihm einen Karton mit 44er Größe. Pierre polkte wieder das Papier heraus und zog die Schuhe über.

»Wat kostn die Dinger eigentlee?«

»Sechzig Tacken.«

»Jeht ja.«

»Jor.«

Er stand auf und spazierte wieder herum. »Jaaa. Besser! Die sitzen!« Er begann zu hüpfen, lief im Kreis und setzte sich dann zurück auf den Hocker. Dort machte er eigenartige Wackelbewegungen mit den Beinen und wippte in seinen Schuhen herum. »Scheiße«, sagte er.

»Wat is denn, Pierre?«

»Der eene is viel zu locker. Wie kann denn dit sein? Bei andern Schuhen isset ja wohl ooch nich so!« Pierre hantierte an dem lockeren Schuh.

»Zeig mal!« Ich beugte mich vor und suchte seinen großen Zeh.

»Ja, der is viel zu groß!« Ich drückte auf den anderen – der passte.

»Komisch. Ick hab donnee zwee vaschied'n große Füße! Dit jibs dor jar nee!«

»Pierre, vielleicht is ooch heute einfach keen juter Tach zum Schuhekoofn! Kiek mich an, ick hab it uffjejeben für heute, ick bin 'n glücklicha Mensch.«

Pierre grunzte unwirsch. »Nee.« Dann nahm er den passenden rechten von der 43 und zog den an. Wieder machte er seine Schuhübungen, hüpfte und wanderte durch die Kaufhausgänge. Er kam zurückgejoggt und sagte: »Perfekt, Mahoni! So nehm ick die Dinger!« Schon waren die Lederschühchen ausgezogen und zusammen in die Schachtel gesteckt. Das andere Paar stellte er auf das Regal zurück.

»Na denn – ab zur Kasse!« Pierre war sichtlich gut gelaunt, er hatte neue Schuhe.

An der Schuhkasse war nur noch eine Frau vor uns dran, dann stellte Pierre seinen Karton auf die Theke. Eine dicke Matrone, offensichtlich schon seit ihrer Fachverkäuferinnenlehre im Kaufhaus, musterte uns und die Schuhe professionell und sagte dann: »Hochzeit oda Beerdijung?«

»Wie bitte?« Pierre war verwundert.

»Ach nüscht.« Ohne Regung nahm die Tante ihm den Karton aus den Händen, öffnete ihn, griff sich beide Schuhe und drehte die Sohlen zu sich. Dann stutzte sie. Beäugte Pierre. Sah wieder auf die Sohlen.

»'ne 43 und 'ne 44, ja?« Pierre nickte. Die Frau behielt die Schuhe in den Händen, als würde sie damit gleich zuschlagen. Wäre der Hals nicht so kurz und dick gewesen, hätte man sicher die Adern anschwellen sehen können, als sie ziemlich laut anfing: »Na sagen Se mal, so jeht dit aba nich hier! Dit is doch keen Selbstbedienungsladen! So warn die ja wohl kaum zusamm im Karton!«

Pierre zuckte verlegen mit den Schultern. »So passen se aber«, sagte er leise.

Die Dicke schaute rüber zu ihrer Kollegin, eine ausgemergelte Faltige, die mindestens auch schon sechzig Jahre hier arbeitete.

Die schüttelte nur den Kopf, schob die Brille wieder auf die Nase und schaute wieder in den immergleichen Kaufhausäther. Mit roten Flecken im Gesicht wendete sich die Dicke wieder Pierre zu. »Und wer soll denn Ihra Meinung nach dit andere Paar koofn? Jibtet vielleicht noch so 'n Typen wie Sie, nur umjekehrt, oda wat?« Die Tante brüllte jetzt fast, vornübergebeugt wie ein angreifender Saurier starrte sie auf den armen Pierre Robert.

»Na ja, mein Bruder vielleicht, dem könnt ick ja Bescheid sagen …«

»Wat?« Die dicke Frau riss die Arme mit den daran befestigten Schuhen in die Luft. Sie verteidigte hier nicht nur irgendwelche Verkäuferrechte, das merkte man. Sie war in diesem Moment vielmehr das fleischgewordene Kaufhaus. Sie war so verwachsen mit den Regeln und dem Rhythmus dieses Hauses wie eine tragende Säule. Sie gehörte einfach hierher. Vielleicht hatte sie ja tatsächlich ihre Lehre hier gemacht.

»Ick werd dir wat ›mein Bruda‹! Sowat dreistet! Unverantwortlich is sowat! Asozial! 'n anderer kooft sich de Schuhe und denn sind WIR wieda schuld, oda wat?« Sie knallte die Schuhe mit den Sohlen auf die Theke und Pierre zuckte zusammen.

»Na dann nehm ick se halt nich, ey«, sagte er schmollend.

Auch mir war etwas heißer geworden. »Na komm, Pierre, lass ma jehen, die Damen sind überarbeitet. Seit hundert Jahren schon. Komm!« Unwillig ließ Pierre die Schuhe liegen und wandte sich zum Gehen.

»Wiedersehen!«, rief ich.

»Vafluchtet Pack«, murmelte die Dicke. »Jetzt müssen wa die wieder einsortieren, na denn find ma dit andere Paar jetzt.«

»Du sagstet«, murmelte die Faltige, »du sagstet.«

Pierre lief zügig durch die Gänge und die Rolltreppen runter. Er war noch ganz benommen und ließ sich von meinem Lachen nicht anstecken. Wir beschlossen, das nächste Mal erst die Schuhe zu kaufen, um sie dann anschließend unauffällig auszutauschen.

»Nächstema.«

»Ja, nächstema. Aba jetz erstma 'n Bierchen uff den Schreck, oder, Pierre?«

»Ja, mindestens!«

Und so latschten wir mit unseren ausgetretenen Schmuddelschuhen in die nächstbeste Kneipe und gaben dort unser Geld aus.

Rauch
und
Sprache

Hab jeroocht und hab jeredet
Wat ooch is, ick komm und seh dit
Schreib it uff und tret it breiter
Mach viel Qualm um jar nüscht weiter

Ich liebe es zu laufen. Ich laufe am liebsten kurze Strecken. Zum Bäcker, zum Fleischer, zum Gemüsemann und Getränkehändler sind es solche kurzen Wege. Diese Wege sind von mir ausgetreten und an den Rändern meiner Pfade hängen unzählige Gedanken an bevorstehende Köstlichkeiten. Besonders die Fleischereiroute ist gespickt mit verschlemmten Träumen.

Gerade kam ich von einem dieser Ausflüge zurück und wickelte ein prächtiges 400-Gramm-Stück durchwachsenen Bauchspeck aus seiner rosa Papierummantelung. Der Speck duftete verheißungsvoll, der Fleischer räucherte noch selber. Ich hatte einmal für die Zubereitung eines Speckhühnchens auf herkömmlichen Bauchspeck zurückgreifen müssen, es war ein Graus! Feucht schwamm ein nach Konservierungsmitteln stinkender Fleischlappen in seiner Plastikhülle und selbst nach mehrstündigem Garen blieb am Huhn ein chemischer Nachgeschmack haften. Nie wieder! Dann lieber Brot mit Butter.

Ich schnitt mir zarte Scheibchen ab und legte sie in die warme Pfanne. Gerade wurde das Fett glasig und begann ausgelassen zu brutzeln, da bimmelte das Telefon. Bimmel-Bimmel. Ach! Sehnsüchtig sah ich noch ein paar Sekunden das herrliche Schauspiel an, dann schlurfte ich zum Apparat.

»Mahoni hier, wat jibs?«, fragte ich nur halb freundlich. »Dpa, Frau Sowiesomöller hier, Deutsche Presse Agentur, hallo Herr Mahoni, haben sie zwei Minuten Zeit? Wir wollen von Ihnen ein Statement zur Gesundheitsministerkonferenz, Thema Nichtraucherschutz. In deutschen Gaststätten herrscht mittlerweile ein striktes Rauchverbot, außerhalb Berlins ist es auch in Kneipen nicht mehr möglich zu rauchen, was halten Sie davon?«

Ach ja, dpa. Superleute. Irgendjemand schreibt einen Artikel und fragt sich: »Was sagt eigentlich Dingsbums dazu?« Dann ruft er bei der dpa an und stellt denen die Frage noch mal. Die haben dann ein Rechenzentrum voller Meinungen von allen möglichen Dingsbumsis da und verkaufen die dann für ein paar Gebühren. Ich sagte zu Frau Dingsmöller: »Nüscht halt ick davon. Ick will roochn inna Kneipe und mir nich irgendwelche Sauberlungen ankieken. Gaststätte is mir ejal! Kneipe is schlimm! Wat denken denn diese Hirnis, wozu ’ne Kneipe da is? Is doch keen Krankenhaus. ’ne Kneipe is zum Saufen, Rumsauen, zum Fressen und zum Qualmen da! So sieht dit doch ma aus!« Ein bisschen wütend wurde ich schon. Ich hatte bisher extra alle Artikel zum Thema gemieden, weil sich mein Blutdruck sofort verdoppelte, wenn ich die empörten Gesichter irgendwelcher Weicheimuttis gesehen hatte, die mir vorschreiben wollten, was ich in einer Kneipe mache und was nicht.

»Nichtraucher sollen sich ihre eigenen Kneipen bauen!«, sagte ich noch und: »Wenn se dit wirklich durchbekommen, dann jibtit richtee Ärger! Aba richtee! Und zwar nich mit pipapo Nichtrauchermethoden, nich mit Anwalt Demokratiejelaber! Denn jibtit ma ’n paar vorn Latz, jibtit dann, könnse jerne schreiben!« Ich atmete durch. Die konnte ja nichts dafür, die Frau Dingsmöller. Aber trotzdem.

Der Speck roch verbrannt. Sofort schmiss ich das Telefon weg und machte mich verärgert daran, die Pfanne zu schrubben. Erst mal eine rauchen.

Dass es mal so weit kommen würde! In der Kneipe nicht rauchen. Als das in Irland losging, dachte ich schon, da würde gleich ein Bürgerkrieg losbrechen, aber nichts! Gar nichts! Die Iren saufen jetzt, ohne zu rauchen, und alle sagen, sie finden es gar nicht schlecht. Zum Heulen.

Nicht mal die Italiener, diese so freien, selbstbestimmten Angeber, haben protestiert! Von heut auf morgen: Espresso ohne Kippe! Kein Problem!

Ich steckte mir noch eine an. Rauche ich eben zwei auf einmal. Könnse mir mal, die Herren da oben.

Ich stellte eine neue Pfanne auf den Herd. Speck auslassen, zwei Eier drüber, Schrippe, Kaffee – Frühstück.

Man muss etwas unternehmen, dachte ich mir. Was für eine Schande, wenn wir diesen Nichtraucherquatsch auch einfach so sang- und klanglos über uns ergehen lassen! Es muss doch schon irgendwo eine Protestgemeinschaft geben! Demonstrationen, Anschläge müssen vorbereitet werden! Ich war stinksauer.

Ich musste handeln!

Im Netz fand ich, wo auch immer ich suchte, nur das Geseire von Nichtrauchern. Nichtraucherschutz hier, Suchtberatung da, nix weiter. Keine freche Raucherseite, die allen mal in den Hintern tritt. Nix. Nur Gesülze. Ich setzte mich an den Küchentisch und entwarf ein Flugblatt. Darauf ein Herz, statt eines Pfeils durchbohrt von einer brennenden Kippe. Ein Kreis drum herum mit: I love Zigarette. Ab zum Kopierladen, 500 Kopien ziehen. Ich kaufte noch Klebeband und fing sofort an, durch die Cafés zu ziehen. Die meisten öffneten gerade. Ich fragte gar nicht erst, ob ich was kleben dürfe. In jeweils beiden Klos brachte ich die A4-große Liebesbotschaft an. Eine sinnvolle Art, den Tag zu nutzen. Früher hatte ich viel rumgehangen und Kunst mit Sinnlosigkeit verwechselt, heute verwechselte ich lieber Tatendrang damit.

Jetzt wird zurückdiskriminiert. Ich verklebte alle Zettel in Friedrichshain City, auch auf dem Klo vom Nichtraucher-Biorestaurant. Wieder zu Hause, war es bereits Nachmittag geworden, Peggy fragte mich nach meinem Befinden.

»Jut, jut! Ick war gerade in allen Kneipen Friedrichshains. Raucherschutz betreiben.«

Peggy raspelte eine Möhre. »Haste Rauchbomben geworfen?« Peggy war gleich wieder herrlich pragmatisch.

»Nee, nur Zettel verklebt uff den Klos.« Ich zeigte ihr mein Zigarettenherz.

»Ach, Toni, das ist doch albern! Was willst du denn damit bewegen?« Peggy schüttelte ihr Haupt.

»Nix will ick bewegen. Ick mach mir Luft. Ick ärger die Nichtraucher!«, sagte ich und ärgerte mich über Peggy, die Nichtraucherin.

»Na ja, mir isses wurst.« Peggy drückte eine Zitrone über den Möhrenraspeln aus und kostete. »Mit meinem Vater sollteste dich zusammensetzen. Da könnt ihr schön über Nichtraucher herziehn und euch dabei die Lungen teeren!«

Ich nickte abwesend. Meine Begegnung mit Herrn Maschke war nicht ausschließlich von der Sorte, die man freiwillig wiederholt. Der Professor legte extremen Wert auf die deutsche Grammatik, die ich bislang nur als interessante Nebenregelung empfunden hatte. Ein Gebiet, zu dem ein Hinweisschild gehörte, wie es auf manchen Hinterhöfen stand: »Betreten bei Schnee und Eisglätte auf eigene Gefahr!« Wer ließ sich denn je von einem solchen Schild abhalten, zu laufen? Ähnlich erging es mir mit der deutschen Grammatik. Es gab sie zwar, aber ich wollte trotzdem reden. Ich machte mir eine mittelmäßige Tiefkühlpizza im Ofen heiß und aß mit Peggy in der Küche. Draußen begann es zu schneien. Peggy freute sich und wollte auf die Straße, Schneeflocken fangen, ich kam mit, um ihr zu helfen. Die kleinen Wunderwerke der Wetterkunst schmolzen blitzschnell auf unseren Handflächen, auch auf dem Boden verwandelten sie sich in Tröpfchen. Da wir nun schon auf der Straße standen, beschlossen wir, Driver in seinem Studio zu besuchen, und machten uns auf den Weg zur Straßenbahn.

Im Hof stand ein alter BMW Cabrio mit zerfetztem Dach, Driver war gerade dabei, es zu demontieren. »Billig jeschossen!

Cabrioschwemme jetzt zum Winter! Is natürlich versaut, dit Dach!« Wir nickten und Peggy umsprang aufgeregt die Karre. Trotz aller Kapitalismusvorträge und Konsumkritik waren BMWs ihre absoluten Lieblingsautos, egal welches Model. Bei alten Dingern aber begann ihr Herz höher zu schlagen. Driver betrachtete geschmeichelt die Bewunderin seiner neuesten Anschaffung.

»Na, wenn ick's fertig hab, dann kannste dir dit ja mal ausleihen!«

Peggy nickte stürmisch. Driver gönnte sich eine Pause und wir setzten uns in das Vorzimmerchen zu seinem Studio. Ausnahmsweise durfte geraucht werden, denn die Witterung lud nicht zum Draußensitzen ein. Gemütlich fläzten wir uns in die alte Sitzgruppe und tranken einen heißen Tee. Driver sagte, dass er seinen Job als Produzent wirklich liebe, aber es gäbe eine Sache, worum er die anderen beneidete. Und zwar ums Musikhören während der Arbeit.

»Aber du hörst doch die janze Zeit Musik! Brummt doch immer unten bei dir!«

»Nee, Toni, ick meine richtig Musikhören, die alten Rockalben vorkramen, Mucke hörn, uff die man gerade Lust hat. Dit jeht eben leider nich beim Musikproduzieren.«

Wir nickten und bemitleideten ihn, so viel er es brauchte. Ich erzählte ihm von meinem morgendlichen dpa-Gespräch und er lachte.

»Aber mal ehrlich, Mahoni, is doch scheiße, die Raucherei! Ick bin ja ooch nur immer am Uffhörn. Dann fang ick wieder an und hör wieder uff. Aber wirklich Spaß macht die Sache viel zu selten!« Er zog an seiner heißen Filterkippe und drückte sie angewidert aus.

»Und stinken tut dit und für meine Instrumente is dit ooch puret Gift!«

»Na, Driver, du bist halt keen echter Raucher! Du hast 'n Nichtraucherherz und bist süchtig jeworden. Wenn ick mich uffrege, denn verteidige ick aber nicht Leute wie dich, sondern die echten Raucher. Vastehste?«

»Nee. Wat soll an mir nich echt sein?« Driver drückte die

mächtige Brust raus und schob gekonnt seine Augenbrauen zu einem James-Dean-Gesicht zusammen.

»Nee, ick meine nur. Typen wie ick, die einfach roochen, ohne je einen Gedanken ans Uffhörn zu verschwenden, ohne Angst und ohne Murren ihr Kippchen genießen – dit nenn ick echte Raucher. Wer sich mit dem Zeug rumplagt und versucht, davon wegzukommen, der is eigentlich 'n gebürtiger Nichtraucher und sollte schleunigst seine Sucht bekämpfen. Weil dann isset nämlich unjesund!«

Peggy schnaufte: »Mahoni, du wirst dich noch umsehen, wennse dir die Lungen rausschneiden und die Beine absägen! Und du bist auch nicht mit 'ner Kippe im Mund zur Welt jekommen. Die Tabakindustrie hat dich nur so weit verblödet, dass de denkst, Rauchen sei deine eigene Idee. Und du bist so dermaßen abhängig von dem Zeug, dass de nich mal mehr zugeben willst, dasset 'ne Sucht is!« Sie schlug mir schmerzhaft auf den Arm und lachte mich aus.

»Und du willst meine Freundin sein!« Ich schüttelte entgeistert den Kopf. »Meine Freundin! Sieht mich jeden Tag roochen und kommt nich druff, dasset einfach mal dit Beste vonna janzen Welt is, richtig jemütlich eene durchzuziehn! Mann, Peggy, du bist doch selber so druff! Du rennst rum und machst und tust, demolierst Automaten und schreist Konsumenten zusammen, wo de nur kannst. Und hast keene Angst vor den Konsequenzen, sondern machst einfach! Biste jetzt aktionssüchtig und solltest damit uffhören, weilse dich sonst vielleicht mal in Knast stecken?«

Peggy zog eine Schnute, die mir zeigen sollte, dass ich völligen Schwachsinn erzähle.

»Ach, wat soll's!«, rief Driver. »Jetzt stecken wa uns erst mal noch 'n schönes Friedenspfeifchen an, und dann mach ick weiter am Auto!«

Wir verließen den Prenzlauer Berg und bummelten mit der Straßenbahn in unsere liebe WG.

Am nächsten Morgen klingelte das Telefon Sturm und zwang mich aus dem Bett.

»Mahoni«, murmelte ich und sah mich als zerknittertes Wrack im Spiegel.

»Maschke hier! Herr Mahoni, ich gratuliere Ihnen zu dem gelungenen Interview im Tagesspiegel! Erfrischende Ansichten geben Sie zum Besten! Vielleicht ist es mal an der Zeit, dass Sie uns besuchen kommen! Sagen wir etwa heut am Abend. Bringen Sie meine Tochter mit und dann können wir uns beide einmal gepflegt unterhalten! Was denken Sie?«

»Ja«, sagte ich nur.

»Gut, dann erwarte ich euch gegen acht zum Abendbrot. Einen guten Tag!«

»Tschüs!« Ich legte auf und schlurfte zurück in die Falle. Es war sieben Uhr und noch keine Zeit für den kleinen Mahoni. Wie ein klebriges, frisch geschlüpftes Küken kuschelte ich mich zurück in die Decken, die Fittiche meiner Mutterglucke.

Später, als der Tag noch einmal richtig begonnen hatte und die Dinge ihren gewohnten Lauf nahmen, dachte ich am Küchentisch über das morgendliche Telefonat nach. Hatte Herr Maschke sich tatsächlich über mein eigenartiges dpa-Interview gefreut? Auch war ich erstaunt, dass die Sache so flott in die Zeitung kam. Ich musste ja eine unheimlich wichtige Person sein. Höchstwahrscheinlich war die Chance, sich bei diesem Thema für immer die Karriere zu versauen, so groß, dass sich einfach niemand auch nur ansatzweise negativ über die Nichtraucherpolitik äußerte. Da musste man auf Mahoni zurückgreifen, der hatte doch da mal so 'n Internetfilmchenkram gemacht. Toll. Na wenigstens verhalf mir die Geschichte zu einem Treffen mit meinen wortgewandten, neuen Schwiegereltern! Ich verließ die Wohnung, um Besorgungen zu machen, und kaufte mir den Tagesspiegel. Berlinteil Überschrift: »Mahoni: Kneipen sind zum Rumsauen da!« Na super! Es war natürlich ein verdammter Nichtraucherartikel und Mahoni war das dumme, uneinsichtige Raucherschwein. Dennoch, meine Meinung stand klar und deutlich in der Zeitung, »Nichtraucher sollen sich ihre eigenen Kneipen bauen!« Super Arbeit!

Dass ein Haufen Kinder rauchen, dass ein Haufen Lungen schwarz sind und dass die Regierung einen Haufen Kohle für Krebsbehandlungen ausgeben musste, stand ebenfalls drin. Aber das war nichts Neues. Neu war die militante Sprache der Raucher. Jetzt qualmt's!

Am Abend standen wir dann in einer riesigen Wohnung in Mitte und wurden im Flur von Peggys Mutter begrüßt. Sie war eine kleine, resolute Frau mit einem ernsten Gesicht und einem großen Herzen. Sie lockte uns in die Küche, in der Herr Professor Maschke sang und Abendbrot bereitete. Ein Handschlag, ein Bier? Gerne! Es gab Stullen und allerhand Köstlichkeiten zum Belegen. Ich weiß nicht, warum man bei den Eltern seiner Freundin immer so gerne einen guten Eindruck hinterlassen will. Ich kannte Peggy nun fast ein Jahr und fühlte mich wie ein Spezialist auf diesem Gebiet. Während die Eltern sich von Peggy staunend von ihren Projekten berichten ließen, warf ich immer mal Fetzen ein wie: »Ja ja, so isse, die Peggy!« oder »Da muss man sich erst mal dran jewöhnen!« und »Bei mir isse voll lieb!«

Die Küche war gemütlich eingerichtet, Holz und Keramik, einige Blumen und Körbe prägten das Bild, ich fühlte mich langsam wohl. Pappsatt war ich und hatte ungefragt ein zweites Bierchen bekommen. Leichte Unruhe befiel mich. Ich wollte rauchen. Aber noch bevor ich den Wunsch in eine Formulierung packen konnte, packte mich Herr Maschke am Arm. »So, Herr Mahoni, jetzt gehen wir erst einmal ins Rauchzimmer und besprechen den großartigen Artikel!« Deutlich erkannte ich einen Hang zur Übertreibung. Er stand auf und pflückte sich ein Weinglas vom Regal. »Sie auch?«

»Nö, ick bleib beim Bier, danke!«

»Gut. Die Frauen mögen sich nicht verstoßen fühlen und sind jederzeit im Kabuff willkommen!«, rief er Peggy und ihrer Mutter zu. Damit gingen wir durch den langen Flur, der von oben bis unten mit Literatur vollgestopft war, ins Rauchzimmer. Es war ein Traum von einem Zimmer. Und es schien tatsächlich ausschließlich dieser einen, wunderbaren Beschäftigung zu dienen: Rauchen. Herzstück war natürlich der Rauchertisch, ein flaches, quadratisches Tischlein aus edlem Holz, ein Schachbrett eingelassen und eine Glasplatte darüber. Darauf der große Kristallaschenbecher. Um den Tisch standen zwei einladende Klubsessel aus weichem Leder, in denen wir sogleich Platz nahmen. Ein Bücherregal zeigte uns die schönen Rücken ihrer leinengebundenen Bewohner.

»Etwas Musik«, sprach Herr Maschke und knipste mit einer Fernbedienung den Klassiksender an. Hinter ihm an der Wand prangte ein Pfeifenregal, mit unzähligen Piepen bestückt. Darunter, auf einem Wandtisch, zwei große Messingschalen, auf denen weitere Pfeifen in einem wilden Haufen lagen. Herr Maschke griff sich daraus gezielt einige Stücke heraus und wählte sich dann zwei Bestimmte. Er legte sie vor sich auf den Tisch und begann damit, sie zu säubern. »Das sind die Pfeifen, denen ich derzeit den Vorzug gebe«, sagte er mit einer Kopfbewegung gegen die Messingschalen.

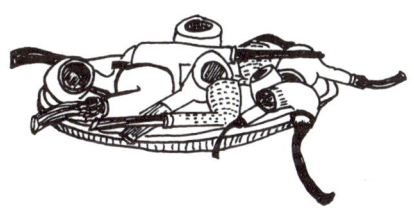

»Wahnsinn! Wie viele Pfeifen sind dit denn?«

»Schätzungsweise vier- oder fünfhundert. Meine Frau hat aber schon aussortiert, einige sind also in den Keller abgewandert!«

»Wow!«, sagte ich beeindruckt.

»Wow würde ich lieber nicht hören. Sagen wir doch: Erstaunlich! Oder: Hut ab oder meinetwegen: Sieh an!«

»Sieh an!«, sagte ich. Die Marotte mit dem Verbessern war mir schon geläufig. Ich rollte mir eine Zigarette, die mir angesichts der vielen edlen Pfeifen ganz knittrig und verloren vorkam und wartete, bis Herr Maschke seine Piepe gestopft hatte. Dann pafften wir. Der Pfeifenrauch roch herrlich. Die warmen Holztöne des Zimmers und die weichen Sitze ließen mich die Zeit vergessen. Hier war alles in Ordnung. Herr Maschke holte eine Pulle Wein unter dem Tisch hervor und goss sich sein Glas ordentlich voll. Der Mann verstand es zu leben.

»Auf die Rehabilitation des Genusses, Herr Mahoni!«

Wir stießen an, mit Wein und Bier, mit Pfeife und Kippe. Ein feiner Moment. Ich nutzte ihn, um ihn noch zu verfeinern: »Bitte nennen Sie mich doch jetzt einfach Toni. Oder Mahoni ohne Herr. Dit irritiert mich voll.«

Herr Maschke nickte. Er trug ein dunkles, weinrotes Hemd mit schwarzer Krawatte, seine Brille hatte er auf den Kopf geschoben, ein Finger tippte auf die Sessellehne zum Takt der Musik.

»Also Toni. Der Etikette halber müsstest du mich jedoch noch ein Weilchen siezen, junger Mann. Der Ältere bietet dem Jüngeren das Du an – das ist die Regel. Aber wir können ganz feierlich schon mal das Doktor und das Professor ablegen, dann ist uns beiden geholfen. Nicht wahr?«

»Ja. Herr Maschke, so machen wir dit!«

»Wie kam es denn zu diesem Interview im Tagesspiegel? Ich las, dass die Meldung von der dpa stammte.« Herr Maschke saß zurückgelehnt im Sessel und hatte nun augenscheinlich unser Gespräch eröffnet.

»Ja. dpa hatte anjerufen und mich ausgequetscht. Ick hab immer mal so Filmchen jemacht und ins Internet jestellt, da is quasi nix weiter zu sehen als mein Gesicht und wat ick denn so erzähle. Dabei hab ick natürlich immer jeroocht, weil ick sowieso immer rooche und denn ham se mich quasi als Hardcoreraucher hingestellt. Denn hab ick noch so 'n Lied jemacht, dit lief ooch ab und an im Radio, dit heißt Zigarette und handelt ooch davon. So war dit allet!«

»Aha!« Herr Maschke nickte. »Dem entnehme ich, dass du dich viel in der sogenannten Öffentlichkeit bewegst?«

»Na ja. Mal so, mal so. Nich dass ick 'ne Sendung habe oder wat. Nur so sporadisch eben.« Ich trank ein Schlückchen und fühlte mich irgendwie nicht recht verstanden. Offensichtlich kamen aus meinem Mund nur zerhackte Fetzen, während sich mein Gegenüber gewählt und exakt ausdrückte. Da Herr Maschke jedoch keinerlei Anstalten machte, mich zu verbessern, oder gar nachzufragen, schien das erst einmal in Ordnung zu gehen.

»Weißt du, normalerweise lehne ich die ganze Diskussion über das Rauchen schlichtweg ab, da sie – so wie sie momentan geführt wird – natürlich alle möglichen Argumente für die Seite der Nichtraucher rekrutiert. Es ist ja ein regelrechter Fitness- und Gesundheitswahn ausgebrochen, der medial zu einem sich selbst versorgenden System aufgeblasen wurde. Eine Maschine, die immer neue Feindbilder schafft und endlos weiterwächst.«

Ich nickte ein paarmal, ob der schlauen Worte, und drehte mir lauschend eine neue Zigarette.

»Dass das Rauchen nicht die Gesundheit fördert, ist seit je her bekannt, ebenso wie man weiß, dass ein gesundes Leben in der Regel Krankheiten vorbeugt. An den Argumenten hat sich seit Jahrzehnten nicht das Geringste verändert, also muss sich der Umgang mit diesen Argumenten verändert haben. Mir ist in dieser Diskussion zu wenig Platz für die wesentlichen Schlagworte, die das Rauchen überhaupt erst zu einer sinnvollen Handlung machen und nicht zu einer vermeintlichen Sucht. Und hierbei spreche ich von den drei wichtigen Werten: Hochgenuss, Tradition und Selbstbestimmung!« Herr Maschke zog mit seiner Pfeife exakte Linien durch die Luft. Danach musste er erst mal neu anfeuern. Er paffte und ließ ein paar hübsche Wölkchen aufsteigen. Mein Kopf war angenehm leer angesichts der guten und richtigen Worte. Herr Maschke räusperte sich.

»Und nun hat dein Artikel einen wirklich interessanten und neuen Aspekt eingebracht, wobei es, nebenher gesagt, absolut egal ist, dass es sich um einen raucherfeindlichen Bericht handelt. Es geht um die Vorstellung, dass Kneipen ausschließlich von Rauchern erbaut und betrieben wurden und dass nun mit dem Gesetz quasi eine Enteignung stattfindet. Und Enteignung bedeutet Bevormundung, Zwang und Beschneidung der Freiheit! Nun ist ja nicht das Argument an sich das Überzeugende, da sich in Wahrheit natürlich Raucher wie Nichtraucher vom Wirt angezogen fühlen. Das Schwerwiegende an der Aussage ist der Witz. Es ist einfach ein guter Witz. Er macht sich über beide Parteien scheinbar gleichermaßen lustig, hinterlässt jedoch Sympathie für die Raucher und wirft ein schales Licht auf die Nichtraucher. Zur Folge hat das, dass der Artikel, egal welche Lesart man ansetzt, ein Erfolg für die Freiheit des Rauchgenusses ist, und zwar in massenwirksamer Weise.«

»Jenau!«, rief ich, fasziniert, was man in meinen kleinen Wutausbruch am Telefon alles hineininterpretieren konnte.

»Weiterhin schleicht sich die Vorstellung ein, Nichtraucher

seien außerstande, sich selber Kneipen zu bauen. Man sieht vor dem inneren Auge unbeholfene Leute auf einer riesigen Baustelle verzweifeln. Mütter mit Kinderwagen, Büroangestellte und Akademiker versuchen einen Balken aufzurichten. Ein lustiges Bild. Demgegenüber erkennt man, dass die rauchende Fraktion regelrecht gebraucht wird. Handwerker und Bauarbeiter, flink und rauchend, springen ein und errichten das Haus. Die Folge ist eine Kompetenzverschiebung zugunsten der Raucher. Also alles in allem ein kleines Meisterwerk, dieses Interview!« Herr Maschke richtete sich lächelnd auf und klopfte seine Pfeife aus.

»Das Faszinierende ist natürlich, dass diese Aussage von dir stammt. Ich gehe einmal davon aus, dass du diese kleine Suggestivfolge nicht konstruiert hast. Angenommen also, es ist ein instinktiv suggestivstarkes Stück, dann herzlichen Glückwunsch, dann hast du gute Instinkte, junger Mann!«

»Toll!«, sagte ich. »So wird's sein. Und Sie haben eine feine Ausdrucksweise! Ooch nich verkehrt!« So lobten wir uns gegenseitig. Eine weitere Pfeife, ein weiteres Kippchen wurden gestopft. »Ja, die Sprache ist das einzige Kommunikationsmittel, das wir präzise kontrollieren können. Gestik und Mimik sind zwar weitaus aussagekräftiger und auch wichtiger, um uns zwischen Sympathie und Antipathie bei einem Gegenüber zu entscheiden, doch laufen diese Dinge zu einem Großteil unterbewusst ab. Die gesamte abstrakte Vorstellung hingegen speist sich ausschließlich aus Worten. Je genauer wir uns ausdrücken, desto konkreter die Projektion.«

»Ja. Aber mir macht dit ja ooch nüscht aus, wenn mir eener wat uff 'ne völlig kaputte Art erzählt. Ick kann mir dit trotzdem abstrakt vorstellen!«, warf ich meisterlich dazwischen.

»Was genau bedeutet?« Herr Maschke hielt den Kopf leicht schief, wie ich es von Peggy kannte.

»Na, Sie jetzt beispielsweise. Sie halten tolle Monologe in einer mir nich besonders vertrauten Art und dennoch versteh ick Sie. Is mir schon klar, dass Sie sich ja ooch 'n bisschen Mühe geben dabei. Und uff Fremdwörter und sowat verzichten. Aber können Sie denn wirklich erwarten, dass jeder dit versteht, wat Sie sich da überlegen? Ick gloobe ja mal nich dranne! Da kannet noch so präzise sein, wenn die Schachtelsätze erst mal drei Stockwerke hoch sind, kommt nich unbedingt jeder hinterher.«

Herr Maschke sah mich traurig an.

»Ich erwarte, dass sich die Benutzer der deutschen Sprache ein wenig Mühe geben. Wir haben schon genug Zeitungen, die auf Kommata komplett verzichten, und es ist mir ein Gräuel, die sogenannte Nation der Dichter und Denker in einem unverständlichen Gebrabbel untergehen sehen zu müssen. Verstehen lernen heißt, Sprechen lernen. Alles andere ist Babel. Worte sind Schätze. Wer sie nicht benutzt, ist arm. Wer sie verunglimpft, sie in seinem kleinen Zusammenhang verstümmelt und sich seinen Slang selbst zusammenbastelt, der steckt seinen Horizont direkt vor der Haustür ab. Die reine Verständigung, die sich aus den Zwängen des Faktischen zurückzuziehen versucht, indem sie sich illusionär in wirklichkeitsfremde Idealwelten versetzt, ist noch lange nicht der Inbegriff von richtiger Sprache! Universales Wissen, Weltgewandtheit und Schönheit der Sprache sind unverzichtbare Werte, um etwas in der Welt zu bewegen! Ich erwarte, dass sich kluge Menschen dementsprechend verhalten!«

»Na ja«, sagte ich wenig begeistert, »die andere Seite is ja wohl, dasset verdammt angenehm sein kann, sich in seinem hausgemachten Dialekt zu unterhalten und zu verstehen. So wie 'ne Art sprachliche Heimat. Kiek ma, wie der quatscht, der kommt bei mir vonne Ecke weg! Die janze universelle Jeschichte is ja jut und schön, aber wer sagt denn, dass kluge Menschen alle unbedingt so hoch hinauswollen? Kann ja wohl ooch sein, dasse einfach jerne zu Hause klug sind und sich prima amüsieren mit allem.« Ich sah zu Herrn Maschke hinüber und hatte langsam wirklichen Spaß an unserem intellektuellen Disput.

»Absolut korrekt!«, sagte Herr Maschke überraschend. »Nur reden wir hier nicht von Sprache für den privaten Hausgebrauch, die im Übrigen die Wiege für das Bildungsübel ist, sondern von der Weise, wie man sich in der Öffentlichkeit artikuliert. Wenn ich durch die Medien gehäuft mit einer stümperhaften Ausdrucksweise konfrontiert werde, wenn sich Menschen ihres Vorbildcharakters in der Öffentlichkeit nicht mehr bewusst sind, dann setzt für mich eins zu eins die Verrohung der Sprache und damit die

Verblödung der Massen ein. Der Effekt, der durch Nachahmung falscher Ausdrucksweise hervorgerufen wird, ist in den meisten Fällen irreparabel. Als unreflektiertes Bewusstsein des Einverständnisses und als bewusst eingesetztes Instrument im Kampf um die Köpfe der Leute ist der Dialekt in zweifach diabolischer Mission unterwegs. Ein Teufelskreis, der sich nur durch strikte Ablehnung falscher Sprache durchbrechen lässt. Deswegen ist es so wichtig, dass man auf seine Worte achtet, dass man sich verbessern lässt, dass es Hüter des Wortschatzes gibt.«

Er meinte mich. Eindeutig bezog er sich auf meine Ausdrucksweise in der langsam verblödenden Öffentlichkeit.

»Man sollte stets versuchen, so zu reden, wie man schreiben würde. Nicht umgekehrt! Oder würdest du, solltest du ein Buch schreiben wollen, darin mit derselben Sprache wüten, die du beim Sprechen verwendest?«

»Na wenn ick beschreiben würde, wie einer quatscht, würd ick wohl kaum immer dazuschreiben, dass er dit jetz grad so vor sich hin berlinert hat und man sich dit bitteschön vorstellen muss. Ick würde dit uffschreiben, wie't eben jesagt wird. Sonst haste ja 'n völlig falschet Bild!«, sagte ich feierlich.

»Stimmt auch wieder«, sagte Herr Maschke, dessen wahre und gute Worte an mich so jämmerlich vergeudet waren. »Na dann prost, Toni!« Wir stießen an und qualmten, bis uns die Frauen auseinanderscheuchten.

Auf dem Heimweg freute ich mich dann über das Gespräch. Man könnte ja echt mal ein Buch schreiben, wo alle so quatschen, wie sie eben quatschen. Könnte zwar anstrengend werden, das dann zu lesen, aber warum eigentlich nicht! Der Winter stand vor der Tür, genug Zeit, um zu Hause zu bleiben und Herrn Maschke eins auszuwischen. Peggy freute sich ebenfalls über die Idee und verlangte eine tragende Rolle bei der Sache.

»Jut, kriegste!« Ich fuhr nach Hause, brachte meine Kanarienvögel zur Ruhe und begann noch in derselben Nacht zu schreiben. Mein Beitrag zum Niedergang der deutschen Sprache. Jetzt staunste, wa?

Und ich werde Danke sagen:

Danke, Peggy, Evi, Driver, Memo, Mädunski, Lofi, Pierre, Mommsen, Poldi, Mo und Jenne für Inspiration und all die schönen Stunden.

Ich danke Felix und Manni für Unterkunft und Verpflegung mit Geheimwissen, Herrn und Frau Maschke für Ansichten und Rauchmöglichkeiten.

Meinen Eltern danke ich auch: Danke für die ständige Aufmunterung!

Herr Stöwe: Danke für die tolle Umschlaggestaltung!

Ich danke Kristine Meierling, die sich von Anfang an für dieses Buch eingesetzt hat.

Mein besonderer Dank gilt Esther Kormann, die mich wunderbar beraten hat und die auch gern mal ein Speckhühnchen isst. Und an dieser Stelle bedanke ich mich auch noch bei genau jenen Hühnchen, die mir stets Energie und Freude schenkten.

Toni Mahoni

Inhalt